이탈리아와 독일 협동조합 100년 성공의 비결

한신대학교
사회혁신경영대학원
글로벌 사회적경제
현장 탐방 시리즈

2

장종익
오창호
김종겸
김현주
김효섭
박정수
손재현
송직근
오경아
오연주
이철진
최계진
최용완

지
음

이탈리아와 독일 협동조합 100년 성공의 비결

동하

양적 증가에서 질적 발전으로,

협동조합의 전환 방안을 탐구하다

이 책은 한신대학교 교수 2명과 사회적경제 현장에서 주경야독하는 대학원생 11명(학부 졸업생 1명 포함)이 세상에 내놓는 합작품이다. 우리는 지난 2년 동안 대안적 비즈니스 모델로 성장한 독일과 이탈리아의 여러 협동조합을 방문 조사하고 사례를 분석했다. 양적 증가를 이룬 우리나라 협동조합의 질적 발전을 위해 노력하고 있는 협동조합인들과 그 결과물을 공유하고자 한다.

2012년 12월 협동조합기본법이 시행된 이후 6여년 간 금융과 보험 분야를 제외한 거의 모든 분야에서 협동조합이 설립되었다. 그 수가 1만 4천 개가 넘었지만 기획재정부의 협동조합 실태조사 결과에 따르면 과반수 가까이가 사업 개시 전이거나 사업 추진에 어려움을 겪고 있다. 뿐만 아니라 아직 성공적인 사례가 두드러지게 나타나지 않고 있다. 이러한 현실은 협동조합이 취지는 좋아 보이지만 사업의 확대를 통해 그 취지를 실현하기는 쉽지 않다는 것을 보여준다.

협동조합을 통한 사업 성공은 왜 어려울까? 협동조합이 주식회사를 통한 사업 성공보다 근본적으로 더 어려운 것인가? 어떠한 요인이 협동조합의 사업 발전을 저해하는가? 국제협동조합연맹에서 제시한 협동조합 7대 운영 원칙을 잘 지키면 사업도 잘 되는가? 부실한 협동조합들은 그 원칙을 지키지 않아서인가?

한신대학교 사회혁신경영대학원은 이러한 문제의식을 가지고 지난 5년 동안 대안적 비즈니스 방식으로서의 협동조합이 성공하기 위해서는 무엇이 필요한지를 현장에 적을 둔 대학원생과 교수들이 함께 공부해왔다. 협동조합이 가진 장점뿐만 아니라 약점을 체계적으로 분석하고 이러한 점을 보완하고 극복하는 방안과 다양한 성공 사례를 연구했다. 그 일환으로 2016년 2월에 이탈리아의 협동조합을, 2017년 2월에는 독일의 협동조합을 각각 6개월 동안 사전 준비와 조사를 한 후에 기획 방문했다.

이번 탐방의 포커스는 협동조합도 빅 비즈니스가 가능하다는 가설을 실제로 검증하는 것이었다. 또 그것이 어떻게 가능했는지, 그리고 이를 통해 어떠한 사회적 성과를 가져왔는지를 현장에서 직접 확인하는 것이었다. 그래서 유럽에서 노동자협동조합과 사회적협동조합이 가장 발전한 이탈리아, 소기업/소상인협동조합과 사회적금융 협동조합이 가장 발달한 독일을 연구 대상 지역으로 설정했다. 특히 두 나라의 수많은 협동조합 중에서 종업원 500명 이상의 대규모 협동조합, 역사가 100년이 넘는 오래된 협동조합 중에서 사회적 임팩트가 높은 사례를 찾아 그 성공 비결을 탐구했다.

이 책에는 노동자협동조합, 소상공인/중소기업협동조합, 사회적 협동조합 그리고 총연합회에 대한 총 12가지 사례를 담아서 분석했다. 질 좋은 고용을 창출하고 민주적인 경영의 전형을 만들어내기 위해 일하는 사람들이 100년에 걸쳐 키워낸 이탈리아 노동자 소유 대기업 중 공작기계·건설·외식 분야 3가지 사례, 경쟁 대신 협동을 선택하여 파워 네트워크를 구축한 독일 중소기업협동조합 중에서 슈퍼마켓과 건축자재 판매 분야 2가지 사례와 그 연합회, 참여형 복지와 사회적 연대라고 하는 시대적 요구에 맞추어 등장한 사회적협동조합 중 노동통합형·컨소시움·사회적주택·사회적은행 4가지 사례, 그리고 넓고 강력한 네트워크 형태를 지닌 이탈리아와 독일의 3가지 연합회 사례를 심층적으로 분석했다.

우리가 조사하고 확인한 협동조합의 사회적 성과는 다양하고 폭이 넓다. 질 좋은 고용의 창출·유지·확대, 기업 민주주의의 실현, 소상공인 및 소기업의 경영 안정과 혁신, 부의 양극화 완화와 연대 자본주의의 실현, 사회적 약자 지원과 사회 혁신 프로젝트에 대한 시민들의 직접적 참여를 조직화하는 비즈니스 모델의 창출, 대안 에너지 혹은 청년 프리랜서 분야 등 시대적 요구에 부응하는 새로운 협동조합의 기획, 회원 조합 지원이라는 울타리 안에만 갇히지 않은 총연합회 역할의 혁신 등이 그것이다. 그리고 이러한 성과는 의미만으로 그치는 미미한 정도가 아니라, 누구나 체감할 수 있는 상당한 수준의 성과들이다. 이 책은 이러한 성과들이 어떻게 가능했는지를 분석했다.

다양한 분야, 다양한 유형의 협동조합에서 확인된 협동조합의 성공 요인은 크게 5가지로 요약될 수 있다. 첫 번째, 주식회사 형태의 기업 방식으로는 실현하기 어려운, 협동조합의 장점을 최대한 발휘할 수 있는 사업과 경영 전략을 채택한다는 점이다. 기업에 대한 노동자의 소유, 혹은 다중이해관계자 소유, 체인본부에 대한 체인점주들의 소유 등 자본 이득 이외의 필요를 지닌 기업 이해관계자가 그 기업을 소유하게 될 때 협동조합적 소유의 장점이 작동하게 된다. 이로써 기업이 생산하는 제품 및 서비스의 품질 향상을 향상하거나 비용 절감을 위해 힘쓰고, 체인점주(조합원)와 체인본부(조합) 서로가 정보를 적극적으로 소통하며, 안심하고 자기계발을 위해 노력을 기울인다. 왜냐하면 그러한 노력의 결과가 나와 전체 조합원에게 직접적으로 이익으로 가져오기 때문이다. 성공한 협동조합은 이러한 조합원의 노력과 이익 배분의 연결고리를 최대한 직접적이고 투명하게 설계하고 있다. 이는 특히 노동자협동조합과 소상공인협동조합에서 확인된다.

두 번째 성공 요인은, 조합원의 참여에 의한 상향식 의사결정 구조에서 비롯되는 협동조합의 장점을 최대한 유지하기 위해 힘쓴다는 점이다. 즉, 조합원의 합의를 수렴하는 과정에 대해 집중적으로 노력하고, 이를 통해 조합 전체 차원에서 높은 추진력을 확보할 수 있기 때문이다.

세 번째는, 주식회사 비즈니스 업계에서는 발견하기 어려운 '협동과 연대'라는 협동조합 섹터의 고유한 문화를 키운다는 점이다. 더불어 함께 일하는 즐거움을 만들어내고 어려운 동료 조합원을 지원하고 새로운 청년 소기업가를 키우는 후원제도를 만들어내는 것에서부터, 동일한 목적을 지닌 조합 간의 합병뿐 아니라 규모의 경제나 범위의 경제를 실현하기 위한 컨소시움까지 협동과 연대를 통해 가치를 실현한다. 또한 연대의 범위를 그들만의 리그, 즉 국부적 연대가 아니라 사회문제로 고통받는 주체들을 적극적으로 끌어안고 해결하기 위한 일반화된 연대를 추구한다는 점이 확인되었다.

네 번째 요인은, 규모가 커지면서 더욱 두드러지는 협동조합의 약점을 줄이기 위한 조직 전략과 경영 전략을 펼친다는 점이다. 민주적 의사결정이 중요한 만큼 조합원의 책임과 의무를 수행할 의지와 능력이 있는 사람으로 조합원 자격 요건을 엄격하게 제한한다. 또한 현금 배당을 최대한 억제하고 불분할 적립금을 강조하며, 투자조합원제도의 활용 및 자회사 설립 등의 방식을 통해 자본조달의 어려움을 해결하고 있다.

마지막으로, 이탈리아와 독일의 협동조합 섹터는 다른 나라와 달리(캐나다 퀘벡과 스페인 몬드라곤을 제외하고) 총연합회가 매우 강한 리더십을 가지고 있다. 이 때문에 협동조합에 대한 감사 혹은 감독 기능을 통해 소위 위장형 협동조합의 출현을 억제하고, 새로운 분야에서 새로운 협동조합들이 설립할 수 있도록 기획하고 지원한다는 점이 확인되었다. 이상에서 서술한 협동조합의 성과와 성공 요인은 이 책 전체에서 보다 구체적으로 확인할 수 있을 것이다.

이 책이 나오기까지 많은 사람의 적지 않은 노력과 지원이 있었다. 이 책은 2015년 7월부터 2018년 말까지 3년 반 동안 총 22명의 집단적인 노력이 만들어낸 결정체라고 할 수 있다. 연수단은 현장 방문 전 수차례 미팅을 진행하고 역할을 분담했다. 현장에서 구체적인 질문과 심층 토론이 가능하도록 하기 위해, 사례 연구의 분석 틀에 입각하여 인터넷 등을 통한 사전 조사를 수행하고 질문지를 방문 기관에 발송했다. 방문 후에도 심포지움을 통해 결과를 공유했다. 2016년 7월 협동조합 주간에는 이탈리아 협동조합 탐방 결과를, 2017년 7월 협동조합 주간에는 독일 협동조합 탐방 결과를 가지고 모였다. 이 자리에 참석한 사람들이 지적한 부분을 반영하고 보완했다. 그리고 13명의 필자가 1차 원고를 작성한 후 다시 두 차례의 수정 작업이 이루어졌다. 2018년 9월, 마무리 단계에서 책의 정확도와 가독성을 높이기 위해 학계 전문가 네 분을 모시고 원고 검토 좌담회를 개최하여 코멘트를 받았다. 필자들은 이를 각각 자신의 원고에 반영하고 수정하는 수고를 아끼지 않았다.

이 모든 과정에 즐겁게 참여해온 오창호 교수님과 열한 분의 필자 그리고 여기에 이름을 올리지 못했지만 연수에 함께한 홍용희, 임성렬, 황재근, 송성호(해피브릿지 전 감사), 우미숙, 김종일, 이수연, 손근호, 윤병희 님에게 마음으로부터 깊은 감사를 표한다. 원고의 교정 작업과 코디네이터 역할을 묵묵히 수행해준 정화령 님 그리고 좌담회에서 훌륭한 조언을 해준 한양대학교 김종걸 교수님, 경남과학기술대학교 박종현 교수님, 성공회대학교 장승권 교수님, 아이쿱소비자활동가연합회 김아영 회장님께 머리 숙여 인사를 드린다. 이 책은 한신대학교 사회혁신경영대학원이 전개하는 '글로벌 사회적경제 탐방 시리즈' 두 번째 권으로서 2015년에 출간된 『비즈니스 모델로 본 영국 사회적기업』에 이어 만 3년 3개월 만이다. 아이쿱생협의 재정적 후원 없이는 해외 현장 탐방도 책의 출간도 불가능했을 것이다. 협동조합 인재 양성과 집단 지성 확산에 대한 아이쿱생협의 적극적인 후원에 감사드린다. 마지막으로 사회적 가치를 지닌 책이라는 신념으로 출간을 흔쾌히 승낙하고 훌륭한 책으로 태어나도록 힘써준 박강호 대표께도 고마움을 전한다.

협동조합을 통해 나와 사회의 문제를 해결하고자 출발했지만 조직 운영에 어려움을 겪고 있는 협동조합 리더와 조합원들, 이러한 협동조합의 성공을 위해 함께 고민하고 있는 지원 조직과 정책 분야 담당자들, 그리고 협동조합이라고 하는 대안적 비즈니스에 관심을 갖고 있는 모든 학생과 미래의 협동조합인들에게 이 책이 읽히고, 조금이나마 도움이 되었으면 하는 바람이다.

필자들을 대신하여 장종익

일하는 사람들이 ——
100년에 걸쳐 키워낸
이탈리아 노동자 소유
대기업

1부

노동자협동조합 사크미(SACMI)

벽돌공과 미장장이 협동조합 CMC

트렌티노 노동자협동조합 리스토3(Risto3)

공작 기계 분야 종업원 4천명 규모의
노동자협동조합 SACMI

들어가며 : 100년의 노동자협동조합에 축적되어 있는 저력은 무엇인가?

소유자와 노동자가 일치하는 노협은, 노동-자본의 대립과 고용불안으로 휘청이는 시장경제에서 종종 대안으로 거론되고 있다. 그러나 다른 형태의 협동조합과 마찬가지로 노협 역시 구성원의 의사 결정 비용 문제, 무임 승차의 문제, 경영 성과 측정의 문제에 놓여 있으며, 여기에 노협 고유의 문제인 자본 조달의 문제까지 더해져서 안정적인 운영이 쉽지만은 않다.

세라믹 제조 설비와 유관 생산 설비 제작 분야에서 세계 최고를 달리고 있는 사크미(SACMI)는 노협의 이러한 한계에도 불구하고 글로벌 기업으로서 100년의 역사를 이어오고 있다. 당연한 말이겠지만 하나의 조직이 100년의 역사를 이어온다는 것은 매우 어려운 일이다. 끊임없이 변화하고 적응하기 위한 구성원들의 노력, 그 노력의 결실이 조직의 자산으로 축적되도록 하기 위한 소유자들의 노력, 그리고 적절한 결정을 이끌어내고 이를 효율적으로 실행하기 위한 체계가 조직 내에 형성되지 않고서는 불가능하다. 더구나 그 조직이 노동자 소유 기업이라면 노동의 가치와 경영의 가치 사이에 흐르는 근원적 긴장을 훌륭히 극복해 왔다는 것을 의미한다.

본 탐방은 노동자협동조합이 공작 기계 분야에서 100년의 역사를 이어오면서 글로벌 기업으로 4,000명 규모의 고용을 이루어낸 조직 역량을 어떻게 이루어낼 수 있었는지를 알아보기 위해 추진되었다. 노협의 구조로서 높은 투자 경향을 보이며 거대 글로벌 기업으로 성장할 수 있었던 조직 역량의 원천과 이를 위한 제도적 조건을 탐색하는 작업은 국내 노협 활성화에 의미 있는 시사점을 던져줄 수 있을 것이다. 또한 심각한 고용위기 속에서 한편에서는 워라벨로 통칭되는 일과 삶의 균형을 찾고자 하는 새로운 움직임이 나타나고 있는 우리 사회에서, 노동의 가치가 시장과 조화될 수 있음을 보여주는 사례를 소개한다는 점에서 의미 있을 것으로 기대된다.

세계적인 기계 제조업체 사크미

사크미(SACMI : the Societá Anonima Cooperativa Meccanici Imola 이몰라 정비공 협동조합 유한회사)는 세라믹, 포장(음료와 밀폐용기), 식품 및 자동화 산업과 관련된 기계와 완성형 플랜트(complete plants)를 제작하는 기업이다. 1919년 창립한 이래 100년을 바라보며, 세계 30개국에 80개 이상의 자회사를 두고 있는 거대 글로벌 기업으로서 본사는 이탈리아 볼로냐 남쪽 이몰라 지역(Via Provinciale Selice)에 위치해 있다.

2017년 사크미의 연차보고서[1]를 기준으로 해외 지사 및 자회사의 종업원까지 합하면 총 종업원은 4,305명이다.[2] 2017년 사크미 그룹 총 수입은 14억 3,400만 유로이며 순자산(net worth)은 6억 6,000만 유로이다. 글로벌 기업답게 그룹 총 매출의 84%가 해외 시장에서 발생하고 있다. 2017년 기준 사크미의 조합원 수는 389명이다.[3]

노동자협동조합이라는 조직 형태 차원에서 접근할 때, 주요 성과로는 낮은 이직률과 높은 근속연수를 들 수 있다. 또한 지역 경제 조직과의 협력을 통해 지역 발전을 지원하고 있는 점을 들 수 있다. 그러나 무엇보다도 주목해야 할 점은 노협으로서 지속적인 기술 향상과 연구 개발 투자가 필요한 제조업을 세계적 수준에서 이끌고 있다는 것이며, 특히 세계화라는 거센 압력 속에서 적극적인 기업 인수와 합병을 통해 해외 시장 개척의 기반을 확보하고 있다는 점이다. 이러한 시장적 성과는 노협으로서 조합원에게 돌아가는 혜택의 기반이라 할 수 있다.

---

1 SACMI ANNUAL REPORT 2017.
2 2017년 기준 이탈리아 본사 종업원 수는 1,109명이다(SACMI SUSTAINABILITY REPORT 2017).
3 SACMI SUSTAINABILITY REPORT 2017.

협동의 이익: 노동자 소유 기업의 목적인 노동자의 만족

노협으로서 사크미가 창출한 협동의 이익은 조직 내적인 성과 즉
노협의 기본 목적인 안정적인 고용과 더 낳은 노동조건의 창출이라
는 측면과 조직 외적인 사회적 성과라는 측면 등으로 나눠서 살펴
볼 수 있다. 우선 조직 내적 측면에서 보면, 노동자 소유 기업으로서
고용 안정과 만족할 만한 근로조건을 창출했다는 점이다. 사크미는
최근 3년간 평균 1%대의 낮은 이직률을 보이고 있으며 직원들이
회사를 떠나는 이유 대부분은 은퇴이다. 이는 사크미의 높은 근로
조건을 반영하고 있는 것이라고 하겠다. 직원의 55%가 19~45세이
며, 45%가 46세 이상이다. 직원 근속연수는 16~25년이 35%, 25년
초과가 26%이다.

[표1-1] 사크미 본사의 연간 이직률, 신규 고용, 퇴사 현황			
	2015년	2016년	2017년
이직률	1.2%	2%	2.1%
신규 고용(명)	35	51	47
퇴사(명)	13	14	23

출처: SUSTAINABILITY REPORT 2017

조합 복지 차원에서 사크미는 종업원들에게 자체 보험 체계에 기
반한 다양한 복지 서비스를 제공하고 있다. 보조건강보험(Supplemen-
tary health care)은 사크미의 보조건강관리정책을 통해 회사의 비용 부
담으로 운영되고 있다. 보조연금기금(Supplementary pension fund)은 종업

원이 연간 연금 보험료의 최소 비율 이상을 납입하면 나머지는 회사가 납입하는 구조로써, 10년 근속한 종업원들 대상으로 제공하고 있으며 장기근속을 유도하는 제도로도 기능하고 있다. 이외에도 장례 보험, 작업장 외 발생한 사고에 대비한 보험, 종업원 건강진단 프로그램 등을 운영하고 있다. 이는 은퇴자에게도 확장되며 모든 지출은 회사가 부담하고 있다. 이처럼 높은 근로조건과 조합원 복지는 "각 작업자들의 급여를 가능한 한 그들의 성과와 같은 비율로 보장"한다는 창립 목적을 충실히 달성하고 있는 것으로 보인다.

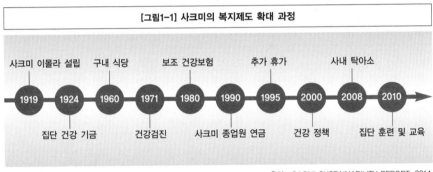

[그림1-1] 사크미의 복지제도 확대 과정

출처 : SACMI SUSTAINABILITY REPORT, 2014

한편 사크미는 지역 공동체에 대한 지원을 기업 전통으로 지속하고 있다. 주된 기부처는 지역 사회 서비스 협동조합이다. 주로 약물 의존자에서부터 장애인 분야까지 활동이 이어지는 곳이다. 이외에 노인 주거시설과 재가 암간병을 위한 재단에도 기부하고 있다.

[표1-2] 사크미의 연도별 공동체 및 사회공헌 현황

(단위 : 유로)

공헌 분야	2015년	2016년	2017년
사회 · 건강	36,100	40,436	27,920
예술 · 문화	17,700	18,988	18,038
교육	7,000	50,371	5,000
스포츠 · 레저	64,200	58,120	70,369
총계	125,000	167,942	121,327

출처: SACMI SUSTAINABILITY REPORT, 2017

사크미 본사가 위치해 있는 이몰라(Imola) 지역은 세계에서 가장 강고하고 역동적이며 뿌리가 깊은 협동조합 운동 지역 중의 하나로서, 협동조합 산업지구로 간주될 수 있을 정도로 협동조합이 지역 경제를 이끌고 있는 지역이다.[4] 2000년 통계 자료에 의하면 거주자의 2명 중 1명이 협동조합의 조합원이며 이몰라 지역 노동력(9,204명)의 17%가 협동조합에 의해 직접 고용되어 있다. 이처럼 협동조합이 지역에서 차지하는 비율이 높으며, 2006년 기준 이몰라 지역과 연계된 연간 협동조합 수입은 240억 유로를 기록하고 있다.

특히 이몰라 지역 경제와 고용은 강고하고 글로벌한 경쟁력이 있는 제조업 노동자협동조합이 주도하고 있으며 사크미를 포함하여 쓰레엘레(3elle), 치플라(Cefla), 코페라티바 세라미카 디이몰라(Cooperativa Ceramica d'Imola) 등 4개의 노협이 대표적이다. 2006년 기준 이 4개 노협이 해당 지역 전체 협동조합에서 총 정규직 고용의 47%, 연간

---

4   Vera Zamagni, "Italy's cooperatives from marginality to success", University of Bologna, 2006.

수입의 47%, 연계된 전체 협동조합 총 순수익의 71%를 차지하고 있다.[5]

적극적인 해외 시장 개척과 지속적인 투자로 성장해온 사크미

1919년 설립되어 곧 창립 100주년을 맞이하는 사크미는 20세기 초 유럽사회의 혼란 속에서 탄생하였다. 1919년 당시 유럽은 1차 세계대전 폐허 직후의 혼란스러운 상황이었고, 전후에 고향으로 돌아온 군인들의 불만, 실업에 대한 공포 등으로 사회적으로 매우 힘든 시기였다. 실업률은 매우 높았고 농장 노동자와 다른 저임금 노동자들이 가혹한 생활을 하고 있었다. 당시 이몰라 지역도 실업과 높은 생활비로 삶의 압박이 높아진 시기였다. 그러나 항상 사회적 양심을 가진 지역으로서 이몰라 지역의 주교는 교회사에서 지도적 역할을 하였다.[6] 그리고 이몰라 지역 대부분 사람들은 1차 산업에 종사했고 소규모 작업장이 존재했다.

정치적 독재 및 경제적 불황 등으로 어려웠던 1930년대, 사크미는 회사의 재무 상황을 타계하기 위해서 최초로 오렌지 세척 및 선별기를 제작하여 상당한 성과를 거두었다.[7] 2차 세계대전 후에는 사

5 Matt Hancock, "Competing by Cooperating in Italy : The Cooperative District of Imola", *Solidarity Economy : Building Alternatives for People and Planet*, Papers & Reports from the 2007 US Social Forum, 2008.

6 "It all begin with nine mechanics", SACMI, 2000.

수올로(Sassuolo) 산업 지구와 광범위한 에밀리아-로마냐(Emilia-Romagna)의 세라믹 제조 기업으로서, 초기 기술 개발을 통해 이탈리아 재건에 이바지하였다. 특히 1949년, 향후 그룹의 다양한 산업 전략의 기반이 될 병뚜껑 제조 프레스를 만들기 시작했다. 이 기계의 제작으로 사크미는 생산 과정의 자동화를 이루고 해외 시장을 석권할 수 있었다.

1960년대를 거치며 해외 시장 개척을 통한 조직의 확장이 활발히 이루어졌다. 이 당시에 회사 제품의 판매와 사후 관리 서비스를 확대하기 위해 해외 각지에 지부를 설립하였고 이 시기를 거치며 다국적 기업으로 안정적인 성장을 이어나갔다. 특히 1960년대는 사크미가 현재의 글로벌 기업으로서 발돋움하는 데 영향을 미친 여러 핵심적인 결정이 이루어진 시기이다. 품질에 대한 집중, 고객 서비스, 국제 시장 진입, 단일 공정 기계를 넘어 '생산라인' 수준의 생산 설비 제작, 생산의 현대화와 업그레이드를 위한 중요한 투자, 엔지니어링을 포함한 고숙련 기술자 채용 등이 그것이다.[8] 1973년에는 연구부서를 갖추고 세라믹을 개발하였으며 1975~76년에는 회사 내에 처음으로 데이터 가공 센터가 설립되어 현재 회사의 주력 사업인 세라믹 제조 부분의 기반이 만들어지게 된다.

1980~90년대에는 기술혁신과 첨단화를 위해 조직적 투자가 활

7 귤 세척기를 제작한 1932년 총 매출액이 313,438리라였고 순이익이 1,775리라였으나, 귤세척기의 성공으로 1936년 이는 각각 852,119리라와 4,069리라로 대폭 증가하였다. ("It all begin with nine mechanics," SACMI, 2000)

8 Matt Hancock, "The cooperative district of Imola : Forging the high road to globalization," 2005.

발히 진행된 시기로, 사크미 그룹 내 모든 영역의 활동을 지원하는 개발센터가 설립되어 물리와 화학 연구실, 포장기술 연구실, 테스트와 실험을 위한 세라믹 생산 체계 등을 연구하면서 이 분야의 디자인과 제조, 마케팅을 선도하였다. 2000년대 이후에는 세라믹 시설 엔지니어링을 넘어 음료와 포장, 식품 가공, 플라스틱 산업 등에서도 핵심 기업으로 계속해서 성장해나가고 있다. 사크미 자체적으로는 사업 다양화, 핵심 부문에의 투자 집중과 전략적 인수 등을 최근 수십년 간 이루어진 성공의 핵심 요인으로 평가하고 있다.[9]

창립 정신은 노동계급의 경제적 여건과 삶의 질을 개선하는 것

9명의 사크미 창립자들
(출처: "It all begin with nine mechanics," SACMI, 2000.)

1919년 12월 4,500리라의 자본금으로 9명의 정비사가 이몰라 지역 공증 기관에서 소시에타 아노니마 코페라티바 메카니시 이몰라(SACMI ; the Societá Anonima Cooperativa Meccanici Imola)를 설립하였다. 당시 다른 공장에 있었거나 실직한 기계공과 대장장이 9명이 설립한 사크미

---

9 SACMI ANNUAL REPORT 2015.

는 창립 조합원 9명 중 1명만 제외하고 모두 이몰라 출신이었다.

"학교 공부를 많이 하지 않은 기계공들이 세웠고 정치적으로 주목을 받지 않은 이들이었다."(Giuliano Airoli 부이사장)

1919년 당시 설립 목적은 "최고의 시장 조건으로 공공과 민간 영역 작업을 수주하고 각 작업자들의 급여를 가능한 한 그들의 성과와 같은 비율로 보장하는 기계 수리 작업장을 운영"[10]하는 것이었다. 이후 1946년 조합 목적에 "노동계급의 건강, 삶의 질, 교육 향상에 헌신하는 조직의 창조와 발전에 기여하는 것"이 추가되었다. 노동자로서 일한 대가를 공정하게 받는 것을 설립 초기부터 명시하였으며 이후 "노동계급의 전반적인 삶의 수준 향상"이라는 내용이 추가된 셈이다. 이는 오늘날 "협동조합으로서 최적의 경제적 해법을 추구하고 환경과 사회윤리를 지킨다"는 조직의 규범 속에 명확히 나타나 있다. 또한 기업의 사회적 책임 원칙을 명시하고 있으며, 2005년에는 산하 기업 및 조직들이 준수해야 하는 윤리적 의무와 책임을 명시한 윤리 강령이 마련되었다.

---

10   "It all begin with nine mechanics", SACMI, 2000.

시장 여건에 적응하고 변화를 모색해오다

언급한 바와 같이 사크미의 주된 사업 분야는 포장과 세라믹, 식품, 기타 서비스 등에 관련한 기계와 생산 설비를 공급하고 있으며 이 분야에서 전문가와 효율적 구조에서의 첨단 기술을 선도하고 있다. 사크미의 주된 사업 영역인 세라믹 분야에서는 타일, 위생도기, 식탁용 식기류, 점토 생산 설비에 대한 완성형 엔지니어링 솔루션을 제공하는데 특화되어 있다.

포장 분야에서는 플라스틱과 유리 용기의 음료에 대한 보틀링(bot-tling), 라벨링, 포장 관련 기계 및 완성형 설비, PET예비 성형 기계, 플라스틱과 메탈 용기 등의 기계 등을 설계 제작하고 있다. 식품에서는 초콜릿과 유제품 생산 설비를 제작하고 있으며, 서비스 분야에서는 제조 기업 대상으로 국제 선적과 물류 서비스, 기술 서비스, 행정 서비스를 제공하고 있다. 이와 같은 사크미의 사업 분야는 높은 수준의 조직 관리와 사업 전략 마련, 장기적 기술 투자 등이 수반되어야 가능하다. 실제로 사크미는 시장 경쟁력 강화를 위하여 노동자의 역량과 기술 향상에 높은 투자를 하였고 이를 통해 시장을 계속 확대해 나갔다.

그렇다면 이러한 사업 전략을 추진하고 실현하는 과정에서 노동자협동조합 즉, 노동자 소유 기업이라는 조직적 특성이 어떻게 작용했을까? 즉 사업 전략 측면에서 동종 업종의 다른 기업에 비하여 상대적 장점 혹은 경쟁력 요인은 무엇일까? 이를 조합원, 지역 사회, 시장 차원에서 살펴보면 다음과 같다.

1) 조합원 숙련 향상을 위한 지속적인 투자

먼저 조합원 차원에서 보면, 조합원 숙련 향상을 위한 투자를 지속해왔으며 노협이라는 구조 하에 이에 대한 투자 회수가 안정적으로 이루어지고 있다는 점이다. 창립 이래 사크미는 종업원들의 숙련 향상을 위한 투자를 지속하고 있으며 2015년 연례보고서에 따르면 종업원, 고객, 대학졸업자, 장기 조합원 등을 대상으로 훈련을 위한 사내 대학을 설립할 계획이라고 한다. 이러한 점들은 노동자 소유 기업 차원에서의 노동 숙련 형성과 축적의 장점 즉 노동자와 소유자가 일치하기에 노동자 숙련 향상을 위한 투자 동기가 높을 수 있음을 시사하고 있다. 이는 일반 기업과는 다른 측면이라 할 수 있다. 즉 일반 기업의 경우, 기업주는 종업원의 자발적 이직에 따른 종업원 숙련도 제고를 위한 투자 회수의 상실을 우려하여 종업원 숙련 제고를 위한 투자에 대해 소극적일 가능성이 크고 대신 기계설비 등 자본에 투자할 동기가 더 높을 수 있다는 것이다.

반면 노동자 소유 기업은 대부분의 조합원들이 고용의 질이 높은 자신의 노협을 떠날 동기가 낮고 이직에 대한 조합원의 높은 기회비용(조합원 퇴직 연금 수익 포기 등)은 장기근속을 유도하여 노동자 숙련에 투자된 수익을 온전히 조직 내부가 얻을 수 있게 되는 장점이 있다. 즉 노동자와 소유자의 일치성을 특징으로 하는 노협의 소유 구조는 노동자 숙련에 대한 적극적 투자를 촉진하였다고 볼 수 있다.

2017년 사크미 본사의 총 직무 훈련시간은 2만 2,945시간이었으며, 총 제공된 훈련 시간 중 50%가 기술 전문 훈련에 할당되었다.[11]

[표1-3] 사크미 직무 훈련 내역							
연도	훈련 시간	총 훈련 비용 (유로)	1인당 평균 훈련시간				
			매니저	경영진	사무직	현장직	1인당 평균시간
2015	18,141	309,000	48	22.5	12	19	16.4
2016	22,945	361,000	12	10	16	16	16

출처: SUSTAINABILITY REPORT, 2017

2) 지역 사회에 대한 투자

지역 사회 차원에서 보자면 사크미는 조직의 인적 자원의 공급지이자 협력처인 이몰라 지역에 대한 투자와 협력을 통해 조직의 생산 근거지를 탄탄히 다져왔다. 먼저 지역 고용 창출면에서 사크미 종업원 대부분이 이몰라 지역 근방 출신이다. 또한 산학연계 차원에서 사크미는 지역의 교육기관에 대대적인 지원을 하고 있어 지역의 인적 자본 향상에도 기여하고 있다.[12]

무엇보다도 이몰라 지역은 세계에서 협동조합 기업이 가장 집중된 곳인 동시에 그로 인한 긍정적 사회 경제적 성과도 매우 높게 나타나고 있는 곳이다. 지역의 산업 기반인 제조업 노협들 매출의 상

---

11 SACMI SUSTAINABILITY REPORT 2017.

12 사크미는 the Imola-Sao Bernardo solidarity project (Brazil)에 참여를 통해 세라믹 기술 부문 직업훈련 학교 건설을 지원하고 있으며, 'Einaudi' State Technical Institute of Imola에 플라스틱 물질 기술 과정에 'full electric' injection moulding press를 기부한 바 있다. 또한 'F.Alberghetti' industrial technical institute 장비 지원 및 기술 정보 교류, 전통 세라믹 기술과정 및 관련 학과에 연말에 장학금을 지급하고 있다. 교육 프로그램 시설과 관련하여 매년 시내에 여러 고교생 초청을 통해 훈련-작업과정을 연계하여 제고하고 있으며, 대학들과도 인턴쉽 및 본사 체험 기회 제공 등을 통해 지속적 관계를 유지하고 있다. 최근에는 Italian Metal Powder Academy에 직접 지원하고 있다(SACMI SUSTAINABILITY REPORT 2014).

당 부분은 수출에 의존하고 있으나 사크미를 포함하여 이 지역 노협의 제조 시설들은 더 싼 노동력을 찾아 해외로 가지 않고 있다. 이는 오랫동안 같은 제조업 노동자협동조합이 밀집되어 산업지구를 이어오면서 축적된 이몰라 지역의 독특한 이점 때문이라 할 수 있다. 제조업 관련 노협이 지역의 경제를 주도하는 이몰라 지역에서 시대를 뛰어넘어, 글로벌 경제에 통합되어서도 경제적 성과를 창출할 수 있는 능력을 보여 왔다는 점, 그리고 작업장 내 민주주의와 지역 발전, 세대 간 연대에서 나타나는 경쟁력 등이 그것이다.[13]

"만약 우리 회사가 저렴한 인건비를 찾아서 해외 멀리 아웃소싱할 경우에 제품의 품질을 유지하기가 어렵다고 할 수 있다. 우리 회사의 목적인 높은 품질은 매우 가까이에서 생산해야 유지할 수 있다."(Giuliano Airoli 부이사장)

3) 적극적인 해외 시장 개척

앞서 사크미의 역사를 소개하면서 다루었듯이, 제조업체로서 사크미는 세계시장 확대에 집중하였고 1960년대에 이를 위한 기술 및 연구, 사기업의 인수를 적극 추진하였다. 이러한 세계화 전략에 노협이라는 조직 구조가 어떠한 장점으로 작용했는지에 대해서는 쉽게 확인하기는 어렵다. 사실 이 부분은 '노동자 소유구조' 그 자체에만 기인한 것이라고는 보기 힘들다. 이미 1960년대 경영진은 장기적 플랜을 가지고 단순 기계 제작회사에서 공장 플랜트 설계라는 고부가

---

13 Matt Hancock, "The cooperative district of Imola : Forging the high road to globalization", 2005.

[그림1-2] 전 세계 사크미 자회사 분포 현황(출처: SACMI SUSTAINABILITY REPORT, 2014)

가치의 서비스 창출을 위한 회사로 도약하기 위한 투자를 기획하였으며 이는 결과적으로 경영진의 탁월한 선택이었다. 다만 일정한 업무 능력과 성과를 평가받아야 하는 사크미의 조합원 가입 승인 조건은 생산성으로 연결되는 전체 노동자의 질과 숙련을 높은 수준으로 유지시켰던 주요한 요인으로 보인다. 이는 이후 사크미의 조합원 가입 절차를 다루는 부분에서 자세히 다루겠다.

민주적이되 효율적인 조직의 운영 구조

사크미의 소유와 경영 구조에서 제기될 수 있는 가장 큰 질문은 '어떻게 조합원이 400명도 되지 않는 노협이 전 세계 4,000명 이상의 종업원을 고용하고 80곳의 자회사를 소유하고 경영할 수 있는가?'라는 점이다. 이는 내부 민주주의 추구와 세계시장에 대응할 수 있는 경쟁력 추구 간에 균형을 찾기 위한 노력에 기반했다고 할 수 있다. 이를 조합원과 경영진 간의 관계, 조합원 가입 절차, 리더 선발 과정, 협동조합과의 연대 등으로 나누어 차례로 살펴보자.

1) 조합원과 경영진 간 균형 모색

첫 번째는 소유와 경영 간의 균형점을 모색했다는 점이다. 사크미는 경영과 거버넌스가 철저히 나눠진 시스템으로써 창립 이후 이사진과 경영진은 역할 상 엄격히 분리되어 있다. 이는 앞서 지적한 바와 같이 전문적인 경영 판단에 따른 체계적인 경영을 통해 세계시장을 확보할 수 있었던 배경이라고 할 수 있다.

> "기계만 만드는 곳이었으면 한두 개 기계를 만들고 없어졌을 회사다. 60년 대에 (회사의) 미래 전망을 기계제작과 공장설계 등으로 두고 하나하나 헤 쳐가다 보니 이렇게 행정과 거버넌스가 분리되는 고차원화된 의결체계가 만들어진 것 같다."(Giuliano Airoli 부이사장)

그러나 노협의 경우, 때로 소유와 경영의 분리로 인한 문제점도 적지 않다. 사크미 역시 전문성을 두고 전문 경영진과 이사진의 갈등도 많이 있었다고 한다. 그때마다 구성원들은 '협상의 기술(art of negotiation)'로 문제를 해결해왔다고 한다. 총회를 자주 개최하고 총회 전에 안건에 대해 충분한 정보를 제공하며, 총회 시에 충분한 논의 시간을 가지고 경영진들은 조합원들을 지속적으로 설득하고 있다고 한다. 총회는 1년에 10회 이상 개최되며, 조합원의 총회 평균 참여율은 84%라고 한다. 무엇보다 경영진의 판단을 조합원들이 이해하고 동의해주는 과정에서 매우 오랫동안 대화와 설득의 시간을 갖는다고 한다.

> "여기서는 다른데 보다 많이, 총회가 1년에 12~13번 열리고 모든 전략적 결정들을 총회를 통해서 하게 된다. 그래서 이사회가 새로운 시장진출에 대한 안을 내놓으면 총회에서 결정한다. 이것 자체가 우리가 100년 동안 버텨온 힘이다. 내가 주인이라는 생각, 내가 한 것이 모두 다 반영이 된다는 점이다."(Giuliano Airoli 부이사장)

> "(의사결정 비용 등의) 조직 운영 비용이 소요되더라도 조합원이 이해하고 합의해가는 과정이 필요하다고 보고 이사진들도 이러한 과정을 통해 전략 등을 맞춰가는 것을 영광으로 생각한다."(Giuliano Airoli 부이사장)

경영진과 조합원 간의 의사를 조율하는데 들이는 시간과 과정에 대해 비용이라기보다 매우 필요한 과정으로 보며, 조직의 자랑스러운 특성으로 인식하고 있었다. 만일 경영진이 이사회와 다른 길을 가고 있으면 조합원에 의해 경영진이 교체된다고 한다. 이렇게 조합원들이 경영진의 전문성은 인정하되 높은 조합원 경영 참여 비율를 통한 모니터링으로서 이를 적절히 제어하여 조합원과 경영진 간 균형을 추구하고 있음을 알 수 있었다. 이는 조합원 권리가 참여와 책임이 동반되어 발현되고 있기 때문으로 보인다.

2) 시장 환경에 대처할 수 있는 능력 중심에 기초한 리더 선정

앞서 지적한 경영진에 대한 조합원의 신뢰에 기초한 균형은 경영진의 검증된 전문성에 의해서 뒷받침되고 있다고 할 수 있다. 길리아노 아이롤리(Giuliano Airoli) 부이사장에 따르면 경영진을 임명하고 평가할 권한은 이사회에 있다고 한다. 경영진은 직원 중에서 임명하는 것을 선호하고 있지만, 조합원 또는 내부 직원이 아니어도 되며 선정 기준은 전문성, 회사에 대한 충성도, 계속해서 잘 할 수 있는 비전을 가진 사람 등이라고 한다. 또한 경영진은 매년 조직 구성원 간 통합과 조정을 수행하고 있는지에 대한 역량을 평가받는다고 한다. 조직 리더에 대해 선정 과정뿐 아니라 선정 이후에도 높은 수준의 평가 과정을 거치고 있는 것이다.

3) 선별적 조합원 가입 절차

사크미의 조직 경영에 대한 조합원들의 참여도가 높은 배경에는 조합원들의 참여 동기와 의무를 높이기 위해 사크미가 매우 까다롭고 선별적인 조합원 가입 절차를 운용하고 있는 것에서 찾을 수 있다. 사크미 조합원 자격은 피고용인 중에서 일정한 근무연수를 채우고 업무 능력과 성실성 등에 대하여 검증을 받아야 주어진다. 조합원이 되기 위한 요건은 최소 5년 이상의 종사 기간, 도덕성 및 헌신, 협동정신, 역동성과 전문성을 평가받아야 한다. 1년에 200명 정도 조합원 가입 신청을 하게 되는데, 그 중에서 10~15명만 선발한다고 하니 조합원이 되기 위한 진입 장벽은 꽤 높은 편이다. 이러한 선별적 조합원 가입 방식에 대해서 개방성이라는 협동조합의 가치와 '노동자의 경제적 여건과 삶의 질 향상'이라는 사크미의 창립 목적과 상충될 수 있다는 비판이 제기될 수 있다. 그러나 사크미와 같이 오랜 전통과 규모가 있는 글로벌 기업에서는 엄격한 가입 절차를 통해 구성원들의 책임감과 연대성을 유지하여 집단적 의사 결정 비용을 최소화하는 것이 필요할 것이라는 생각이 들었다.[14] 즉 업무와 협동 모두에서 역량이 검증되고 조직 의사 결정에 대하 참여의식이 높은 직원을 선발하여 무임승차 가능성을 줄여야 하기 때문이다.

조합 가입에 따른 출자금은 약 30만 달러인데, 조합이 대출 형식으로 선납해주면 조합원은 이를 15년 동안 급여에서 차감하는 형식으로 분납할 수 있다. 납입한 출자금은 은퇴 시 이자와 함께 전액 돌려받는다. 그래서 조합원의 투자는 정부 연금과 더불어 실질적인 은퇴 대비책이 될 수 있다. 또한 고용 기간 동안 조합원은 급여에 더해 조합의 잉여를 지급받는다.[15] 이처럼 조합원은 고용 안정성과 함께 사업 이익 공유 등의 혜택이 있으나, 그 밖에 업무와 관련하여 조합원과 비조합원의 급여 체계에서의 차이는 없다고 한다. 모든 직원들에게 그해 성과에 따라서 2개월치 급여분에 해당하는 프리미엄도 조합원 비조합원 구분 없이 지급한다고 한다.

---

14 Henry Hansmann, *The Ownership of Enterprise*, Harvard University Press, 1996.
15 John Restakis, *Humanizing the Economy : Co-operatives in the Age of Capital*, New Society Publishers, 2010.

4) 협동조합 기업 간 연대

한편 이러한 내부적 역량이 높은 조직은 다른 노협과 연합회 및 기타 네트워크와 어떠한 관계를 유지할까? 사크미는 레가꿉(Legacoop) 소속이긴 하지만 사업 및 기술과 관련하여 지원받은 적은 없으며, 이들과 깊이 있는 연대활동은 하지 않고 있다고 한다. 그러나 청소 및 건물관리 등을 지역 협동조합에 외주를 주고 있다고 한다. 이탈리아에서 큰 규모의 노동자협동조합인 마누텐쿱(Manutencoop)에 청소용역을 주고 있고 회사 내 식당 운영도 노동자협동조합인 캄스트(CAMST)에 맡기고 있다. 협동조합 형태의 기업이 상당히 많이 차지하고 있는 이탈리아의 특성도 반영된 것이라 할 수 있으나 되도록 노동자협동조합과 협력 관계를 갖고 가려는 모습에서 창립 초기부터 주창해온 노동자 권익 향상과 연대성이 이어져 오고 있음을 알 수 있다.

자립적이면서 안정적인 투자, 그 원천으로서 불분할적립금

2017년 사크미 본사의 제조 파트 총수입은 9억 6,400만 유로이며, 이중 외부비용과 중간서비스 등 종업원에 대한 보수로 구성되지 않는 각종 비용을 제외한 총부가가치는 1억 5,700만 유로이다. 여기서 할부상환금(Amortizations)을 제외한 순부가가치는 1억 3,100만 유로이다. 이 순부가가치의 배분 구조를 보면 조합원(조합원 대출에 대한 이자 포함) 11.7%, 개인(모든 종업원) 52%, 공공행정(직간접세) 6.1%, 협동조합운동 0.6%, 부채자본(금융비용) 0.6%, 커뮤니티(지역공동체에 기부 및 사회사업, 상호부조기금) 0.2%, 회사(내부유보) 28.8%로 나타나 있다. 여기에서 내부유보는 불분할적립금(indivisible reserve)으로써 조합원 개별 지분에 상정되지 않는 조합 공동 자본금이다. 그룹 차원의 투자 규모는 2017년 기준 3,700만 유로로 이는 전년도 4,000만 유로에 비해 다소 줄어들었다.

[표1-4] 2017년 사크미의 총 부가가치 및 투자 규모

항목	가치
사크미 본사 제조업 부문 총수입	9억 6,400만 유로*
총부가가치	1억 5,700만 유로*
순부가가치	1억 3,100만 유로*
투자 규모	370만 유로**

출처: * SACMI SUSTAINABILITY REPORT, 2017
** SACMI ANNUAL REPORT, 2017

[그림1-3] 2017년 사크미의 순부가가치 배분 구조

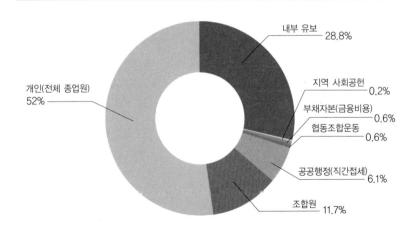

내부 유보 28.8%
지역 사회공헌 0.2%
부채자본(금융비용) 0.6%
협동조합운동 0.6%
공공행정(직간접세) 6.1%
조합원 11.7%
개인(전체 종업원) 52%

출처: SACMI SUSTAINABILITY REPORT, 2017

그렇다면 노동자 소유 기업의 가장 큰 숙제라 할 수 있는 조합원의 이중의 위험 부담으로 인한 자본투자 기피 경향[16]은 어떻게 극복하고 있는가? 이는 조합 차원에서 불분할적립금을 높은 수준으로 유지하고 있는 것과 관계가 있다. 창립 이래 꾸준히 매년 순부가가치의 20% 이상의 내부 유보를 축적해오고 있으며[17] 이는 조합의 안정적 재무능력이 되어 조합의 성장을 뒷받침해왔다. 특히 조합이 인수 전략을 추구하도록 촉진한 것은 내부 유보 자본의 성장에 따른 것이었다. 다른 많은 노동자협동조합과 같이 매우 큰 수준의 불분할적립금을 축적하고 있는 사크미는 외부 대출에 의존하지 않고 내부에서 성장을 위한 자금 조달이 가능했다.[18]

이외에 '시장에서의 생존'이라는 공통된 신념을 기반으로 조합원과 경영진 간의 적절한 균형이 이루어지고 있는 점 역시 지적할 수 있다. 이사진들과 조합원들은 경영 전문성을 인정해주고, 경영진들 역시 의사 결정 과정에서 이사진들과 조합원의 의견을 최대한 반영하려고 한다는 것이다. 특히 사크미 조합원 선정 평가 항목에는 '민주적 조직 안에서 공동 경영자로서 헌신할 수 있는 역량'도 들어 있

---

16 Hansmann에 따르면 노동자 소유 기업이 파산하게 될 경우 소유자인 노동자는 파산 시 일자리의 상실만이 아닌 투자금의 손실까지 입을 수 있는 위험이 있다. 이러한 이중의 위험으로 인해 소유자로서 노동자에 의한 기업 특수화된 자본 투자가 어려워지는 문제가 있는 것이다.(Henry Hansmann, *The Ownership of Enterprise*, Harvard University Press, 1996.)

17 1919년 창립 당시 조합 정관상 이윤에서 불분할자본금의 적립 비율을 50%로 정한 이래 1960년 이후 20~40%로 유동적으로 적립하는 방식을 이어오고 있다. 2014년과 2015년 불분할적립 비율은 각각 27.3%, 25.5%를 기록하고 있다.

18 John Restakis, *Humanizing the Economy : Co-operatives in the Age of Capital*, New Society Publishers, 2010.

19 John Restakis, 위의 책.

으며,[19] 이는 일반 조합원들의 높은 경영 마인드로 나타나고 있는 것으로 보인다. 이러한 점들은 지속적인 기술개발 투자가 필수적인 세라믹 업종의 특성과 맞물려 조합원들의 동의하에 적극적인 해외 투자를 지속할 수 있는 배경으로 볼 수 있다.

위기 극복의 힘: 리더쉽과 조합원의 헌신

기업 생애 주기 이론에 근거하여 현재 사크미가 놓여 있는 단계는 어디쯤일까? 생애 주기 단계를 도입기, 성장기, 성숙기로 놓고 볼 때, 현재의 사크미는 성장기를 지나 성숙기에 위치해 있다고 보인다. 성숙기로 오기까지 사크미는 수많은 애로 요인을 극복해왔다. 특히 초기 어려운 환경 속에서 조직의 생존을 이어온 요인에 주목할 필요가 있다. 설립 초기 조합원들이 동의한 주된 원칙 중 하나는 조합의 상황에 따라서 최저임금을 적용하는 것이고 때때로 대가 없는 초과 근로를 하는 것이었다. 이는 비록 비숙련 노동자와 같은 임금을 받는 관리이사(managing director)에게도 적용되었다. 특히 초대 관리이사였던 길리오 미세티(Giulio Miceti)는 파시즘 정권하에서 어려움을 겪는 과정에서 높은 리더쉽과 헌신성으로 초기 사크미의 안정화에 큰 기여를 한 것으로 평가되고 있다.[20]

---

20 "It all begin with nine mechanics", SACMI, 2000.

[그림1-4] 사크미의 발전단계		
도입기 1919년~1940년대	**성장기** 1950년대~1960년대	**성숙기** 1970년대~현재
1919년 조합 창립. 세계대전 및 경제적으로 어려운 시기 **1930년대** 오렌지를 세척하는 그들의 첫 기계를 성공리에 완성	**1950년대** 2차대전 후 세라믹 제조 기업으로서의 초기 기술개발을 통해 이탈리아 재건에 기여. 향후 그룹의 다양한 산업전략이 될 철뚜껑 제조 기계를 만들기 시작 **1960년대** 해외 시장 개척 강화	**1970년대** 해외 시장 개척을 위해 기업들을 인수하고, 해외 지부를 설립하는 등 거대 다국적 기업으로 거듭남 **1980~1990년대** 해외 시장 및 기술투자 확대하여 규모 증대 **2000년대** 세라믹 시설엔지니어링을 넘어 음료와 포장, 식품 가공, 플라스틱 산업 등에서도 핵심 기업으로 성장

사크미는 최근 들어 세계경제(서구 국가, 중국과 브라질)의 저성장, 탈지역화, 높은 변동률, 위험과 불확실성 등에 직면해 있다고 판단하고 이를 기술개발과 엔지니어링 솔루션 결합과 함께 효율적인 시장 지향 조직으로 변모하는 것을 통해 극복하려 하고 있다.

변화와 혁신을 이끄는 노동자만이 주인이 될 수 있다

사크미의 사례를 통해 우리가 얻을 수 있는 시사점은 무엇일까? 현재 한국에서의 대다수의 노협은 영세하고 분야도 유통 및 서비스업 등에 집중되어 있는 반면에 제조업 등은 소수이다. 기술력과 전문 분야보다 취약 계층의 자활 모색 및 1인 특수 고용인이 고용-피고용 관계에서 오는 불리한 위치를 극복하기 위한 수단으로써 접근하고 있는 것으로 보인다. 대부분 영세한 국내 노협에 거대 자본과 첨단 기술이 요구되는 글로벌 제조업체의 사례를 곧바로 적용하기는 힘들다.

그럼에도 업종과 분야를 떠나서 시장에서의 생존을 모색하는 노협이라면, 100년의 역사를 이어온 사크미의 사례에서 얻을 수 있는 시사점은 분명 있어 보인다. 그것은 노동자 소유 기업에게서 가장 중요한 조직 역량은 노동자의 숙련이며 이것을 확대하고 축적시키기 위한 조직 설계가 노협의 영속에 지대한 영향을 미친다는 것이다. 즉 고용안정과 질 높은 근로조건이라는 노협의 목적을 충족하기 위해서는 노동자로서의 조합원의 숙련도와 경영 역량을 제고하고, 이사회와 경영진의 분업과 역할 분담 원칙 등을 실현할 수 있는 조직 설계가 요구되는 것이다. 이는 사크미의 사례를 통해서 세 가지로 제시될 수 있다.

첫째로 소유와 경영의 균형점 모색이다. 창립 이후 사크미가 기술 개발에 대한 지속적 투자, 장기적인 비전하에 적극적인 해외 시장 공략 등이 가능했던 것은 경영과 소유의 균형점 모색을 위한 노력에 의해 가능하였다. 즉 조합원들이 경영에 대한 고유의 전문성을 인정하고 경영진들은 조합원들과 충분한 논의 과정을 거쳐나갔다. 이는 조직 생존을 위한 객관적이고 장기적인 경영 전략 수립과 실행을 할 수 있는 조건이 되었다. 그리고 이는 높은 경영진의 역량과 함께, 경영진을 감독하고 견제할 수 있는 조합원의 책임 있는 참여가 뒷받침 되

었기에 가능하였다.

둘째로 노동자 소유 기업의 장점을 발휘하여 숙련도 향상을 위한 노동자 개인과 조직의 동기를 일치시켰다는 점이다. 사크미 사례를 통해 숙련이 요구되는 산업이면서 노동자가 소유자인 기업에서는, 조합원 스스로의 역량 향상에 투자하려는 동기가 높게 나타날 수 있음을 발견할 수 있었다. 이는 노협으로서 성공하기 위해서는 조합원 개개인의 노동 역량에 대한 지속적인 투자가 중요함을 다시 한 번 일깨워 주고 있다.

마지막으로 집단적 의사 결정 비용을 줄이고 무임승차 가능성을 낮추기 위하여 조합원 간 높은 동질성 추구가 필요하다는 점이다. 사크미는 조합원 간 동질성 유지를 위해 선별적인 멤버십을 유지하고 있다. 그리고 이를 통해 비즈니스 조직으로서 구성원의 업무 역량과 숙련을 제고하는 한편 협동조합으로서도 참여와 협동정신 아래 일정 이상의 협동 역량을 유지해 나가고 있었다. 이것은 협동조합의 개방성 원칙이 조직 특성에 따라 조건부(조합원으로서의 책임과 의무를 수행할 의지와 능력이 갖추어졌다는 조건)로도 유의미하게 존재할 수 있음을 확인해 주고 있다.

건설 분야 종업원 8천명 규모의
벽돌공과 미장장이의 협동조합 CMC

"노동자협동조합은 다른 회사들과 다름없이 경쟁, 경영 그리고 이윤의 제약에 속박받는 기업이다. 하지만 노동자협동조합만의 독창성은 노동자들이 주식의 대부분을, 적어도 51%를 보유하고 있는 점에 있다. 그렇기에 노동자들은 회사의 주요 지침을 공동으로 결정하고 본인들의 대표(경영자, 이사회 등)를 지명한다. 또한 그들은 이윤 공유의 방법을 두 가지 목표에 기반하여 결정한다. 먼저, 기업의 노동자들이 일한 만큼 돌려주는 형태로 노동자 조합원에게 혜택을 주려는 목표가 있다. 다음으로, 자본을 강화하도록 하는 준비금의 형태로 남겨둠으로써 미래 세대에게 일정 이윤을 넘겨주는 관점에서 기업을 공고히 하고 더 나아가 그들의 협동조합 기업의 지속 가능성을 보장하려는 목표가 있다. 모든 협동조합 내부의 민주주의적 지배는 각각의 노동자가 얼마 만큼의 자기 자본금을 출자했는지와 상관없이 '1인 1표'의 원칙에 기반한다." (CECOP)

CMC 전경 사진 (출처: www.cmcgruppo.com)

설립 당시 CMC (출처: www.cmcgruppo.com)

117년 기업의 역사, CMC의 성과

이탈리아 북동부 항구 도시에 있는 건설노동자협동조합 CMC는 117년 동안 세계적인 기업으로 성장해온 이탈리아의 대표적인 노동자협동조합으로 알려져 있다. 노동자협동조합을 비롯하여 다양한 유형의 협동조합이 고루 발전한 에밀리아 로마냐주의 북동부 쪽 해안가를 끼고 있는 매력적인 항구 도시 라벤나는 예로부터 붉은 흙이 많아서 벽돌을 만드는 일이 발달한 도시였다. 이곳에 자리를 잡고있는 CMC는 1901년 3월 7일 35명의 벽돌공들이 모여 설립했으며, 1909년 미장공 회사와 합병을 하면서 '벽돌공과 미장공의 협동조합 CMC(Cooperativa Muratori & Cementisti)'[1]라는 공식적인 명칭을 사용하게 된다.

전 업종에 고르게 협동조합이 발달한 이탈리아는 건설 분야에서도 스무 개 정도가 대기업으로 성장하였으며, 라벤나 지역의 CMC나 ACMAR 같은 협동조합들이 이탈리아 최대 건설사로 꼽히고 있다. 2015년 기준으로 CMC는 전 세계적으로 7,984명의 직원을 고용하고 있으며, 총 매출액 11억 7,700만 유로(1조 5,300억 원), 영업 이익 7,300만 유로(949억 원), 당기 순이익 1,000만 유로(130억 원)의 성과를 내었다.

2차 세계대전 후, 경제가 활성화되면서 협동조합들도 본격적인 성

---

1 이탈리아어로 'Cooperativa'는 협동조합, 'Muratori'는 벽돌공, 'Cementisti'는 미장공을 뜻한다.

장의 시기에 접어들었고, CMC는 이탈리아에서 가장 큰 발전소인 라벤나 포트를 세웠다. 이후 엔지니어를 고용하여 혁신적인 기술력을 개발하고, 1965년 국내 최초 고속도로를 놓게 되면서 급성장을 하게 된다.

하지만 이탈리아 경제는 1970년대 성장이 둔화되면서 전후 최초이자 최대의 위기에 봉착한다. 인플레이션이 높아졌고, 테러리즘의 증가와 국내외적 불안정으로 재정 적자가 늘어났다. 이 위기의 시기 CMC는 해외 시장으로 진출을 하면서 국가 수준의 건설회사로 명성을 얻었고, 오히려 세계 굴지의 건설회사로 발돋움하게 된다. TBM 공법[2]으로 기계화 터널을 가능하게 하는 기술력을 보유하면서 건물뿐만 아니라 도로, 댐, 지하철, 유압 및 관개시설 등 더 복잡하고 전문 기술력을 발전시키면서 세계적인 건설기업으로 우뚝 서게 되었다.

최근 몇 년 동안, CMC는 수송 부문에서 매우 정교한 프로젝트를 하고 있으며, 수력 발전 및 지하 작업을 할 수 있는 능력을 갖추었다. 2011년 보스턴에 본사를 두고 LMH(lmheavycivil) 대형 토목 건설의 인수를 통해 북미 시장에 진출했고, 2013년은 뉴욕에 본사를 둔 미국회사 Difazio의 33% 지분을 인수했다. 2014년 7월 세계 최초로 협동조합에서 3억 유로의 '선순위채권(Bond Senior)'을 발행하여 금융시장에 들어갔다. CMC는 이제 매출의 약 60%를 해외에서 생산하

---

2 터널을 만드는 재래식 공법은 발파(대상물 속에 구멍을 뚫어 폭약을 재어 넣고 폭파시키는 것)와 달리 대형 굴착기 TBM(Tunnel Boring Machine)로 지반을 뚫는 공법.

고 4개 대륙 40개국에서 사업을 하고 있으며, 국내 생산보다는 해외 생산이 더 늘어나는 추세다.

글로벌 금융위기, 경기불황 등으로 기업의 수명에 영향을 미치는 수많은 외부 요인들이 상존하지만, 경제 전문가들은 수명이 긴 기업의 경우 끊임없이 성장 동력을 발굴하고 사업 다각화를 지속적으로 잘 발달시킨다는 공통점이 있다고 한다. 117년의 역사를 가지고 있는 CMC도 예외는 아닐 것이다.

성공의 비결, 컨소시엄으로 규모의 경제를 실현하다

CMC는 건설사업 분야뿐만 아니라 부동산, 건축자재 등 사업의 다각화를 추진하고 있다. CMC 그룹은 전체 고용 직원이 8,000여 명 되지만, 조합원의 규모가 400여 명 밖에 안 되는 기업이다. 그런 기업이 세계적인 건설 수주를 따내고 연 매출이 10억 유로 이상 성과를 내면서 성장할 수 있었던 비결은 무엇이었을까?

그 이유는 이탈리아 협동조합의 네트워크와 컨소시엄 전략 때문에 가능했다. 1912년 설립된 지역별 건설업체 컨소시엄을 토대로 1946년 보다 강력한 CCC (Consorzio Cooperative Construzione, 건설협동조합 컨소시엄)이 설립되었다. 이후 90년대 말 건설장비 협동조합과 이탈리아 구매자 컨소시엄(Acam)을 추가 통합해 산하 230여 개 협동조합과 노동자 2만여 명, 매출액 50억 유로 규모의 이탈리아 내 3위의 건설 사업체로 자리 잡았다.

CCC에는 노동자협동조합, 소기업가협동조합을 모두 포함해 중소 규모 건설협동조합부터 대형 건설협동조합까지 가입해 있다. 협동조합 네트워크에 기반한 컨소시엄 전략은 70~80년대 이후 이탈리아 협동조합이 성장을 거듭할 수 있는 전략으로 자리 잡았고, CMC도 이런 컨소시엄 방식으로 CCC와 함께 건설 수주를 따서 기업을 성장시켜왔다. CMC는 더 많은 계약을 따내기 위해 컨소시엄을 구성하면서 자신들의 위치를 공고히 했다.

컨소시엄에 가입한 각 조합의 규모는 CMC와 같이 규모화 되어 있는 경우도 있지만 대부분 영세하여 상호보완적 기술을 갖고 있고, 규모가 큰 사업에 입찰할 때는 합작과 협력을 통해 경쟁력을 강화하고 있었다. 이러한 '협동조합 네트워크'가 이탈리아 협동조합들의 핵심 성공 전략이었다. 단일 협동조합이 규모의 경제를 실현하기 위해서 합병을 통한 방법 이외에 지역별 컨소시엄을 구성하고, 나아가 전국적인 컨소시엄으로 확대하여 네트워크 경제를 발전시켰다. 이렇게 이탈리아 협동조합들은 네트워크를 형성하여 경제 위기 아래에서도 강한 힘을 발휘할 수 있었다.

실제로 협동조합이 이탈리아 경제의 중심으로 떠오르게 된 데는 두 차례의 주요한 계기가 있었다. 1970년대 경제 위기의 시기에 합병과 컨소시엄 방식의 네트워크 형성을 통한 규모 확장이 이루어졌고, 1990년대에는 협동조합들이 비협동조합 기업들을 과감하게 인수해 협동조합이 통제하는 기업 집단이 이루어졌다. CMC는 일찍부터 컨소시엄 방식을 적극적으로 활용하여 기업을 성공시킨 모델로 꼽을 수 있다.

CMC의 또 다른 성공 비결 '조합원 신뢰'

CMC에서 조합원이 되기 위해서는 2년 이상 근무를 하고 평가와 인터뷰를 통해 조합원 자격을 부여받게 되고, 출자금은 3,750유로 (약 5백만 원)가 요구된다. 하지만 조건을 충족해도 조합원으로 가입하기 쉽지는 않다. 8,000명 가까이 되는 직원 중에서 이탈리아에 근무하는 직원은 1,600명 정도이고, 이 중에서 조합원이 400여 명 밖에 안 되는 것을 봤을 때 조합원 자격이 쉽게 주어지는 것이 아님을 알 수 있다.

건설 업종의 특성이 공사가 시작될 때 모여서 일을 해야 하므로 전 세계에 있는 모든 직원을 조합원으로 가입시키는 것이 현실적으로 어렵기도 하고, 외국에 있는 직원들은 조합원 가입에 별 관심이 없다고 한다. 하지만 조합원 가입을 적극적으로 확대하지 않는 또 하나의 중요한 이유로 노동자협동조합의 특수성을 꼽을 수 있다. 노동자협동조합은 조합원의 민주적 의사 결정 과정이 중요한 만큼 권리와 의무를 충실히 수행할 수 있는 책임 있는 조합원을 멤버로 가입시키는 것이 중요하다는 것이다. 조합원 가입을 엄격히 하면서 조직 운영의 효율성과 책임성을 높이는 것이 CMC의 중요한 조직운영 원칙이었다.

그렇기에 '조합원들 간의 신뢰'가 협동조합의 성공을 좌우하는 중요한 요소라고 한다. 하지만 조합원보다 비조합원이 훨씬 많은 비율을 차지하는 노동자협동조합의 경우 '폐쇄적이고 조합이기주의'라는 비판을 받기도 한다. 노동자협동조합은 조합원이 소유주이기 때문에 비조합원에 대한 차별이 있을 수도 있기 때문이다. 이것이 노동자협동조합의 딜레마이기도 하고 CMC의 과제이기도 했다. 이러한 외부의 비판에 대해 CMC는 조직의 가장 중요한 정체성은 조합원의 고용을 보장하고 지속 가능한 조합의 성장에 있음을 강조했다. 2008년 경제위기 상황이 왔을 때 CMC는 조합원을 한 명도 해고하지 않고 임금 삭감을 통한 고통을 분담하는 방식으로 위기를 극복했다고 한다.

이처럼 CMC의 성공 요인은 '기술혁신과 컨소시엄을 통한 시장진출 등 경영의 혁신뿐만 아니라 조합원의 신뢰와 멤버십을 강화하기 위한 민주적 조직운영'이 실천되고 있었기 때문에 가능한 것이었다. 어느 하나 소홀하면 이룰 수 없는 결과물이었을 것이다.

CMC의 마시모 마테우치 회장(Massimo Matteucci presidente)은 협동조합이 성공하기 위해서는 특별한 창조적 혁신이 필요하다고 강조한다.

"혁신을 만들어가는 조직문화는 내부적인 신뢰와 외부로부터 CMC를 신뢰하게 만드는 것이었고, 이런 신뢰를 지켜내기 위한 CMC의 노력이 중요했다. 그리고 또 중요한 것은 인재를 키워내는 것이다. 노동자협동조합의 힘은 조합원에게서 나온다." (CMC의 마시모 마테우치 회장)

사람에 투자 - 인재 육성의 산실 CMC 대학

CMC는 조직의 미션을 수행하기 위해서 최근에 인재 육성에 많은 투자를 하고 있었다. 2009년 설립된 CMC 대학은 기업의 인재 육성 및 이를 통한 경영 개발을 목표로 CMC 그룹의 인재 개발 프로그램 기관이다. 또한 이탈리아 및 해외의 지속적인 비즈니스 성공과 발전을 목표로 대학이 운영되고 있다. 인사 담당자 데이비드 카사디오(dott. David Casadio)의 설명에 의하면 CMC 대학은 연간 30명 정도의 학생을 뽑고 있으며, 대상자는 조합원뿐만 아니라 비조합원에게도 모두에게 열려 있다고 한다.

크게 두 가지 부분을 기본으로 운영하는데, 하나는 특정 연구·학습 계획을 세워서 최종 평가와 시험 테스트를 하게끔 하는 개인별 맞춤형 교육과정이다. 이 교육과정의 주목표는 CMC의 공유 자산인 공통의 노하우와 지식의 조직화, 구조화를 통해 내부에 보존하고 전수하는 것에 있다. 실제로 교육자는 매니저가 담당하고 있으며, 2~3년 과정으로 총 42개의 코스가 준비되어 있고 통상은 10에서 16코스를 마친다.

두 번째는 특정 전문 평가 과정이다. 이 과정은 6개월마다 전문적인 실천에서 반복되는 응용 프로그램을 통해 지속적인 모범 사례를 관리하는 것이다. 보스가 목표 과제를 제시하면 업무를 계획하고 그에 따르는 수행 능력에 대한 평가를 진행하게 된다. 매일매일 업무 평가를 해서 가장 최고치의 수행 능력을 향상시켜서 모범 사례를 만드는 것이다. 즉 직원들의 전문적 역량을 높이기 위한 평가 과정이다. 항목 중 동료들과 함께 일하는 능력을 발전시키는 평가 과정이 있는데, 이 항목이 중요한 이유는 협동조합인으로서 동료와 연대하는 능력을 중요하게 평가하기 때문이라고 한다. 이 평가 과정은 CMC의 임파워먼트를 강화하는 과정이기도 하다. 즉 CMC 대학의 교육 프로그램은 현장 밀착형이라고 볼 수 있다.

책임과 참여가 미래를 만든다
: 조합원에 의한 다양한 자본 조달과 다음 세대를 위해 투자, 비분할적립금

CMC는 기본적으로 건설 수주를 따서 그곳에서 나오는 자금을 가지고 사업을 운영하지만, 그전에 필요한 자금은 은행권에서 대출을 받아 사용한다. 협동조합 은행을 이용하기도 하지만 일반 은행 거래도 한다고 한다. 하지만 기본적으로 조합원으로부터 자본을 조달받기 위한 제도를 적극적으로 활용하고 있다. 이탈리아는 1992년 투자조합원(member-financial backer)과 우선주(privileged)를 도입하였는데, CMC는 이 제도적 혜택을 얻고 있는 대표적인 노동자협동조합이다. CMC는 2015년 3억 유로의 채권을 발행 했고, 565명의 은퇴 조합원으로부터 1,600만 유로, 2명의 투자자 조합원으로부터 8,700만 유로, 401명의 CMC 조합원으로부터 1억 7,100만 유로의 우선주 발행을 통하여 자본을 조달하였다.

그리고 CMC는 잉여금의 30%는 비분할적립금으로 적립하고, 40% 정도 세금을 내고 20%는 조합원에게 배당을 하는데 한 조합원

당 두 달치 정도의 월급에 해당한다고 한다. 여기에서 중요한 점은 비분할적립금이다. 비분할적립금은 여러 세대에 걸쳐 다양한 조합원에 의해 누적되어 형성된 적립금으로 협동조합의 유지와 발전을 위한 공동 자산이다. 이처럼 이탈리아, 스페인, 프랑스의 협동조합들은 잉여를 배당하기 이전에, 연간 결산 후 남는 돈의 일정 비율(이탈리아 30% 이상, 스페인 20% 이상, 프랑스 15% 이상)을 협동조합 내부에 적립하도록 법에 명시하고 있다. 이 적립금은 특정한 사유로 총회의 결의를 얻어야만 사용될 수 있으며, 조합원들이 협동조합을 떠날 때도 분배받을 수 없다.

그리고 협동조합이 문을 닫을 때 이 비분할적립금에 해당하는 돈이 남아 있으면 조합원들이 나누어 갖는 것이 아니라, 협동조합 운동이나 공익적인 활동을 위해 귀속되어야 한다. 이탈리아의 경우, 이러한 내용이 정관에 명시되어 있지 않으면, 해당 협동조합은 공공성을 갖지 않은 것으로 간주되어 세제 혜택을 받을 수 없다.

이처럼 비분할적립금은 다른 유형의 협동조합들보다 노동자협동조합에서 보다 중요한 의미가 있다. 다른 협동조합들의 경우 조합원들이 협동조합의 서비스를 이용한 대가로 이미 지불한 돈을 처분하는 문제이기 때문에 협동조합 적립금에 대한 이해 관계가 크지 않게 느껴진다. 하지만 노동자협동조합의 경우는 자신들의 노동에 대한 보상을 유보한 형태의 공동 자본이기 때문에 자신의 노동 대가라고 생각하고 관심이 많을 수밖에 없다. 실제로 이탈리아, 스페인, 프랑스의 오래된 협동조합들은 현재 일하는 조합원들이 가지고 있는 출자 지분보다 역사적으로 누적된 적립금이 훨씬 큰 경우가 많다. 이들 협동조합들은 현재 일하고 있는 사람들의 단기적인 이익을 넘어 역사적으로 누적된 공동 자본(비분할적립금)을 통해 지속 가능한 협동 시스템을 만들어가고 있다.

한편 비분할적립금은 단지 개별 협동조합의 경쟁력 강화라는 의미에만 머무는 것이 아니다. 궁극적으로는 어느 개인도 지배할 수 없는 비분할적립금이 개별 협동조합을 벗어나면 '사회'에 귀속되도록 제도적으로 규정함으로써, 비록 개별 협동조합이 시장에서 개별적인 민간행위자로써 작동하지만, 점점 더 증가하는 적립자본이 '사회'의 것임이 명시되게 된다. 즉 협동조합은 사회적 공공성을 갖추고 있음을 증명하게 된다.

특히 이탈리아의 경우 관련 법률에 따라, 적립금을 협동조합 운동이 관리하는 기금으로 귀속시켜서 협동조합 운동의 발전을 위해 사용하도록 하는 것도 특징적이다. 협동하는 당사자들의 직접적인 이익을 일부 유보하여, 공동의 더 나아가 사회의 자산으로 만들고, 이를 제도로써 규정함으로 기회주의적 의도를 차단하는 것이 비분할적립금의 힘이다. 이것은 현재의 이익 일부를 유보 축적하여 다음 세대에 전달함으로써 조합의 지속적 발전을 가능하게 한다. CMC의 비분할적립금은 다음 세대를 위한 투자이다. 이것이 117년 역사를 더 빛나게 하는 CMC의 힘이다.

조합원의 동질성, 합병과 컨소시엄을 통한 규모화 전략을 배우다

한국사회에서 건설업을 떠올리면 경기 변동이 심한 업종으로 막대한 자본금이 필요하고, 난이도 높은 기술력과 경험이 있어야 경쟁력을 갖출 수 있으며, 그에 따른 고급 인력 확보와 공사 수주를 따기 위한 전문적 마케팅 역량이 필요한 어려운 비즈니스 업종으로 생각된다. 하지만 이 업종에 종사하는 노동자들은 사회 안전망에서 배제되어 직업적 안정성이 높지 않다. 우리나라에서는 1990년대 '건축일꾼 두레'가 최초의 건설노동자생산협동조합으로 시작되었지만, 이후 건설노동자협동조합 시도는 성공적이지 않았다. 우리가 CMC를 통해 배울 수 있는 점은 무엇일까?

혹자는 노동자협동조합이 자본주의 기업에 비해 의사 결정이 신속하지 않고 경영적으로 비효율적이라고 지적한다. 하지만 CMC의 사례는 협동조합도 기술 혁신이 가능함을 역사적으로 보여주고 있고, 또한 의사 결정 과정이 쉽지 않지만 조합원들이 동질적일 때 강한 생명력을 가질 수 있음을 보여주고 있다. 마시모 마테우치 회장은 인터뷰를 하면서 점점 더 복잡하고 치열해지는 시장 경쟁 하에서 CMC가 혁신성을 가지고 있지 않았다면 지금의 결과를 내기 쉽지 않았을 것이라고 설명했다.

CMC의 역사적 발전 과정에서 우리가 배울 수 있는 점 중의 또 다른 점은 합병과 컨소시엄 등을 통하여 규모의 경제를 실현해갔다는 점이다. 이제 막 협동조합의 씨앗을 뿌리고 싹을 키우고 있는 한국의 협동조합 섹터에서 동종 분야에서 목적이 비슷한 작은 협동조합

간 합병이나 컨소시엄 전략을 통하여 경쟁력을 제고할 필요가 있다
는 점이다.

2016년 CMC 방문

3장

손
재
현

외식 분야 종업원 1천 명 규모의
트렌티노 노동자협동조합
리스토3(Risto3)

맛있는 식사를 집 밖에서 먹을 수 있다는 것은 즐거운 일이다. 그 래서 누구나 그럴 수 있기를 희망한다. 따라서 누군가가 최고의 식 사를 제공할 수 있다면 그것은 여러 사람에게 행복을 주는 일이다. 그 렇지만 그것이 결코 쉬운 일이 아님은 많은 사람들이 알고 있다. 누 군가는 노동 비용을 최소로 관리하는 기업 경영에서, 누군가는 식사 의 대량 생산 그 자체에서, 또 누군가는 신선하지 못한 재료의 사용 에서 그 원인을 찾는다. 이 모든 것이 자본적 기업의 수익 구조 때문 이라고 말하는 사람도 있다. 자본적 기업이 아닌 기업이 생산하면 이 모든 문제가 해결 될 수 있을까? 그럴 수 있다. 반대로 적절한 수익 만 보장해 주면 자본적 기업도 이런 문제를 긍정적으로 해결할 수 있 다고 항변하는 사람도 있다. 또 다른 누군가는 아이들이 먹는 음식 은 생산의 효율성을 다툴 수 없고, 그것은 사회와 국가의 책임이라

주장하는 사람도 있다. 모두 의미 있는 의견들이다. 그렇다면 이런 견해들의 절충점은 어디일까? 그것을 찾아서 최고의 식사를 제공할 수 있는 조건은 무엇인가?

급식산업은 음식 재료의 품질과 인적 자원에 대한 의존도가 높다. 음식 재료의 신선함과 좋은 영양은 소비자 만족에 있어 가장 핵심적인 요소[1]로 설명이 필요 없다. 또한 조리 종사자의 훌륭한 요리 기술과 정성이 담긴 조리 역시 최고의 식사를 위한 중요한 요소일 것이다. 따라서 조리 종사자의 노동조건을 개선[2]시키고, 특히 장기근속을 할 수 있도록 하는 인적 자원관리 전략을 수립하는 것은 조직 지속 가능에 중요한 요소이다.

또한 급식산업은 급식 서비스를 받는 사람과 제공하는 사람 사이에 불특정 다수에 의한 계약이 아닌 집단적인 계약을 통해서 서비스가 제공되는 경우가 많다. 한국에서 학교 등은 직영으로 급식소를 운영하지만, 기업 등은 위탁 급식을 하고 있다. 따라서 계약이 급식산업의 핵심적인 요소 중의 하나임은 분명하다.

음식 재료 조달, 노동조건, 계약 조건 등 세 가지 조건이 잘 충족되었을 때 최고의 식사가 제공될 수 있을 것이다. 각각의 조건을 충족시키면서 가능한 조합을 찾을 수 있겠지만, 음식은 지역에서 생산한 신선한 농산물을 사용할 때, 계절적 시간적 파트타임이 많이 필요한

---

1 로컬푸드가 소비자 만족에 미치는 영향에서 음식 재료에 따른 음식의 질에 대한 연구(김지용, 2014)에서 음식 재료와 식사의 안전, 영양, 미각성이 정(+)의 연관이 있다고 주장한다.
2 이정탁(2011, 『관광학연구』 제35권 8호) 등은 조리 종사자의 노동조건과 음식의 질에 관한 연구에서 정(+)의 연관성을 주장한다.

노동조건은 유연하면서도 공정한 방법으로 노동자들이 연대할 때, 계약은 민관 협력 거버넌스 등 합리적인 관계가 작동할 때 좋은 식사 제공을 위한 조합이 만들어질 수 있다. 여러 지역에서 다양한 방식으로 이러한 조합을 찾고 있으며, 그 중에서 이탈리아 트렌티노에서 시도된 방안은 지역에 기반을 둔 급식기업과 노동자협동조합 모델의 결합이었다.

트렌토(Trento) 지역과 함께 살아가는 기업 리스토3 노동자협동조합

인구 약 105만의 이탈리아 북부의 트렌티노 자치주는 주도인 트렌토시와 볼차노시로 구성돼 있다. 면적은 약 1만 4천 km^2로 북쪽으로는 알프스 산을 보며, 스위스와 오스트리아에 인접하고 있다. 주요 생산물은 옥수수, 밀, 귀리, 포도 등의 농산물과 아연, 납 등의 광물, 그리고 자동차, 섬유, 화학공업이 발달해 있다. 리스토3는 인구 약 50만의 트렌토시를 중심으로 학교, 기업, 병원 등 각종 단체 급식사업을 하는 노동자협동조합 기업이다.

리스토3는 'SA8000 사회적 책임 보고서'를 발간하여 조합원, 직원, 고객, 지역 공급 업체 수, 공급 업체 노동자의 노동조건 개선, 환경보호 등의 지역 사회 표준 사항을 준수하기로 약속하고 매년 그 결과를 지역 사회에 보고하고 있다.

리스토3는 지역에 급식을 제공하기 위해서 주요 농산물의 지역 구매를 실천하고 있다. 특히 사과, 우유, 요구르트 등은 지역 생산물을 중점적으로 사용하고 있다. 신선한 농산물을 사용하여 급식의 질을 높이고, 지역순환경제를 위한 비즈니스 모델을 실천하고 있다.

[표3-1] 주요 품목 지역 공급량	
주요 농산물 지역 구매	
사과	161,000kg
우유	120,000L
요구르트	630,000개
요구르트(유기농)	220,000개

출처: 사회책임보고서 2016

또한 매년 음식을 만들기 위해 사용하는 음식 재료의 60% 이상을 지역의 일자리 창출과 경제의 지역 순환 등을 위하여, 트렌티노주 지역 공급자에게 공급 받고 있다.

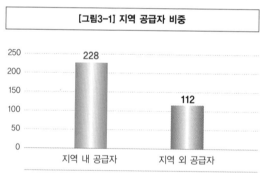

[그림3-1] 지역 공급자 비중

출처: 사회책임보고서 2016

리스토3에게 있어 로컬 푸드는 신선한 음식 재료에 대한 주제이지만, 또한 자본과 다르게 공간 이동성에 제약이 있는 생산자(노동자)와 그들의 일자리 문제이기도 하다. 또한 음식 재료를 지역의 공급자로부터 조달받으면서 그들의 노동조건 또한 공급 계약의 요소로써 관리하고 있다.

2016년 기준으로 지역에서 1,095개의 일자리를 창출하고 있다. 특히 여성이 주 노동공급자로써 992명의 여성이 이곳에서 일하고 있다. 또한 그러한 노동이 공정하게 연대하는 것은 지역에서 더불어 살아가는 중요한 요소이다. 계절적 시간적 파트타임 노동이 많지만 지속 가능한 노동이라면 모두 조합원에 가입할 수 있도록 하여, 433명의 조합원이 노동을 연대하고 있다. 또한 리스토3는 경제적 약자의 일자리 확보를 조합의 중요한 목적으로 가지고 있다. 40개국 약 100명의 이주 노동자 여성을 고용함으로써 사회적 약자의 노동 참여에 대한 자신들의 지역 사회에 대한 책임을 감당하고 있다.

지역 주민들 또한 경쟁보다는 연대를 바탕으로 하는 민관 협력 거버넌스를 통해서 안정적인 급식 공급 계약 및 품질관리를 하고 있으며, 그것을 통해 안전한 먹거리를 믿고 구매할 수 있게 되었다. 계약은 이러한 기업의 비즈니스 지속 가능에 중요한 요소이다. 이런 조건을 갖춘 기업이 지역 정부, 주민과 같이 공공 급식의 토대를 마련했을 때, 대기업 위주의 기업과 산업 경쟁에서 우위를 가질 수 있다. 따라서 특정 지역의 상업적 급식도 대기업 위주가 아니라 지역에 기반을 둔 중·소기업들에 의해서 양질의 식사를 공정한 가격에 제공할 수 있다.

리스토3는 또한 지역의 환경 보호를 위하여 다음과 같은 사항 ① 에너지 소비 절약, ② 쓰레기 배출 관리, ③ 식용유의 재활용, ④ 친환경 세제 사용, ⑤ 재생 잉크 사용, ⑥ 친환경 종이 사용, ⑦ 제품 폐기 시 생물 분해 물질 사용, ⑧ 생맥주 사용-플라스틱 캔의 사용 제한, ⑨ 에너지 절약형 전구 사용 등을 지역 사회와 협의하고 이와 관련하여 준수 사항을 매년 지역 사회에 보고하고 있다.

수익의 일정 부분을 매년 지역 문화 활동과 지역의 여성, 청년 스포츠 팀을 후원하는데 사용하고 있다. 2014년의 경우는 문화 활동에 21%, 스포츠 후원에 78%를 사용하고 있다. 또한 취약 계층에게 일자리를 제공하거나 판매 수익금을 다른 취약 계층에게 제공하는 지역 내 다양한 협동조합 컨소시엄 'APIBiMI'[3] 사업에 참여하여 협동조합의 지역 사회 책임을 실천하고 있다.

트렌토시 전체 급식의 90%를 공급한다-노동자협동조합 리스토3

리스토3는 국제협동조합 연맹(ICA)의 부문 조직인 국제산업·장인·서비스생산자의 협동조합 연맹(CICOPA)이 제시하고 있는 노동자협동조합의 기본 원칙을 훌륭히 실천하고 있다. 지속 가능한 일자리를 창출[4]하고, 조합원의 삶의 질을 향상시키기 위해서 부를 생산하며,

---

3 이사장 사라 빌로티(Sara Villotti)는 노동자 조합원의 무임 승차에 관하여 "기술의 변화와 나이 등으로 인한 생산성 하락을 무임승차로 볼 것인가는 중요한 주제이다. 우리는 그렇게 인식하지 않는다. 따라서 그러한 조합원이 자연스럽게 조합과 지역 사회에 기여할 수 있는 방법을 찾는 것은 중요하며, 그 과정에서 이러한 지역 컨소시엄 협동조합을 탄생시켰다."고 하였다.
4 손재현은 일자리 창출을 단순 경제 성장 모델로 보일 수 있는 새로운 일자리를 만드는 것인 일자리 확대만이 아니라, 일자리 대체, 일자리 개선, 일자리 나누기로 세분화해서 정의하고 있다.(손재현, 「노동자협동조합의 지속가능성 제고를 위한 내부 제도와 정책」. 2018, 5쪽.)

인간 노동을 품위 있게 하고 있다. 노동자의 성장과 전문성 개발에도 많은 투자를 하고 있다. 또한 노동자들의 민주적인 자가 운영(Self-management)과 제3자로부터 자율적이고 독립적인 경영을 유지하고 있다. 1999년부터는 자발적으로 관리 시스템을 채택하고 사회적 책임 시스템인 SA8000을 통해 '사회책임 보고서'를 발간하고 조합원, 직원, 고객, 공급 업체, 지역 사회, 등이 표준 조항을 준수하고 있다.[5] 2015년 기준 조합원은 433명[6]이며 직원은 1,095명이다. 직원의 약 91%인 992명이 여성이다. 전체 직원에서 조합원이 차지하는 비율이 40%로 낮은 편이지만 불안전한 고용과 파트타임 등 유연한 노동이 많이 필요한 급식사업이라는 특징과 비교해서는 상당히 높은 편이다. 절대적인 비교는 될 수 없겠지만, 비슷한 사업을 영위하고 있는 스페인 북부 바스크 지역의 몬드라곤 협동조합복합체(MCC)의 아우소란(Auso-lan)이 직원에서 조합원이 차지하는 비율이 약 10% 초반 정도임을 감안해 보면 이 수치는 낮은 비율이라고 할 수는 없다.

---

5   사회책임보고서 이외에도 '품질경영 : ISO 9001/2008', '환경경영 : ISO 14001/2004', 'UNI 10854 HACCP-위해요소중점관리' 인증, 'Occupational Health & Safety system OHSAS 18001' 등 작업장 및 자연 환경 등에 대한 국제 공인 시스템을 인증 받고 있으며, '식품 안전 경영 : ISO 22000', 'EC regulation 834/07 : 유럽 친환경' 인증 등을 통해 식품 자체에 대한 안전도 끊임없이 관리하고 있다.

6   조합원은 주당 40시간을 근무하는 특별 조합원(Special member) 128명, 주당 40시간 근무는 아니지만, 학교 급식의 특성상 1년에 9개월을 근무하는 보통 조합원(Ordinary member) 303명, 금융과 관련된 법인 조합원 1곳과 기타(사회참여 조합원) 1명이 있다.

[그림3-2] 리스토3의 연도별 직원과 조합원 추이

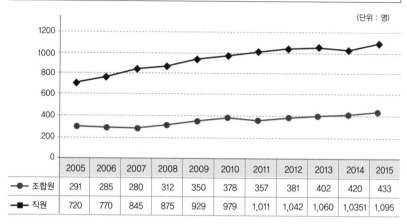

(단위 : 명)

	2005	2006	2007	2008	2009	2010	2011	2012	2013	2014	2015
조합원	291	285	280	312	350	378	357	381	402	420	433
직원	720	770	845	875	929	979	1,011	1,042	1,060	1,0351	1,095

출처: 총회보고서 2016

하루 3시간 이상 노동하며, 지속적인 근무가 보장된 직원의 경우 본인의 의사에 따라 3년 이상 근무하면 조합원 가입을 신청할 수 있으며, 보통 5년 이내에 조합원 가입 승인 유무를 결정 하게 된다. 이 사회로부터 승인을 받게 되면 약 200만 원(1,550유로)의 출자금을 납입하고 조합원이 된다. 협동조합은 그런 조합원으로 구성된 최고 의결기구인 조합원 총회가 있으며, 총회에서는 1인 1표에 의해 임기 3년의 이사장 및 이사 15명을 선출한다. 이사들은 여러 곳에 흩어져 있는 사업장을 구역을 나누어서 활동을 한다. 조합원들 사이의 정보 공유 및 의사 소통을 위한 중재자의 역할을 중점적으로 한다. 임원은 특별 수당이 없는 봉사이며, 임원과 경영진은 겸직할 수 없다. 감사는 트렌티노연맹에서 실시한다.

리스토3의 경영 철학은 최고 경영자 스테파노 라파엘리(Stefano

Rafaelli)의 다음 말에 잘 반영되어 있다. "세계화 이후 우리의 경쟁자는 다국적 기업들입니다. 그들과 경쟁해서 살아남기 위해서는 우리만의 원칙과 계획이 필요했습니다. 똑같은 생각으로는 힘들다고 생각합니다. 그래서 우리는 우리가 잘 알고 있는 지역의 특성을 살리고, 지역과 긴밀함을 유지하고, 그것을 바탕으로 품질 유지를 하는 것을 우리의 경영 철학으로 결정했습니다."

이러한 경영 철학은 리스토3의 미션에 구체적으로 잘 반영되어 있다. 첫 번째는 파트너 및 직원들의 노동조건 및 사회적 약자의 일자리 창출을 우선한다. 두 번째는 지역 사회의 문화적, 경제적 환경을 중심에 둔다. 세 번째는 비즈니스에 관한 서비스, 식품 안전, 지역 농산물 사용 등에 대하여 조합원들과 합의를 통해 결정하고 지켜낸다.

리스토3(risto3) 미션

1. 파트너와 직원
파트너들과 직원들의 근무 조건, 직업 조건 그리고 경제적인 조건을 향상시킴으로써 그들의 지속적인 직업을 보장하기 위해 노력한다.
기여, 참여, 교육 그리고 정보를 통해 조합원 자주 경영을 향상시키는 것에 의해 역동적이고 조화로운 협동조합 기업을 발전시킨다.
여성을 위한 취업 전망과 성과를 향상시킨다. 그리고 사회적 약자의 위치에 있는 노동자들의 노동 통합을 가능하게 한다.

2. 지역과 공동체
깊이 뿌리내린 트렌티노의 유산을 굳건히 하고, 인접한 지역 속에서 그것을 발전시킨다.

활동 지역 내의 경제적, 사회적, 환경적 개선에 기여한다.
공공기관과 연합, 합의, 협력을 구체화하며, 종합적인 협력 분야에
우선 순위를 두는 사업을 구체화한다.

3. 서비스, 고객 그리고 시장
고객 만족의 관점에서 서비스의 질적 기준을 향상시킨다.
최고 수준의 식품 안전을 위해서 노력한다.
지역의 우수한 생산물의 사용에 우선 순위를 준다.

리스토3의 전체 사업장은 2016년 기준으로 256개이다. 주 사업
인 학교 급식이 190개, 기업 급식은 43개, 병원과 노인 전문 시설의
급식은 11개 사업장이 있다. 상업적인 일반 식당은 12개로 2008년
이후 성장에 어려움을 겪고 있지만 최근 2개 매장을 확장하려고 준
비하고 있다.

[표3-2] 리스토3의 사업장 현황	
일반인을 대상으로 하는 민영 식당	12
기업 급식	43
병원과 노인 전문 시설 급식	11
학교 급식	190
전체	256

출처: 리스토3 사회책임보고서 2016

리스토3의 2015년 매출은 2014년보다 0.7% 하락한 약 500억 원
으로 비슷한 수준을 유지하고 있다. 최근 10여 년의 매출 기록을 보
면 2005년부터 지속적인 성장을 하다가 2008년 경제 위기를 시점으
로 성장세가 둔화된 흐름이다. 또한 2014년부터는 조금씩 감소하면

서 지속 가능한 조합을 위해서 새로운 경영 전략을 필요로 하고 있다. 조합원의 자본 참여[7]는 출자금 약 600만 유로와 비분할적립금 약 1,260만 유로이다. 특히 사라 빌로티(Sara Villotti) 이사장은 "비분할적립금은 리스토3 협동조합이 지역 사회에 공유된 자원임을 보여주는 것으로써, 우리는 이것을 통해서 리스토3에서의 일자리는 내가 잠시 이용하는 것일 뿐, 이 지역의 다음 세대에게 넘겨주어야 하는 것이라며 노동자협동조합에 있어 공유 자원의 역할을 강조했다.

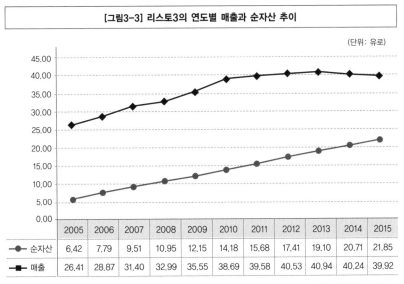

[그림3-3] 리스토3의 연도별 매출과 순자산 추이

(단위: 유로)

	2005	2006	2007	2008	2009	2010	2011	2012	2013	2014	2015
순자산	6.42	7.79	9.51	10.95	12.15	14.18	15.68	17.41	19.10	20.71	21.85
매출	26.41	28.87	31.40	32.99	35.55	38.69	39.58	40.53	40.94	40.24	39.92

출처: 총회보고서 2016

7 자본 참여는 출자금과 사업 성과를 자본화 하는 2가지 개념으로 후자의 경우는 장기적인 비즈니스 관점을 가져야 하는 노동자협동조합에 있어 순잉여를 공유하는 제도로써 중요하다. 협동조합은 자본을 공유함으로써 조합원 간의 노동 연대, 교육·훈련 및 홍보를 위한 연대 협동조합 간의 연대, 공동체에 대한 기여를 실천하는 경제적 토대를 안정화 할 수 있다(손재현, 2018). 또한 CICOPA 2004 선언에서도 "자본의 증식과 배분 불가능 한 유보자금 및 기금의 적절한 증가를 위해서 노력해야 한다."라고 직접적으로 규정하고 있다.

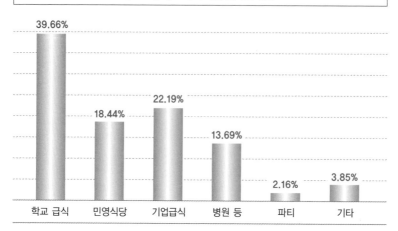

2015년 약 700만 식사를 공급한 조합은 전체 매출 기준으로 학교 급식 시장에서 약 40%, 기업, 공공기관, 병원 등 일반 급식 시장에서 약 40%, 민영 식당에서 20%의 매출을 달성하고 있다. 학교 급식, 병원과 노인 전문 시설 급식은 트렌토시 전체 필요의 90%를 리스토3가 차지하고 있으며, 지역 사회와의 연대를 통해서 안정적으로 관리하고 있다.

학교 급식 구조조정(노동자 해고)의 위기에서 탄생하고 합병을 통하여 자리잡은 리스토3

리스토3는 기업의 구조조정, 그리고 공공 서비스의 민영화와 위탁(최근 한국사회에서 관심을 가져 볼만한) 상황에서 탄생하였다.[8] 1978년 트렌토시가 학교 급식에 대한 각종 후원을 중단함으로써 1978~1979년 학교 급식에 종사하는 인력이 대거 해고되었다. 이에 해고된 노동자들을 중심으로 코.리.소(CO.RI.SO(Cooperativa Ristorazione Sociale))라는 사회적 협동조합이 1979년 설립된다. 또한 1982년 트렌토 지역의 페르지네(Pergine)에서 영업을 하고 있던 민간 조리 기업이 노동자 스스로가 책임과 권리를 갖는 회사로 전환하고자 코.리.피(CO.RI.P(Cooperativa Ristorazione Perginese))라는 노동자협동조합 식당을 설립하였다. 조합 설립 이전의 조합원들은 스스로 주인이 되기보다는 고용된 직원으로서 노동을 했지만, 조합 설립 이후에는 자율, 독립, 조합원의 민주적인 자가 운영(self-management)의 원칙에 따라 책임 경영을 하였다.

두 협동조합은 10여 년의 시간 동안 사업을 각각 독립적으로 운영했다. 그 과정에서 구매 협상력 부족으로 인한 음식 새료 등의 가격 경쟁력 약화, 규모의 부족으로 인한 배송 비용의 증가 및 서비스 품질 저하, 노동자들의 경영 전문성 부족 등의 어려움이 있었다. 이러한 서로의 경제적 어려움과 노동자협동조합의 전문성 부족의 약점을 극복하고 여성들의 일자리를 창출하기 위하여 파산 확률을 낮추는 연대전략으로써 동종 협동조합 간 합병 및 네트워크 전략(장종익,

---

8　노동자협동조합의 설립 경로는 다양하다. 국제노동자협동조합연맹(CICOPA)에서도 설립 경로의 다양함를 귀고하고 있다. "협동적 노동자 소유는 기업의 재구조화, 창업, 민영화, 위기 기업의 전환, 상속자 없는 기업의 전환, 그리고 공공 서비스의 위탁 및 공공 조달 등에 있어서 하나의 선택으로서 설정되고 국가는 노동자협동조합을 지역의 발전을 도모한다는 단서 조항을 설정해 기업적 모델로 활성화할 필요가 있다(CICOPA, 2004 ; 장종익, 2014 재인용)."

2014)을 통하여 1991년 리스토3 노동자협동조합으로 새롭게 탄생하게 되었다. 합병 이후 각각의 사업은 지속적인 성장을 이룩했고, 민영 식당은 13개로 성장했으며, 기업들과 공공기관의 식당 위탁 운영까지 사업을 확장하였다. 학교 급식도 안정적인 위탁 계약으로 지속적인 성장을 하였다.

2008년 금융위기 이후 지역의 많은 기업들이 도산하면서 지역 경제는 상당한 어려움에 빠지게 되었다. 단체 급식의 특성상 기업의 도산은 조합에게도 상당한 경제적 어려움을 발생시켰다. 민영 식당의 확장에도 상당한 제한이 발생했다. 그렇지만 리스토3는 공공기관, 병원 등의 다양한 급식으로 확장을 통해 이 위기를 극복하고 있으며, 최근에는 특히 병원과 노인 요양시설을 위한 전문적인 급식으로 사업을 확장하고 있다. 축제, 파티, 행사 등을 위한 출장 급식도 전체 매출의 2% 정도이지만 지역에서 중요한 역할로 인식되고 있다. 또한 유통 현대화를 위한 시설 개선에도 투자를 집중하고 있다.

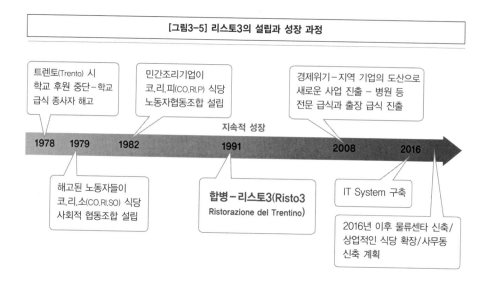

[그림3-5] 리스토3의 설립과 성장 과정

트렌토(Trento) 시 학교 후원 중단 - 학교 급식 종사자 해고

민간조리기업이 코.리.피(CO.RI.P) 식당 노동자협동조합 설립

경제위기 - 지역 기업의 도산으로 새로운 사업 진출 - 병원 등 전문 급식과 출장 급식 진출

지속적 성장

1978   1979   1982   1991   2008   2016

해고된 노동자들이 코.리.소(CO.RI.SO) 식당 사회적 협동조합 설립

합병 - 리스토3(Risto3) Ristorazione del Trentino)

IT System 구축

2016년 이후 물류센타 신축/ 상업적인 식당 확장/사무동 신축 계획

[그림3-6] 리스토3의 사업범위

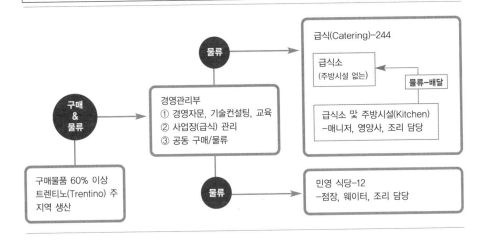

리스토3의 사업 범위는 경영 자문, 기술 컨설팅, 교육 활동과 사업장 관리, 공동 구매와 물류를 담당하는 경영 관리부와 민영 식당 12개와 기업, 학교 등 계약을 바탕으로 식사를 제공하는 단체 급식소 및 주방시설(Kitchen) 244개로 구성되어 있다. 주방 시설을 갖춘 급식소는 약 200여 개가 있으며, 주방 시설 없이 급식만 하는 급식소는 약 50여 개가 있다.

리스토3의 전략 – 지역 기반 사업 전략, 취약한 노동자의 포용 전략,
서비스 공급자와 수혜자의 연결 고리를 통한 민관 협력 거버넌스 구축 전략

급식산업은 음식 재료와 조리 종사자의 중요성이 크다. 먼저 음식 재료는 콜드체인 등 유통기술에 따라 공급 가능 지역의 범위가 결정된다. 따라서 현대의 유통기술이라면 특정의 농산물은 전국적인 유통이 가능하다. 한국의 경우는 많은 농산물이 가락농수산물도매시장 등 대도시의 농산물 집하장으로 집결하고 가격과 품위를 결정하고 다시 소비지역으로 흐르는 농산물 물류 흐름을 가지고 있다. 이렇듯 유통기술의 발달로 농산물의 이동 거리가 늘어나면서 생산과 소비는 계속해서 좁아지고 있다. 그렇지만 상대적으로 이동으로 인한 품질의 손실과 유통비용의 증가는 반대급부의 비용이다. 그런 면에서 특정 도시에서 생산한 농산물을 그 도시에서 바로 소비할 수 있다는 것은 농산물의 품질을 잘 유지할 수 있고 유통비용도 줄일 수 있는 경쟁 우위의 요소가 있다.

리스토3는 주요 농산물 음식 재료를 트렌티노주에서 생산한 물품을 사용하고 있다. 그것은 품질과 가격 면에서 직접적인 장점이 될 수 있다. 음식 재료의 품질이 좋다는 것은 훌륭한 음식을 조리하기 위한 가장 첫 번째의 조건이다. 또한 원가에 해당하는 가격에서 경쟁력이 있다면 그것은 당연히 최종 소비 가격에서의 경쟁으로 나타날 수 있다. 지역 농산물을 사용한다는 것은 품질과 가격뿐만 아니라, 지역 공동체라는 사회적인 가치와 경제의 순환을 통한 확장의 효과를 얻을 수 있다. 또한 음식 재료의 60% 이상을 지역 공급자를 통하여 구매하고 있다. 이 또한 지역의 소상공인과 연대하기 위한 중요한 정책이며, 경제 순환의 중요한 고리이다. 리스토3는 지역을 경쟁 우위 전략의 핵심요소로 추구함으로써 중요한 경쟁력을 얻을 수 있었다.

학교 급식은 독특한 노동이 요구된다. 방학이라는 특성 때문에 9개월 근무와 3개월 휴무를 필요로 하고, 또한 리스토3의 매출 90% 이상이 점심 시간에 서비스가 이루어지기 때문에 1일 노동에서도 파트타임 노동이 요구되는 특징이 있다. 노동 공급자는 이러한 사업 환경이 낳은 고용 불안정 때문에 노동 공급을 꺼리거나, 일자리를 가졌다고 해도 매년 새로운 일자리를 알아봐야 하는 불안감에 놓여 있다. 따라서 사회적 약자나 일시적인 노동 공급을 원하는 공급자들이 상당수 참여하며, 이러한 조건은 노동 품질에 문제를 발생시킬 수도 있다. 노동 수요자 입장에서도 9개월을 근무할 수밖에 없는 비즈니스의 특징은 숙련된 노동을 장기 고용할 수 없으므로 매년 새로운 사람을 선발해야 하며, 그로 인한 노동 품질의 저하 및 신입 직원에 대한 교육비용의 증가 등의 사업에 대한 어려움이 있다. 이러한 산업 환경 때문에 단체 급식 사업은 고용이 불안정한 파트타임을 고용하게 된다.

리스토3는 이 상황을 노동자협동조합의 가장 핵심적인 원칙인 조합원의 노동연대를 통해서 해결했다. 9개월 근무 노동자는 방학 후 계속 근무할 수 있도록 보증되며, 본인이 원할 경우 조합원 가입도 가능하다. 물론 3시간 근무하는 파트타임 노동자도 지속적인 근무 노동자라면, 조합원 가입이 가능하다. 이러한 노동연대를 통해서 노동자들은 자본의 역할이 크지 않고 노동자의 보이지 않는 노력이 기업 성과에 크게 영향을 미치는 분야(장종익, 2014)인 급식산업에서 효율적인 노동력을 발휘하여 지속적인 사업 성과를 내고 있다. 또한 노동자협동조합이 발전하기 위한 긍정적인 조건에서 예시하고 있는 노동자 사이에 직무의 이질성이 높지 않은 노동 환경과 이윤 배분의 갈등이 적은 (급식)산업(장종익, 2014)에 속해 있는 리스토3의 노동자들은 시간 당 노동에 대한 기여를 동등하게 평가하고 급여를 지급함으로써 지속 고용의 여부와 파트타임 고용의 여부를 본인의 선호에 의해서 선택하도록 하면서 집단적 의사 결정의 갈등을 완화하고 있다. 실제로 이렇게 했을 경우, 학생 자녀를 둔 엄마 노동자들은 내 아이와 함께 학교에 와서 내 아이의 점심을 만들어 주고 같이 집에 오는, 그리고 방학에는 아이와 같이 집에서 보낼 수 있는 특성으로 인해, 이 업무를 선호하게 되었다. 이러한 지속 가능하고 차별없는 노동 조건이라는 협동의 원칙은 양질의 노동을 지속적으로 확보할 수 있는 사업의 중요한 가치로 작용하고 있다.

단체급식 사업의 가장 큰 특징은 급식 서비스 제공이 계약에 의해 이루어진다는 것이다. 기본적으로 사업은 급식을 받고 싶은 단체의 공모와 급식을 제공하고자 하는 기업의 공모 지원, 그리고 지속적인 서비스 제공 기업에 대한 평가를 통해서 유지된다. 통상 서비스 수요자는 급식 서비스의 품질 관리를 위해서 1~2년 단위 계약을 한다. 그럴 경우 서비스 공급자는 사업의 지속성에 대한 불안감이 크므로 사업 시설에 대한 투자를 기피하는 경향[9]을 보인다. 또한 노동자들에 대한 인적 투자 및 노동 조건 등에 대한 배려도 사업 지속에 대한 우려로 덜 고려하게 된다. 또한 서비스 수요자는 급식 서비스 품질

---

9 시설투자는 계약의 형태에 따라 발주자(급식의 수요자)가 담당하는 경우도 상당하다. 그렇지만 이 경우에도 전문성의 부족 등으로 인해 충분한 투자가 이루어지지 않을 수 있다.

을 관리할 수 있을지는 모르겠지만 공급자의 낮은 투자 매력으로 본질적으로 낮은 수준의 서비스를 받게 된다. 그리고 매년 계약을 관리해야 한다. 그렇다고 공급자가 투자를 유인할 수 있도록 장기 계약을 하면 서비스 수요자는 장기 계약의 위험, 즉 서비스 불만족에 대한 해결에 일정한 어려움을 겪을 위험의 개연성이 있다.

트렌토시는 이러한 서로의 이해 관계를 사회적 합의를 통해 해결하고 있다. 리스토3 노동자, 학교관계자 및 학부모, 지방자치단체 등은 이해 관계자 커뮤니티라는 민관협력 거버넌스를 만들었다. 학교 급식 사업은 기본적으로 공모를 통해서 4년 기간의 계약을 한다. 그 후 매년 이해 관계자 커뮤니티에서 서로의 필요와 요구들을 조율하게 된다. 또한 이 커뮤니티에서 서비스 평가를 하게 되며, 평가가 일정 수준을 넘게 되면 2년 기간으로 계약은 계속해서 연장된다. 따라서 "노동자들은 자신들의 노력으로 지속 가능한 노동이 가능하게 되므로 서비스 향상을 위하여 노력"하고 이것은 중요한 시장 경쟁력이 된다. 최고 경영자 스테파노 라파엘리(Stefano Rafaelli)의 말에서 보듯이 민관 협력 거버넌스가 지역 사회에 양질의 일자리를 만들고 있다.

한국에의 시사점

신선한 음식 재료와 조리 종사자의 훌륭한 조리 기술과 정성은 최고의 식사를 제공하기 위한 핵심적인 요소이다. 또한 조리 종사자와 음식 재료 생산자의 안정적인 노동조건을 충족하기 위한 중·장기적 계약 또한 지속 가능에 중요한 요소이다.

먼저, 급식의 음식 재료는 지역에서 생산한 재료를 사용할수록 신선함과 유통 가격에서 경쟁력을 높일 수 있는 가능성이 크다. 또한 지역의 생산 및 공급자를 활용한 음식 재료의 유통은 지역 순환 경제 모델을 실천함에 있어서도 의미가 있다.

두 번째로 급식산업은 주로 여성, 시간제 파트, 계절적 파트 등의 유연한 노동을 요구한다. 따라서 이러한 노동 조건은 차별적 요소로써, 급식 노동을 사회적 약자의 노동으로 전락시킨다. 그렇지만 리스토3의 사례를 통해서 보듯이 오히려 노동자의 노동 조건에 대한 선택이라는 장점으로 변화시킬 수도 있다. 이러한 사회적 요구는 법과 제도의 변화가 수반되어야 하며, 또한 노동자 스스로의 연대를 필요로 한다. 노동자협동조합 비즈니스 모델은 이 문제를 해결하기 위한 훌륭한 대안이 될 수 있다.

끝으로 급식 산업이 단순히 상업적이기보다는 사회 공동체 구성원의 영양과 관련된 일이라는 관점에서, 안정적이고 일관성 있는 공급을 위해서는 지역 농산물의 사용, 질적으로 뛰어난 노동, 그리고 위의 두 가지를 중·장기적으로 구조화할 수 있도록 하는 자본 투자를 유인하는 것이 필요하다. 그것은 공정성을 바탕으로 한 장기계약으로 달성할 수 있다. 따라서 장기 계약이 가지는 위험을 해결하기 위한 방법 또한 중요한 요소이다. 그런 관점에서 급식 산업의 발전을 위해서 민관 협력 거버넌스에 대한 사회적 관심을 가질 필요가 있다.

이탈리아 트렌티노 지역에 있는 노동자협동조합 리스토3의 비즈니스 모델은 안정적이고 품위 있는 일자리를 바탕으로 하는 지역 순환 경제 모델의 훌륭한 사례일 수 있다.

[참고문헌]

· 「사회책임 보고서」, 리스토3, 2016.
· 「총회 보고서」, 리스토3, 2016.
· 손재현, 「노동자협동조합의 지속 가능성 제고를 위한 내부 제도와 정책」, 한신대학교 사회혁신 경영대학원 석사논문, 2018.
· 장종익, 『협동조합 비즈니스 전략』, 동하, 2014.
· 이정탁·신보경·김현철, 「외식산업과 단체 급식 조리 종사원의 고용 불안정성과 직무 스트레스 및 조직 몰입이 이직 의도에 미치는 영향」, 『관광학연구』 제35권 8호, 2011.
· 김지용, 「로컬 푸드를 이용한 단체 급식 메뉴에 대한 신뢰가 소비자 만족에 미치는 영향」, 『관광연구』 제29권 5호, 2014.
· 리스토3 이사장 사라 빌로티(Sara Villotti) 인터뷰, 2016.
· 리스토3 최고경영자 스테파노 라파엘리(Stefano Rafaelli) 인터뷰, 2016.

2부

경쟁 대신 협동으로
파워 네트워크를 구축한
독일 중소기업협동조합

우리에게 숨겨진 독일 소기업 협동조합의 일부를 찾아내다!

슈퍼마켓협동조합 레베(REWE)

독일 건축자재판매점주협동조합 하게바우(Hagebau)

우리에게 숨겨진
독일 소기업협동조합의 일부를
찾아내다!

작지만 강한 독일 중소기업의 비결은

강한 협동조합의 존재 때문일 것이라는 상식적인 추정

1992년 이후 장기간 부진한 모습을 보였던 독일경제가 글로벌 금융위기 이후 여타 경쟁국에 비하여 상대적으로 높은 성장세를 보이면서 독일의 경제시스템에 대한 관심이 다시 높아지고 있다. 자동차, 기계, 전기전자, 화학, 의약품 등 제조업의 경쟁력이 다시 강해지면서 독일식 사회적 시장경제체제, 이해 관계자 자본주의와 관계형 금융, 코포라티즘적 산별 노사관계, 그리고 독특한 직업 훈련 시스템 등이 이러한 경쟁력의 주요한 요인으로 다시 주목을 받고 있다. 이와 더불어 중소기업의 건실한 경영 기반과 강한 경쟁력이 제조업의 성장과 고용 안정에 크게 기여하는 것으로 평가되면서 중소기업의 고용 비중이 매우 높은 우리에게 큰 시사점을 제공하고 있다. 무엇보다도 독일이 한국에 비하여 대기업의 종사자 비중이 두 배 이상 높지만 대기업과 중소기업의 임금격차가 한국에 비하여 크지 않을 정도로 중소기업의 고용의 질이 유지되고 있다는 점에서 중소기업의 건실한 경영체제는 우리에게 시사하는 바가 적지 않다.

그런데 독일의 건실한 중소기업은 제조업에만 있는 것이 아니라 상업 및 서비스 산업 분야에서도 매우 넓게 자리하고 있다. 식료품, 소비자 가전, 건축자재, 가구, 신발, 의류, 스포츠 용품 등의 도소매, 안경 및 보청기, 베이커리, 자동차 부품 및 정비 등의 분야에서 종업원 수 50인 미만의 소기업이 적지 않은 비중을 차지하고 있다. OECD의 통계에 따르면, 2015년에 독일의 자영업자는 416만 4,000명, 종업원 수 10인 미만 사업장 종사자는 547만 8,000명, 종업원 수 10~49명 사업장 종사자 수는 658만 5,000명 등 자영업자를 포함하여 종업원 수 50인 미만 사업장 종사자 수는 1,622만 7,000명으로 독일의 총 취업자 수 4,000만 명 중에서 40.4%를 차지하고 있다. 우리나라는 자영업자를 포함하여 종업원 수 50인 미만 사업장 종사자 수가 같은 해에 77.7%를 차지하여 훨씬 높게 나타나고 있다.

한국은 이렇게 영세 사업장 및 소규모 사업장에서 종사하는 자영업자와 피고용인의 고용의 질이 열악한 반면에 독일의 경우에는 고용의 질이 그렇게 낮지 않은 것으로 알려지고 있다. 또한 이러한 소기업들의 경영도 안정적인 것으로 보인다. 한국이 지난 30년 동안 대기업의 고용 비중이 낮아지는 반면에 대기업과 중소기업의 상대적인 임금 격차가 커지는 악순환을 거듭하는 가운데 소위 소상공인 및 소기업의 경쟁력 강화를 위하여 정부가 해마다 예산을 대폭 늘려 지원하였음에도 불구하고 이러한 격차는 줄어들지 않고 있다. 이러한 점에서 우리는 독일 같이 협동조합이 잘 발전해온 나라에서는 소기업들의 경영 안정과 고용의 질 유지 비결의 중요한 요소로 협동조합이 분명히 발전해 있을 것이라는 추정 하에 소위 프랜차이즈 업종이 발전한 상업 및 서비스 분야에서 협동조합이 어느 정도 발전하였는지를 조사하기 시작하였다. 즉, 독일의 소기업들이 안정적으로 발전할 수 있었던 배경에는 협동조합을 통한 소기업들의 사업 및 경영혁신 전략이 분명히 자리하고 있을 것이라고 우리는 가정하였다. 소사업체의 기업가들이 고립 분산적으로 경영하면서 서로 경쟁하는 방식이 아니라 동종 업종 단위로 비즈니스의 협력을 통하여 소규모 경영의 단점을 보완하고 지역에 뿌리내린 토착기업으로서 성장하여 왔을 것이라고 추정한다.

라이파이젠 신협과 농협으로 잘 알려진 반면에
소기업협동조합은 잘 알려지지 않은 독일

독일은 라이파이젠 신용협동조합이 태동한 나라이고 강력한 협동조합 은행이 발전한 나라이며, 농촌 지역에 매우 강력한 농업협동조합이 고루 발전한 나라로 잘 알려져 있다. 국제협동조합연맹(ICA)과 유럽 협동조합 및 사회적기업연구소(EURICSE)가 2016년에 발간한 세계협동조합 현황에 따르면, 독일의 협동조합은행(Bundesverband der

Volksbanken und Raiffeisenbanken e.V., BVR)의 규모는 프랑스의 농업신용협동조합의 규모에 이어 세계 2위를 차지하였고, 주로 영농 자재의 종합회사 기능을 담당하는 농협과 품목별 전문 판매·가공 기능을 담당하는 농협은 매우 전문화되어 있는데 규모 면에서 세계 20위권 안에 4개의 독일 농협이 포함되어 있다. 그리하여 조합원 수 1,800만 명에 달하는 독일의 협동조합은행과 조합원 수 140만 명의 독일 농협에 대한 정보는 상대적으로 잘 파악될 수 있는 반면에 소기업의 협동조합에 대한 정보는 우리나라에 거의 소개되지 않고 있다. 과거 우리나라 농협중앙회 조사부는 독일의 협동조합은행과 농협에 대한 정보를 소개한 반면에 중소기업중앙회는 독일의 소기업협동조합에 대한 정보를 거의 보유하지 않고 있다. 그리하여 우리는 인터넷을 통하여 독일의 소기업협동조합에 관한 정보를 파악하기 시작하였고, 독일 협동조합총연맹(DGRV)의 한 부문인 독일 상업협동조합의 중앙연합회(Der Mittelstandsverbund-ZGV e.V.)[1]를 방문하여 세부적인 정보를 파악하여 여기에 처음으로 소개한다.

---

1 이 조직의 명칭을 직역하면 다음과 같다.
   DER MITTELSTANDSVERBUND(중간계급의 연결자)-ZGV(Zentralverband Gewerblicher Verbundgruppen(직업적 거래조합의 중앙연합회) eV (등록된 자발적 결사)

250만 명의 질 좋은 고용 유지와 44만 명의 직업훈련생 고용에 기여하는 소기업협동조합

독일 상업협동조합의 중앙연합회에 따르면, 2015년 기준으로 도소매, 상업, 외식, 베이커리, 자동차 부품 및 정비, 안경점, 개인 서비스 등 45개 업종에서 영업하는 23만 개의 소기업들이 조합원으로 가입되어 있는 310개 협동조합들이 활동하고 있다.[2] 그러므로 협동조합 당 평균 742개의 소기업이 조합원으로 가입되어 있는 셈이다. 23만 개 기업과 310개 협동조합에 250만 명의 전일제 종업원이 고용되어 있는데, 이는 기업 당 평균 종업원 수가 약 10명으로 소기업이라는 점을 알 수 있다.

이러한 310개 협동조합의 매출액은 2015년 한 해 2,400억 유로로 조합 당 약 7억 7,000만 유로이다.[3] 한화로 약 1조 원 규모이다. 개별 협동조합의 매출액 규모가 1조원에 달한다는 것은 개별 조합원 기업의 매출액에 비하면 매우 크기 때문에 개별 조합원 기업은 소기업이지만 이러한 소기업들의 다수가 비즈니스 차원에서 협력하는 둥지인 협동조합 자체는 대기업의 규모에 달한다는 점을 의미한다. 즉, 독일 소기업들은 대기업 규모의 전문성을 지닌 시스템에 의하여 지원을 받는 구조를 갖추고 있는 것이다. 그리고 독일의 소기업협동조

---

2 같은 해에 독일의 사업체 중에서 1인 이상 고용한 기업체의 수는 240만 개에 달하므로 전체 사업체의 약 10%가 협동조합 조합원으로 가입되어 있는 것으로 단순 계산할 수 있다.

3 독일 상업협동조합중앙연합회 담당자에 따르면, 이 매출액 규모는 독일 자동차산업 전체 매출액 규모와 비슷한 규모라고 한다.

합은 대부분 조합원 기업과의 거래를 통하여 매출이 발생하고 있다. 조합 당 742개의 기업이 가입되어 있으므로 협동조합은 조합원 기업 당 13억 원 정도를 조합원 기업과 거래하고 있는 셈이다. 그렇다면 23만 개의 조합원 기업의 총 매출액은 얼마나 될까? 2015년 기준으로 총 4,900억 유로의 매출을 기록하고 있다.[4] 이는 조합원 기업 당 213만 유로에 해당한다. 그러므로 한화 기준으로 조합원 기업은 연간 27억 원의 매출을 올리고 있는 셈이다.

요약하면 독일의 310개 소기업협동조합은 종업원 평균 10여 명을 고용하여 평균 연간 매출액 27억 원을 올리는 소기업 25만 개의 소유주들이 가입되어 있는데, 조합 당 사업액은 매우 규모가 크고 조합원 기업의 총 매출액 중에서 조합을 통하여 이루어지는 거래액이 약 50%에 달할 정도로 조합원 기업의 조합 사업과의 연결도가 매우 높은 수준에 달하고 있다. 조합원과 조합과의 사업 연결도는 조합원들 간의 비즈니스 협력의 수준을 나타내는 지표의 하나라고 볼 수 있다. 2015년 기준 한국의 940개 중소기업협동조합의 평균 조합원 기업의 수는 76여개에 평균 매출액은 6억 8,000만 원 수준이라는 통계를 볼 때,[5] 한국의 중소기업협동조합의 조합원 사업과의 연결도는 매우 낮은 수준이라는 점을 알 수 있다. 즉 조합원들 간의 비즈니스 협력의 수준이 매우 낮은 상태라는 점을 짐작할 수 있다.

---

4 독일 협동조합총연맹은 이러한 매출 규모는 독일 국민소득의 18%를 차지하는 규모라고 주장하고 있다. 그런데 매출 규모는 부가가치 기준으로 추계한 것이 아니기 때문에 직접 비교하기 어렵다.

5 중소기업청, 「제1차(2016-2018) 중소기업협동조합 활성화 3개년 계획」, 2016.

주식회사형 프랜차이즈 시스템에 맞서 발전한 협동조합형 체인 시스템

독일 소기업협동조합의 전문화되고 규모화된 사업 및 경영체제로 인하여 협동조합과 협동조합 소속 조합원 소기업들은 각 업종에서 높은 시장 점유율을 기록하고 있으며 마켓 리더의 역할을 수행하고 있다. 협동조합은 독일 건축자재 판매시장의 76%, 가구 판매시장의 61%, 식료품 소매시장의 52%를 차지하고 있는 것으로 나타났다. 특히 독일 슈퍼마켓 체인의 매출액 1위와 2위가 모두 슈퍼마켓 협동조합이다. 1위는 3,800명의 슈퍼마켓 주인들이 가입되어 있는 에데카(Edeka)이고, 2위는 1,500명의 슈퍼마켓 주인들이 가입되어 있는 레베(Rewe)이다. 에데카와 레베는 국제협동조합연맹의 세계 협동조합 현황 조사에서 각각 7위와 8위를 기록한 대규모 협동조합으로 기록되어 있다.

종업원 수 10명 정도를 고용하고 있는 소기업들이 가입된 310개 협동조합이 활동하고 있는 업종을 분석해보니 슈퍼마켓, 건축자재 판매점, 가구 판매점, 신발 및 의류, 스포츠용품 판매점, 소비자 가전 판매점, 이불, 커튼, 페인트, 벽지, 인테리어, 건물 거래와 지붕 등의 수리점, 미장원 등 프랜차이즈가 발전한 업종에서 고루 발전해 있고, 전통적인 제조업에서는 크게 발전하지 않고 있음이 확인되었으며, 이러한 사실은 독일상업협동조합중앙연합회에 방문에서도 확인되었다. [표4-1]은 독일 상업협동조합중앙연합회 가입되어 있는 협동조합의 업종별 분포를 나타낸 것이다.

주로 식료품과 음료, 더 나아가 사진관, 여행사, 주유소 등을 운영

[표4-1] 독일 상업협동조합중앙연합회 회원 조합의 업종별 분포

업종	조합 수	총 매출액 (백만 유로)	업종	조합 수	총 매출액 (백만 유로)
식품 및 음료	21	110,442	자전거/스포츠용품/인형	9	2,766
건축자재 소매	27	21,609	베이커리 판매	25	2,506
가구판매	22	13,583	자동차부품 및 정비	22	2,502
신발/의류	19	12,250	개인서비스	11	1,585
의료기기/안경/보청기판매	19	8,523	정육점	15	573
소비자가전/IT	13	7,584	화장품 판매	7	479
이불, 커튼/페인트/벽지	7	5,223	호텔/주유소	7	254
집 관련 전기제품	13	4,733	기타	37	47,485
건물 거래/지붕 등 수리	29	2,877	**합계**	**310**	**246,069**

출처: ZGV, VERBUND GRUPPEN JAHR 2015/2016

하는 슈퍼마켓의 운영주들이 총 21개의 협동조합을 결성하여 운영하고 있는데, 이 협동조합들의 총 매출액은 1,104억 유로에 달한다. 조합 당 매출액은 53억 유로로 매우 규모가 크다는 점을 알 수 있다. 다음으로 우리나라의 지물포, 전파상, 벽돌, 철물점, 전구 등 집과 관련된 각종 자재와 도구의 백화점이라고 할 수 있는 건축자재 판매시장에서 27개의 협동조합이 운영되고 있는데, 이 협동조합의 총 매출액은 216억 유로에 이른다. 조합 당 8억 유로의 규모이다. 다음으로 한국에서 많이 설립되고 있는 빵집협동조합이 종사하고 있는 베이커리 업종에서 독일 베이커리협동조합은 25개가 운영되고 있으며,

[그림4-1] 독일의 대표적인 소기업협동조합 브랜드

출처: 독일 상업협동조합중앙연합회 발표자료

총 매출액은 25억 유로에 달한다. 즉 베이커리협동조합 당 1억 유로
의 매출액을 기록하고 있다. 자동차부품 및 정비를 취급하는 협동조
합도 평균 1억 1,300만 유로의 매출액을 기록하고 있다. 조합 당 매
출액 규모가 가장 작은 업종은 정육점 분야와 호텔 및 주유소 분야
의 협동조합으로 각각 3,800만 유로와 3,600만 유로의 매출액을 나
타내고 있다.

　[그림4-1]은 이러한 독일의 소기업협동조합 중에서 소비자들에
게 가장 잘 알려지고 있는 대표적인 브랜드들을 모아놓은 것이다.
이러한 브랜드 명에 협동조합이라는 용어나 약어가 들어가 있지 않
아서 소비자들이 구별하기 어렵지만 이러한 브랜드를 지닌 사업체

는 하향식 프랜차이즈 방식의 기업이 아니라 지역에 뿌리를 두고 있는 소기업주들이 상향식으로 만든 전국적 브랜드라고 하는 점을 인식할 필요가 있다. 즉 눈에 직접 보이지 않는 기업 간 관계 및 구조가 그 사회 비즈니스의 거래관계, 고용의 질, 부와 소득의 분배 구조를 결정하는 중요한 요소로 작용하고 있다는 점을 이해할 필요가 있다.[6]

어떻게 이러한 성과를 거두었을까?

필자가 과문한지는 모르겠지만 독일은 프랑스와 더불어 주로 B2C 분야에서 소기업 협동조합이 가장 발전한 나라로 판단된다. 미국과 영국, 한국 등 대부분의 나라에서 B2C 분야의 비즈니스 조직은 독립 사업체에서 시작하여 주식회사형 프랜차이즈 방식이나 대기업에 의한 수직 통합형 지점 형태로 발전해왔지만 프랑스와 독일은 눈에 두드러질 정도로 독립 사업체의 소유의 독립성을 유지하면서 이러한 소기업주들의 상향식 체인 본부 결성과 운영에 성공하여 협동조합형 체인 시스템이 발전해왔다. 이러한 협동조합형 체인 시스템은 지역 사회에서 운영되는 소규모 사업체가 전국적으로 서로 연결되어 있기 때문에 비즈니스 혁신성과 안정성을 실현하면서 동시에 소

---

6 독일의 상점들이 근로시간의 단축과 고용의 질 제고를 위하여 저녁 7시가 되면 문을 닫는 현상이 법적인 규제와 동시에 협동조합의 협력을 통하여 정착되었을 것이라는 가설을 확인해볼 필요가 있다고 필자는 생각한다.

유와 소득이 집중되지 않는 두 마리 토끼를 동시에 잡을 수 있는 전략이라고 할 수 있다.

어떻게 이러한 성과를 거둘 수 있었을까? 현재까지 필자가 확보한 자료와 한 번의 현지 방문을 통하여 획득한 정보를 가지고 이 지면에서 이러한 성과를 가져온 요인들을 체계적이고 구체적으로 설명하는 것은 거의 불가능하다고 할 수 있다.[7] 다만 앞으로 그러한 요인을 체계적으로 파악하기 위하여 어느 측면에서 추가적인 조사와 연구가 필요한지에 대한 실마리를 제공하는 차원에서 서술하고자 한다. 현재까지 필자가 파악하는 독일 소기업협동조합의 발전을 가져온 요인은 첫째, 협동조합의 상대적 장점이 잘 발휘될 수 있는 업종에서 집중적으로 발전시켜온 수요 중심의 조직화 전략, 둘째, 기술 및 시장 환경의 변화에 적극 대응해온 협동조합의 혁신성 증진 전략, 셋째, 실사구시적인 조직 구조 등 크게 세 가지로 정리할 수 있다.

소기업 및 자영업의 약점을 보완할 수 있는 협동조합의 장점이 잘 발휘되는 분야에서 집중적으로 발전시켜온 수요 중심의 조직화 전략

필자는 독일의 소기업협동조합이 프랑스의 상업협동조합처럼 프

---

7 독일의 소기업협동조합의 성공 요인, 소기업협동조합의 발전이 조합원 사업체의 안정적인 발전에 기여한 측면, 그리고 기업체의 고용의 틀 제고와 지식 사회의 발전에 기여한 측면 등을 종합적으로 조사하고 분석하는 작업이 본격화될 필요가 있다. 특히 대부분의 경영대학에서 대기업을 대상으로 하는 경영학 연구와 교육에 초점이 맞추어져 있는데, 사업체를 운영하는 조합원 간의 비즈니스 협력에 대한 깊이 있는 연구가 필요하다는 점을 제안하고자 한다.

랜차이즈가 발달한 업종과 영역에서 집중적으로 발전하였음을 확인하였다. 앞의 [표4-1]에서 확인한 바와 같이 식료품 소매시장, 건축자재 판매시장, 가구 판매시장, 신발, 의류, 스포츠용품 판매시장, 안경 및 보청기, 소비자 가전 판매시장, 베이커리, 자동차 부품 및 정비, 개인 서비스 등의 분야가 대표적이다.[8] 소기업협동조합은 왜 이러한 B2C 분야에서 집중적으로 발전해왔을까? 그 이유는 소기업이 협동조합을 통하여 얻고자 하는 비즈니스 상의 장점이 이러한 분야에서 상대적으로 가장 잘 발휘되기 때문일 것으로 필자는 추론한다.

소기업가들이 협동조합의 결성과 운영을 통하여 얻을 수 있는 비즈니스 상의 장점은 크게 두 가지 종류이다. 첫째, 영세한 규모의 사업체를 고립분산적으로 운영할 경우에 겪게 되는 약점을 동종 업종의 소기업가들이 공동 소유하는 협동조합을 통하여 보완할 수 있다는 점이다. 공동 구매 및 공동 판매 등을 통하여 거래 협상력을 제고시킬 수 있고, 조합원 사업체의 수가 늘어날수록 제품 구매 기획, 체인 차원에서 전산 및 결제 시스템의 도입, 점포 디자인 및 매니지먼트 기능의 도입, 직원 훈련 프로그램의 도입 등이 가능해져 소위 조합원 점포주는 소매 기능에 집중하고 기획 및 도매 기능은 협동조합 본부로 이관하여 규모의 경제에 따른 이익을 실현할 수 있다. 또한 협동조합 본부가 주도하여 조합원이 운영하는 점포에 새로운 기술을 보다 용이하게 도입하고 응용할 수 있다. 더 나아가 협동조합을

---

8 물론 DATEV처럼 기업을 대상으로 회계 서비스를 제공하는 독립 회계사들이 협동조합의 결성을 통하여 공동 회계프로그램과 전산프로그램 등을 개발하는 등 일부 B2B 분야에서도 사업자협동조합이 발전하는 경우도 있지만 B2B 전체 분야로 확대되지는 않고 있다.

통하여 규모의 경제뿐만 아니라 범위의 경제도 추구할 수 있다. 예를 들면, 안경점협동조합 본부가 주도하여 안경점 내에 보청기 점포를 샵인샵(shop-in-shop) 행태로 조직적으로 추진하여 한 공간 내에서 안경도 팔고 보청기도 판매하여 점포의 면적당 매출을 제고할 수 있다. 이 모든 이익은 소규모 사업체를 고립분산적으로 운영해서는 얻기 어려운 점들이다.

그러나 규모의 경제나 범위의 경제 달성 등은 대기업에 의한 수직 통합형 지점이나 주식회사형 프랜차이즈 점포에서도 모두 획득될 수 있기 때문에 시장에서 경쟁하는 현실 하에서는 이러한 점만으로는 협동조합의 상대적 장점이 부각되기 어렵다고 볼 수 있다. 소기업협동조합이 고립분산적인 소기업 방식보다 우월한 것은 분명하지만 수직 통합형 지점 방식이나 주식회사형 프랜차이즈 점포 방식보다 우월하다고 볼 수 있는 것은 아니다. 이는 자본주의가 더 발전할수록 고립분산적인 자영업 및 소기업의 비중은 감소하고 수직 통합형 지점이나 주식회사형 프랜차이즈 가맹 점포 형태의 소기업의 비중은 증가해왔다는 사실에서 알 수 있다. 대기업 및 주식회사형 프랜차이즈 방식보다 협동조합 방식의 비즈니스 조직화가 갖는 상대적 장점은 무엇인가?

소기업협동조합의 상대적 장점은 독립적 소경영의 장점이 나타날 수 있는 업종에서 수직적 수평적 협력을 통한 공동 이익이 크다는 점

소기업협동조합의 상대적 장점은 크게 두 가지 측면에서 비롯된다. 첫 번째 장점은 협동조합의 조합원 사업체는 협동조합에 그 소유가 통합된 것이 아니라 독립적인 소유의 점포라는 점에서 비롯된다. 대기업의 수직 통합형 점포의 운영자는 월급 받는 매니저임에 비하여 협동조합의 조합원 점포의 운영자는 독립적 소유자이기 때문에 지역 사회 구성원의 일원으로서 자율적이고 주체적으로 지역에 뿌리를 둔 비즈니스를 발전시키려고 노력하고 자신이 공급하는 제품이나 서비스에 대한 지역 고객의 선호가 어떠하며 어떻게 변화하고 있는지 등에 대한 암묵적인 정보를 파악하는데 적극적이다. 그 이유는 협동조합의 조합원 점포 운영자는 대기업 점포 매니저에 비하여 매출 증대나 비용 절감 등으로 인한 이익 유인이 매우 강하기 때문이다. 이러한 독립적 소유주 체제는 대기업 수직 통합형 점포에 비하여 상대적인 장점이 분명히 있다.

그런데 주식회사형 프랜차이즈 가맹 점포주도 가맹 본부와의 소유 관계상 독립적이기 때문에 이러한 상대적 장점을 지니고 있다. 이러한 이유로 소경영의 장점이 발휘되는 업종에서 프랜차이즈 방식이나 소기업·자영업자의 협동조합이 발전하는 것이다. 즉, 제조업 분야에서는 이러한 소경영의 장점이 발휘되는 경우는 드물기 때문에 수평적·수직적인 소유권 통합을 통한 대기업화가 압도적이라고 할 수 있다. 프랑스나 독일 등에서 제조업 분야가 아닌 주로 B2C 분야에서 소기업협동조합이 발전하는 근본적인 이유는 바로 여기에 있다고 할 수 있다.

그렇다면 주식회사형 프랜차이즈에 비하여 협동조합형 체인 시스템은 어떠한 장점이 있을까? 그 장점은 두 가지 측면으로 나타날 수 있다. 첫째는 주식회사형 프랜차이즈가 서로 독립적인 소유관계이기 때문에 서로 이해 관계가 불일치하여 이익 배분을 둘러싼 갈등이 발생할 수 있고, 이로 인하여 서로 협력을 통하여 획득할 수 있는 잠재적 이익이 축소될 수 있다. 가맹점들은 가맹 본부의 이익이 자신들에게 배분되리라는 신뢰가 부족한 상태에서는 현장 고객들의 제품이나 서비스에 대한 선호 등 다양한 정보를 가맹 본부와 적극적으로 공유하여 가맹 본부가 새로운 제품을 개발하는데 도움을 주고 프랜차이즈 전체의 파이를 키우는데 적극적이면 서로 이익이 될 수 있지만 이해 관계의 불일치와 신뢰 결핍이 이의 실현을 저해할 수 있다. 우리나라의 주식회사형 프랜차이즈 본부와 가맹점의 두드러진 이해 관계의 대립과 신뢰 부족은 대표적인 사례라고 할 수 있다. 그리하여 주식회사형 프랜차이즈 시스템은 본부와 점포 간에 소유가 동일한 대기업의 수직 통합형 점포 시스템에 비하여 시장의 변화에 대한 대응이 미흡할 수 있다.

그러나 협동조합형 체인 시스템은 주식회사형 프랜차이즈 시스템과는 달리 체인 본부인 협동조합을 조합원 점포주들이 공동 소유하는 상향식 체인 방식이기 때문에 본부와 조합원 점포 간의 이해 관계의 일치성이 상대적으로 높다. 그리하여 조합원 점포주들은 협동조합 체인 본부의 제품 개발을 위한 현장 고객정보의 신속한 전달, 새로운 제품의 신속한 응용 등 체인 본부의 활동에 보다 적극적으로 협력할 수 있다. 그 이유는 자신들이 협동조합 체인 본부를 소유하기 때문에 체인 본부의 사업을 통하여 발생하는 수익이 자신들에게 이용고배당 등을 통하여 배분되리라는 기대가 있기 때문이다.

주식회사형 프랜차이즈에 비하여 나타날 수 있는 협동조합형 체인 시스템의 두 번째 장점은 조합원 점포주들 간의 협력이 일어날 가능성이 높다. 이는 협동조합은 주식회사와는 달리 구성원들이 서로 경쟁보다는 협력을 통하여 서로 더 발전할 수 있다는 가치를 지니고 설립되기 때문이다. 주식회사형 프랜차이즈 시스템에서는 가맹 점포주들 간에 서로 교류나 협력이 발견되는 경우는 드물지만 협동조합형 체인 시스템에서는 조합원들이 각자 점포의 경영 노하우와 모범 사례를 서로 공유하고 신설 조합원 점포주나 어려운 조합원 점포의 개선을 위하여 가장 우수한 조합원이 무보수로 도와주는 등 수평적인 협동을 통하여 협동조합형 체인 전체의 평균 경영 수준을 향상시키고 비즈니스 세계에서 서로 고마운 관계를 만들어낼 수 있다.

이러한 규모의 경제와 범위의 경제 실현, 체인 본부와 조합원 점포와의 협력, 조합원 점포주 간의 협력 등을 통하여 소기업들은 수익성의 제고뿐만 아니라 경영의 안정성을 높이고 사업체의 지속성을 제고할 수 있다. 우리의 자영업처럼 하루 앞을 내다보기 어려울 정도로 사업의 전망이 불투명하고 불안정하게 되면 자영업자 및 소기업가와 소사업체의 피고용인의 삶은 불안할 수밖에 없다. 그런데 협동조합의 상대적 장점이 잘 발휘될 수만 있다면 이렇게 소기업의 파산 위험을 저하시키는데 기여할 수 있다. 실제로 2003년 독일 뮌

스터 대학이 독일 소기업협동조합 소속 소기업을 대상으로 조사하여 실증 분석한 결과, 협동조합 소속 소기업은 고립 분산되어 운영되는 독립 소기업에 비하여 파산 위험과 재무적 위험이 낮은 것으로 나타났다.

기술 및 시장 환경의 변화에 적극 대응하면서 협동조합의 역할을 업그레이드해온 혁신성

소경영의 장점이 발휘될 수 있는 B2C 분야에서 독일의 소기업협동조합들이 크게 발전한 것은 그들이 협동조합 본부와 조합원 점포주 간의 수직적 협력과 조합원 점포주 간의 수평적 협력이 실현될 수 있는 전략을 세우고 이를 꾸준히 실천해오는데 성공했기 때문이다. 특히 1880년대부터 등장하기 시작한 자영업자들의 협동조합이 물자의 부족과 독과점 시장체제에 대응하기 위하여 대량 구매조직(buying organization)으로서 출발하여 시장 및 기술 환경이 변화함에 따라 협동조합의 기능도 그에 맞추어 새로운 분야로 진출하고 지역적 차원에서 전국적 차원으로 그리고 세계적 차원으로 혁신적으로 발전해왔다.

대량생산-대량소비 체제가 도입되어 확산되었던 1920년대부터 60년대에 소기업협동조합은 조합원 점포주들의 경영 규모를 확대하고 셀프 서비스 시스템을 도입할 수 있도록 지원하는 서비스 조직(service organization)으로 한 단계 발전하였고, 1960년대부터 80년대에는 마케팅의 중앙 집중화 전략과 공동 브랜드를 발전시켰으며 대부분의 소기업협동조합은 합병 등을 통하여 지역조합 수준에서 광역조합 또는 전국조합으로 발전하였다. 그리고 컴퓨터와 인터넷이 도입되고 시장 통합이 진행된 1980년대 이후에는 물류, 재무, 인적 자원 관리, 컨설팅 기능이 도입되는 시스템 조직(system organization)으로서, 그리고 디지털화가 급속히 진행된 2000년대 이후에는 협동조합도 데이터와 IT에 기반한 ERP 시스템의 도입이나 디지털 플랫폼의 구축에 진출하는 등 파워 네트워크(power network)의 구축단계로 진입하고 있다고 한다([그림4-2] 참조). 필자들이 방문한 독일의 상업협동조합중앙연합회 관계자는 현 단계 독일 소기업협동조합은 조합원 사업체를 위한 판매 기능, 구매 기능, 마케팅 기능, 물류 기능, 금융 기능, 데이터·IT 기능, 디지털 플랫폼 기능, 컨설팅 기능, 인적자원개발 기능 등을 제공하여 중소기업이 대규모 기업에 비하여 피할 수 없는 단점을 극복할 수 있는 파워 네트워크를 구축할 수 있도록 노력하고 있다고 한다.

[그림4-2] 독일 소기업협동조합의 구조적 발전 과정

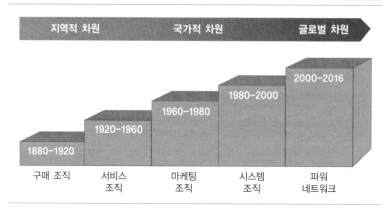

출처: 독일 상업협동조합중앙연합회 발표 자료

이처럼 독일의 소기업협동조합은 처음에는 단순 공동 구매협동조합에서 시작하여 기술 및 시장 환경의 변화에 적극 대응하기 위하여 협동조합의 기능을 고도화하는 방식을 통하여 조합원 사업체의 경쟁력을 제고하는 전략을 실천해왔다고 볼 수 있다. 그리하여 앞에서 서술한 바와 같이 협동조합의 조합원 수는 크게 증가하고 협동조합의 사업의 범위는 매우 다양해졌으며, 사업 규모는 크게 확대되었는데, 이러한 모든 사업이 조합원 점포의 경쟁력 강화와 안정성 유지에 기여하는 방향으로 전개되어 왔다는 점이다. 또한 100년 이상의 역사를 통하여 형성된 독일 소기업협동조합의 사업 및 경영 수준은 독일 상업협동조합중앙연합회를 통하여 새롭게 설립되는 소기업협동조합에도 전수되고 있다고 한다.

강한 조합과 슬림화된 연합회

마지막으로 소기업협동조합의 조직체계를 살펴보면, 독일은 소기업가들이 비즈니스 협력을 통한 공동 이익 창출이 극대화될 수 있는 방향으로 조직을 발전시켜왔다는 점을 알 수 있다. 이는 동종 업종에 종사하는 소기업가들이 각 지역 단위에서 조합을 결성하고 나서 이러한 조합들이 보다 높은 공동 구매 협상력을 달성하고 동시에 공동 브랜드의 개발 등을 위한 필요에 의하여 광역 단위로 조합들이 합병하고, 이러한 광역 단위 조합들이 전국 차원에서 협의회를 구성하거나 중앙집중화된 사업연합을 구성하여 운영해 왔다. 310개의 소기업협동조합은 동종 업종을 기반으로 조직화되어 있을 뿐, 지역 단위에서 이종 업종 간의 협의회 방식으로 조직화되어 있지 않다. 왜냐하면 그러한 협의회 운영을 통하여 얻는 협동의 이익이 크지 않기 때문이다. 1980년대 이후 유럽시장의 통합 등에 따른 경쟁의 심화에 대응하기 위하여 광역 단위로 합병된 협동조합들이 전국 단위로 집중된 기능을 담당하는 전국사업연합 조직을 구성하고 이러한 전국사업연합은 유럽 차원에서 다른 나라의 전국사업연합과 비즈니스 협력을 도모하고 있다. 310개 조합 중에서 전국 단위로 집중화된 사업연합을 보유하고 있는 조합은 7개이며, 이러한 사업연합은 매우 전문화된 기능을 보유하고 있고, 많은 조합원 수를 보유하고 있다. 대부분의 조합은 적게는 수백 명에서 많게는 수천 명을 고용하고 조합원 소기업가의 비즈니스 지원을 위한 전문적인 기능을 수행하고 있다.

반면에 310개 조합이 가입되어 있는 독일 상업협동조합중앙연합회에는 5명의 경영 이사와 10명의 직원이 일할 뿐이다. 왜냐하면 중앙연합회는 조합당 연간 2,000~5만 유로의 회비를 통하여 운영되고 자체 사업을 하지 않기 때문에 매우 슬림화되어 있다. 1948년에 출발한 상업협동조합중앙연합회(Zentgeno)와 공동 구매 및 판매조합의 연방연합회(BEV)가 1992년에 합병하여 오늘날의 조직 구조에 이른 독일 상업협동조합중앙연합회(ZGV)는 주로 독일 정부 및 의회를 상대로 각종 제도 및 정책의 입안 및 시행 과정에서 조합원 소기업가들과 협동조합의 이해를 대변하고 있으며, 조합 간 정보 교환 등 네트워킹의 플랫폼을 제공하고 있다. 이러한 일을 수행하는데 많은 직원이 필요한 것이 아니다. 협동조합 교육을 전문으로 수행하는 교육

기관(어소시에이션 아카데미, Akademie der Verbundgruppen)을 1970년부터 독일 상업협동조합중앙연합회와는 별도로 운영하고 있다. 또한 대규모 협동조합의 물류, IT, 금융 서비스, 컨설팅, 마케팅 등을 지원하기 위한 서비콘서비스(ServiCon Service)와 컨술트(Consult eG)를 2002년 설립하여 운영하고 있는데, 이는 이러한 기능이 필요한 조합들이 컨소시엄 방식으로 설립한 것이다. 즉 특정한 기능을 필요한 조합들이 출자하여 설립한 컨소시엄 방식의 사업연합인 셈이다.

이러한 독일의 소기업협동조합의 조직체계를 한국의 중소기업협동조합 조직체계와 비교해보면, 독일의 소기업협동조합은 철저히 시장과 기술의 환경에 대응하기 위하여 상향식 조직체계를 발전시켜온 반면에 한국은 정부의 필요에 따른 업무를 수행하기 위한 대규모 중앙회-허약한 조합 조직체계를 발전시켜왔다는 점을 알 수 있다. 독일은 총 매출액 약 312조 원에 달하는 310개 조합의 비사업연합 기능을 담당하는 중앙연합회가 직원 10명의 경량 조직을 지니고 있는 반면에 한국은 총 매출액 약 6,600억 원에 불과한 940개 조합이 가입한 중소기업중앙회가 매출액이 3,800억 원에 달하는 역 피라미드 구조를 지니고 있다. 이러한 역 피라미드 조직체계하에서는 조합은 허약하고 중앙회는 지대 추구 행위가 강한 선거 조직으로 변질되기 쉽다고 추론할 수 있다.

소기업협동조합도 사회적 경제의 가치를 구현할 수 있다

　독일의 소기업협동조합의 발전 모습에서 우리는 세 가지 교훈을 얻을 수 있다. 첫째, 독일의 소기업협동조합의 성공적인 발전은 소기업가들도 협동조합의 정신과 가치를 실현할 수 있는 주체가 될 수 있으며, 이는 빈부격차와 대기업과 중소기업의 격차를 완화시킬 수 있는 효과적인 수단이라는 점을 알 수 있다. 협동조합의 정신과 가치는 사회적협동조합이나 노동자협동조합, 윤리적인 소비자들의 협동조합들에서 실현될 수 있을 뿐만 아니라 한국처럼 자영업 및 소사업체의 비중이 높은 나라에서는 소기업가들의 협동조합에서도 실현될 수 있다는 관점이 매우 요구된다. 협동조합은 지역에서 소기업을 운영하는 조합원들의 창의력과 이러한 조합원들의 비즈니스 협력 네트워크인 비즈니스 공동체의 파워가 결합된 것이라고 할 수 있다. 즉, 조합원 소기업가들의 경영 자율성과 독립성, 그리고 자기 결정성 등의 유지와 더불어 조합원 소기업가에 대한 협동조합의 전문적인 비즈니스 지원 시스템이 조합원 소기업의 비즈니스의 안정성과 경쟁력을 제고시킨다.

　이는 우리나라의 소기업, 자영업의 발전 방향에 적지 않은 시사점을 제공해준다. 우리나라가 지난 30년 동안 대기업의 고용 비중이 낮아지는 가운데 대기업과 중소기업의 상대적인 임금격차가 커지는 악순환을 거듭하자 정부는 소상공인 및 소기업의 경쟁력 강화를 위하여 해마다 예산을 대폭 늘려 지원하였음에도 불구하고 이러한 격차는 줄어들지 않고 있다. 우리 사회의 발전에 필요한 최저임금 인

상의 제약 요건을 해소하기 위해서도 자영업 및 소기업의 경영 발전과 안정화가 필요하고 이를 위하여 임대료 폭등이나 대기업의 횡포에 대한 규제 등이 절박하지만 자영업 및 소기업의 경영 전략의 근본적인 전환이 필요하다. 즉, 자영업에서 시작하여 소기업, 중기업, 중견기업, 대기업으로의 직선적이고 자가 팽창적 발전 전략에 대한 재검토와 관점의 전환이 필요하다. 독일의 소기업협동조합 성공 사례는 소기업들의 비즈니스협력을 통한 인간다운 일자리의 창출과 안정적 유지 전략이 현실적으로 가능하다는 점을 보여준다는 점에서 우리나라의 소상공인 및 소기업 정책의 대전환을 시도하는데 적지 않은 시사점을 제공해준다.

정부 주도의 협동조합 육성 정책의 오류를 되풀이 하지 말아야

둘째, 그러나 이러한 협력 전략은 모든 업종에서 실현될 수 있는 것이 아니라 소기업의 장점과 협동조합의 장점이 동시에 발휘될 수 있는 업종에서 실현될 수 있다는 점을 독일의 사례에 알 수 있다. 그런 점에서 소기업 및 자영업의 약점을 보완할 수 있는 협동조합의 장점이 잘 발휘되는 분야에서 집중적으로 발전시키는 수요 중심의 조직화 전략이 필요하다는 점을 정책적으로 인식할 필요가 있다. 그동안 중소기업청, 현재는 중소벤처기업부가 수립하는 중소기업협동조합 활성화 3개년 계획 등을 보면 우리나라의 중소기업협동조합의 발전이 제조 부문을 포함한 모든 업종에서 발전할 수 있고 발전하여야 한다는 주장에 근거하고 있는데 이는 논리가 매우 빈약하다는 점을 보여줄 뿐만 아니라 더 나아가 예산 낭비와 중소기업협동조합의 지대 추구 행위를 조장할 수 있다는 점을 시사해준다. 즉, 과거의 정부 통제형·정부의존형 협동조합 조직체계를 혁신하지 않고서는 소기업협동조합의 발전은 매우 제한적이고 험난할 수밖에 없을 것이다.

캐치-업(catch-up) 전략을 실현할 수 있는 지원 시스템이 구축되어야

마지막으로 독일의 소기업협동조합의 현 단계 발전 수준을 볼 때, 한국의 소상공인협동조합 혹은 소기업협동조합의 발전 전략이나 지원 정책을 수립할 때, 단순한 공동 구매 및 공동 판매를 통한 이익 실현이라고 하는 전략은 매우 안일한 결과를 초래할 수 있을 것이라는 점이다. 그 이유는 현재의 기술 및 시장 환경의 수준이 소위 파워 네트워크 수준에 해당하는 비즈니스의 협력을 요구할 정도로 발전되어 있다는 점 때문이다. 독일의 소기업협동조합은 100여 년의 역사적 과정을 통하여 낮은 단계의 협동 수준에서 고도의 단계로 협동 사업이 발전해왔지만 이제 막 시작하는 우리나라의 소기업협동조합이 이러한 단계적 발전 과정을 모두 밟을 필요는 없으며, 그럴 수 있는 여유도 허락되지 않는다는 점을 인식할 필요가 있다.

그러므로 우리나라는 현재의 기술 및 시장 환경 수준에 요구되는 협동조합의 사업 수준 및 범위, 조합원 규모와 전문성을 갖추기 위하여 소위 캐치-업 전략이 필요해 보인다. 그러나 한국의 자영업 및 소기업의 여건 상 이러한 캐치-업을 추진할 수 있는 역량이 잠재적 조합원들에게는 매우 부족하기 때문에 잠재적 조합원 주체와 전문적인 지원 시스템이 결합하여 캐치-업을 이루어내야 하는 이중적 과제에 직면해 있다고 볼 수 있다. 그런 점에서 정부의 자금 지원 방식의 공급자 주도 정책보다는 정부-의지를 지닌 조합원-비영리 지원 조직 등 3자의 협력 방식을 통한 정책이 이루어질 필요가 있다는 점을 제안하고자 한다.

5장

장종익 · 김효섭

독일 슈퍼마켓의 혁신 리더
슈퍼마켓협동조합 레베(REWE)

독일 전역에서 1만여 개의 슈퍼마켓을 운영하는 레베협동조합

독일의 식료품 및 일용품의 소매시장은 지역 상인들이 설립한 협동조합 소속 스토어들이 전체의 절반을 차지하고 있다. 오늘날 우리나라 사람들은 주로 재벌들이 소유하는 슈퍼마켓에서 장을 보러가지만 북유럽 사람들은 주로 소비자협동조합이 운영하는 슈퍼마켓에서 장을 보러가고 독일과 프랑스 사람들은 주로 지역 상인들이 운영하는 슈퍼마켓에서 장을 본다. 그러면 독일이나 프랑스에서는 아직도 동네 가게들이 많다고 하는 것이냐고 되물을 수 있다. 상인들이 운영하는 슈퍼마켓이라고 하면 보통 조그마한 동네 가게를 생각하기 쉽지만 독일과 프랑스의 상인들이 운영하는 슈퍼마켓 스토어는 대규모, 중규모, 소규모, 편의점 등 다양하며, 이러한 스토어는 동네 가게처럼 고립된 것이 아니라 슈퍼마켓 본부에서 상품 공급, 물류, 마케팅, 전산 시스템, 연수원, 금융, 보험 등의 지원을 받는 현대화되고 편리한 스토어들이다. 주식회사나 재벌회사가 운영하는 하드웨어에 비해 전혀 손색이 없는 이러한 스토어들은 상인들이 소유하고 운영하면서 동시에 슈퍼마켓 본부도 이들이 기본적으로 공동 소유하고 있다.

순위	협동조합명	협동조합 유형	매출액(US $)	소속 국가
1	REWE Group	소기업가협동조합	482억	독일
2	ACDLEC-E.Leclerc	소기업가협동조합	393억	프랑스
3	Edeka Zentrale	소기업가협동조합	318억	독일
4	Migros	소비자협동조합	284억	스위스
5	Coop Swiss	소비자협동조합	279억	스위스
6	Systeme U	소기업가협동조합	208억	프랑스
7	John Lewis Partnership PLC	노동자협동조합	149억	영국
8	Co-operative Group Limited	소비자협동조합	142억	영국
9	Wakefern Food Corp./ShopRite	소기업가협동조합	126억	미국
10	SOK	소비자협동조합	125억	핀란드

[표5-1] 도소매 분야 대규모 협동조합 현황 (2015년 매출액 기준)

출처: ICA, EURICSE, Exploring The Cooperative Economy, 2017.
주: 단일기업 혹은 연결 재무제표로 표시되는 기업연합을 대상으로 매출액 순위가 집계된 것으로 파악됨.

국제협동조합연맹에서 집계한 세계협동조합 모니터 자료에 따르면 도소매 분야에서 가장 큰 규모의 협동조합은 독일의 레베협동조합그룹(REWE Group)과 프랑스의 러클레어(E.Leclerc)협동조합, 독일의 에데카협동조합(Edeka)이 1, 2, 3위를 차지하였다(표5-1). 이 세 협동조합은 모두 스토어를 소유하는 상인 즉, 소기업가들이 설립한 협동조

레베 슈퍼마켓 스토어 모습

합이다. 마을 상점과 이동식 리어카 상인들이 사라진 자리에 재벌들이 소유하고 운영하는 슈퍼마켓 체인 스토어가 지배하는 한국에 비해 독일과 프랑스는 마을 상점의 주인들이 오래 전부터 공동 구매협동조합을 결성하여 반세기 이상을 발전시켜 오면서 그 마을 상점도 현대식 마을 슈퍼마켓 스토어로 혁신되어 온 것이다.

레베협동조합과 에데카협동조합은 독일 슈퍼마켓의 리더들이다. 독일 식료품 시장에서 레베협동조합이 차지하는 비중은 14%이고, 에데카협동조합이 차지하는 비중은 20.3%에 이른다([그림5-2] 참조). 슈바르츠(Schwarz), 알디(Aldi), 메트로(Metro) 등은 모두 주식회사형 슈퍼마켓 체인들이다. 이 세 기업들이 차지하는 시장 점유율을 합친 30.4%보다 두 협동조합 슈퍼마켓 체인들이 차지하는 시장 점유율 합계 34.3%가 더 큰 편이다. 1,300여 명의 점주들이 소유하는 레베협동조합은 4,000여 명의 점주들이 소유하는 에데카협동조합에 비하여 해외에 점포가 더 많은 편이고 여행업에도 상당히 진출해 있다.

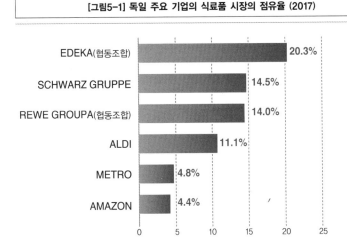

[그림5-1] 독일 주요 기업의 식료품 시장의 점유율 (2017)

출처: Lebensmittel Zeitung(URL : https://www.lebensmittelzeitung.net/handel/Ranking-Top-30-Lebensmittelhandel-Deutschland-2018-134606)

1898년 베를린을 근거지로 설립된 에데카협동조합에 비하여 상대적으로 늦은 1927년에 쾰른에서 설립된 레베(REWE)협동조합[1]은 90년의 역사를 지니고 있다. 지난 90여 년 동안 상점주들이 상품의 공동 구매에서 시작하여 공동 물류, 공동 브랜드, 금융, 보험, 스토어 혁신, 전자상거래, 인력개발과 직원 훈련, 우수한 점주로의 승계, 국

---

1   레베(REWE)는 독일어로 서부구매협동조합감사협회(Revisionsverband der Westkauf-Genossenschaften)의 줄임말이다.

제적 소싱과 마케팅 등으로 비즈니스 협력의 범위를 넓혀 왔고, 협력의 수준을 높여 왔다. 2017년 기준으로 1,300명의 상점주들이 6,110개의 슈퍼마켓을 운영하고 있는데, 이들이 레베협동조합 그룹의 근간이다([그림5-3] 참조). 이 상점주들이 동일한 지역을 바탕으로 설립한 공동 구매협동조합들이 공동으로 출자하여 레베중앙주식회사와 레베중앙금고를 설립하였다. 레베중앙주식회사와 레베중앙금고는 우수한 상품의 저렴한 구매와 공급, 우수한 직원의 채용과 훈련, 스토어의 경영 분석과 컨설팅, 점포의 혁신과 확장에 필요한 자금의 지원, 새로운 정보통신기술의 도입과 적용 등을 위한 각종 지원 서비스 제공을 통해 조합원들이 운영하는 상점들의 안정적인 비즈니스 유지와 성장을 도모해왔다.

레베 중앙주식회사와 레베 중앙금고는 이러한 지원 활동을 전개하기 위하여 필요한 자회사를 396개나 운영하고 있다. 그뿐만 아니라 레베 중앙주식회사가 독일에서 직접 운영하는 스토어는 4,585개에 달하고 오스트리아 등 해외 21개국에서 4,618개의 스토어를 운영하고 있다. 레베 중앙주식회사가 직접 스토어를 운영하는 이유는 기존 조합원이 적절한 후계자를 찾지 못하고 은퇴하였을 경우와 전략적으로 새로운 스토어(해외 매장 진출, 신규 유형 점포 개설 등)를 출점할 필요가 있을 경우 등 여러 가지가 있는데 레베협동조합 그룹 전체의 비즈니스 경쟁력의 유지와 향상을 위하여 불가피한 것으로 분석되고 있다. 레베협동조합 그룹은 이렇게 직영하게 된 스토어를 유능한 조합원이나 신규 조합원에게 양도하는 정책을 추진하고 있는 것으로 알려지고 있다.[2]

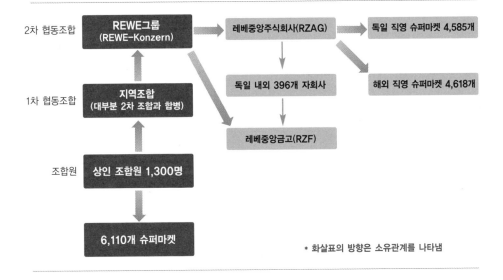

[그림5-2] 레베협동조합 그룹의 조직 구조 (2017년)

2차 협동조합 — REWE그룹 (REWE-Konzern) → 레베중앙주식회사(RZAG) → 독일 직영 슈퍼마켓 4,585개

독일 내외 396개 자회사 → 해외 직영 슈퍼마켓 4,618개

1차 협동조합 — 지역조합 (대부분 2차 조합과 합병)

레베중앙금고(RZF)

조합원 — 상인 조합원 1,300명

6,110개 슈퍼마켓

* 화살표의 방향은 소유관계를 나타냄

이리하여 레베협동조합 그룹은 협동조합으로 출발하였음에도 불구하고 독일 전역에 1만여 개가 넘는 스토어를 운영하고 있으며, 369개의 자회사를 포함하여 레베협동조합 그룹 전체에서 일하는 종업원 수는 25만 4,000여 명에 달한다. 또한 레베는 8,500여 명에 달하

2 "에데카나 레베 모두 조합원들의 창업을 지원한다. 또한 이전까지 그룹이 직영으로 운영하던 매장들을 조합원들에게 양도하는 정책을 명확히 해나가고 있다. 동시에 2016년 에데카는 자신들의 새로운 창업 지원 방식으로 61개의 매장을 조합원 매장으로 독립시켰다. 하나의 예로 가장 최근 함부르크에 에데카그룹이 직영하던 매장의 80%가 조합원들이 직접 운영하는 매장으로 양도되었으며, 레베그룹이 직영하던 40%의 매장을 조합원들이 직접 운영할 수 있도록 넘겨주었다. 이 과정에서 본사는 당연히 조합원들이 매장을 직접 운영할 수 있도록 다양한 것들을 지원한다. 이러한 변화의 과정에서 고객들은 조합원들의 개인 매장과 지역점의 차이를 거의 느끼지 못한다. 동시에 고용된 종업원들도 직영 매장과 개인 매장의 차이를 전혀 느끼지 못할 만큼 양도가 잘 이루어진다." Der selbstständige Einzelhandel Glaubitz (July, 2017) (www.verdi.de/)

는 훈련생들을 채용하여 미래의 직원으로 훈련시키고 있다. 한마디로 레베 소속의 스토어는 매우 경쟁력 있고 안정적이며 혁신적이라고 할 수 있으며, 규모화되고 전문화되어 있는 반면에 소유 구조는 지역 기반의 상점주들에게 분산되어 있는 것이다.

1920년대 소비자협동조합의 혁신적인 등장에 위협을 느껴 결집한 레베협동조합

퀼른이라고 하는 한 도시의 동네 가게 주인들이 어떻게 거대하고 전문적인 슈퍼마켓 체인 기업 그룹을 이루어낼 수 있었을까? 레베협동조합의 출발은 아이러니하게도 20세기 초에 혁신적인 형태로 등장한 소비자협동조합형 점포 운영에 대응하기 위하여 이루어졌다. 20세기 초 독일에서는 영국과 프랑스에서 큰 인기를 누렸던 소비자협동조합이 등장하여 급속도로 퍼져나가기 시작했다. 상인들이 서로 가격 경쟁을 하고 있을 때, 소비자협동조합은 조합원들을 위한 생필품들을 대량 구매하기 시작하였다. 이러한 대량 구매는 식료품 및 생필품의 가격이 전체적으로 상승하였을 때 소비자협동조합의 조합원들에게 낮은 가격이나 원가에 상품을 제공하여 조합원들을 보호해 주는 것을 가능하게 만들었다. 소비자들은 이러한 형태의 소비자협동조합에 가입하기 시작하였고, 1933년 독일 내 소비자협동조합의 수는 약 2,200개로 증가하였다.

상인들은 상대적으로 규모가 작고 불안해지는 자신들의 처지를 개선하고 소비자협동조합에 대한 경쟁력을 확보하고자 상인들만의 구매협동조합을 결성하기 시작하였다. 1927년에 17개 상인협동조합들이 독일 쾰른 지역에서 '레베-젠트랄레(REWE-Zentrale)'를 설립하였다. 1928년 레베는 설립한지 1년도 되지 않았음에도 42개의 상인협동조합이 REWE와 함께 하였다. 1930년 REWE와 EDEKA[3]를 합병하려는 시도가 수포로 돌아가고 난 후, 이 두 그룹들은 계속해서 독립적인 조직으로 독일에서 그 명성과 능력을 인정받으며 발전해 나갔다. 1940년에는 106개의 협동조합과 8,000명의 조합원들이 REWE와 뜻을 같이하였다. 2차 세계대전 후에 레베는 레베중앙회 수입 전문 유한책임회사(REWE-Zentrale eGmbH)를 설립하고 자사 브랜드를 개발 보급하여 식료품 및 생활용품의 공급 능력을 안정적으로 향상시키고자 노력하였다. 전후 경제 복구기에 레베는 지속적으로 성장하였는데, 레베의 규모는 1960년 기준으로 총 99개의 협동조합과 1만 3,000명의 상인 조합원으로 그 숫자가 증가하였다.

1950~60년대 단순 공동 구매협동조합에서
상점 서비스지원협동조합으로의 변모

1950년대와 60년대는 독일에서도 대량생산-대량소비 시대에 부

---

3 EDEKA(Einkaufsgenossenschaft deutscher Kaufleute)는 독일 상인구매 조합으로 REWE와 함께 독일을 대표하는 협동조합 중 하나이다.

응하는 셀프 서비스 스토어가 등장하기 시작한 시기였는데, 소비자 협동조합들은 이러한 유통 환경의 변화에 민첩하게 적응하지 못하여 발전이 정체되었는데,[4] 상인협동조합은 이와는 다른 혁신적인 모습으로 진화하였다. 이 시기에 레베는 상점의 경영자로서의 조합원의 능력을 향상시키는 다양한 노력을 경주하였다.

조합원들에게 새로운 매장의 설립과 확장을 돕기 위하여, 1952년에 처음으로 합리적인 이율에 350만 마르크를 매장 설립과 준비 자금으로 빌려주기 시작하였다. 협동조합은 또한 자신들이 설립한 그룹(REWE-Zentrale)차원에서 ① '가게 건축서비스', ② '가게 설립·준비 서비스', ③ '지속적인 경영 상담', ④ '법률 상담', ⑤ '매장 상품 진열 서비스'와 같은 실질적으로 매장을 설립해 나갈 수 있는 서비스를 조합원들에게 제공하였다. 또한 이들 매장의 홍보는 레베-젠트랄레의 '중앙 홍보부서'의 체계적인 그룹 차원의 홍보로서 진행되었다. 이를 통해 레베는 '순수한 구매협동조합'에서 '현대적인 서비스 지원협동조합'으로 변모하였다.

1960~1970년대 독일에서는 셀프 서비스 상점들의 급증으로 대규모 슈퍼마켓, 백화점, 할인점(Discount store)들이 높은 성장을 보이고 있었는데 레베는 이러한 급변하는 시장 환경에 적응하기 위해 근본적인 구조 개혁을 단행하였다. 우선 상점 수를 14만 4,000개에서 12만 6,000개로 줄여나갔으며, 식료품 소매상과 도매상들의 조합이 하

---

4 Johann Brazda, "The Consumer Co-operatives in Germany", Johann Brazda and Robert Schediwy (eds.), *Consumer Co-operatives in a Changing World*, Geneva : ICA, 1989.

나의 단체로 집결되도록 하였다. 1971년 상인조합은 레베를 체인점, 셀프 서비스 매장, 할인점과 같은 형태로 성장시키기 위하여 외부에 있던 상점들을 레베의 '기업 이념'과 '로고' 그리고 '판매 가이드라인'까지 갖춘 '레베 마켓'으로 통합하기 시작하였다.

이 시기 레베의 중요한 정책 중 하나는 바로 레베 경영 참여 모델 (REWE-Partnerschafts-modells)이다. 이 정책은 레베의 독립적인 소매상들에게 일정한 교육을 제공하고 이를 수료한 상인들에게만 '레베 판매상'으로서의 자격을 부여하는 정책이었다. 즉, 누구나 레베의 판매상이 되는 것이 아니라 단계적인 교육을 수료한 조합원들에게만 레베의 매장을 운영할 권한을 주는 것이다. 레베는 이러한 프로그램에 2,000만 마르크를 투자하였는데, 이러한 이유는 소매상들이 스스로 지속적인 경영을 유지해 나갈 수 있는 능력을 향상시키기 위한 것이었다.

마지막으로 이 시기에 단행한 중요한 혁신이 조직 구조의 개혁을 통하여 이루어졌다. 1972년 5월 17일 레베-젠트랄레 조직을 금융 조직, 모든 상품 취급점들의 유통 과정을 관리하고 도매업자와 소매업자들을 보호하고 중계하는 역할을 담당하는 중앙회, 그리고 마지막으로 협동조합에 대한 감사 업무를 담당하는 '레베 감사협회(REWE-Pruefungsverband e.V)' 등 세 가지 조직으로 분리시켜 전문화하였다.

1980년대 이후 새로운 사업 분야로의 진출과 국제적 진출

레베에게 있어 1980년대로부터 2000년까지는 사업 확장을 위한 기업 인수와 새로운 사업 분야 진출 시기로 볼 수 있다. 1974년에 독일의 대기업 중 하나인 라이브브랜드-그룹(Leibbrand-Gruppe)[5] 자본의 50%를 취득하였고, 1989년에 라이브브랜드-그룹의 나머지 자본을 100% 취득하여 이 그룹이 가지고 있는 모든 체인점들을 인수하였다. 또한 1984년 쾰른의 식료품 체인점인 '코르넬리우스 스튜스겐 (Cornelius Stüssgen) 주식회사'를 인수하였다.

1990년 베를린 장벽이 무너지고 난 후 곧바로 레베그룹은 새로운 독일연방공화국에서 활동하게 되었다. 우선 레베그룹은 베를린 신탁관리청으로부터 140개의 작은 식료품 매장들 중 65개를 매입하였다. 그 후에 이러한 매장들을 재정비하여 다양한 스토어 형태로 동독지역으로 사업을 확장해나가기 시작하였다. 그 후에 1992년 레베그룹은 북부 독일의 소매 체인인 '카우프-바스문트(Kauf-Wasmund)'의 80개 매장을 인수하였다.

1980년대와 90년대 레베그룹의 대대적인 기업 인수는 레베그룹이 식료품 매장 사업 이외에도 다른 분야의 사업에 참여할 수 있는 밑거름이 되어 주었다. 1988년 레베는 쾰른에 있는 '아틀라스 여행사(Atlas-Reisebüro)주식회사'의 자본의 50%를 취득함으로써 본격적으

---

5 Leibbrand-Gruppe은 1961년에 세워진 독일의 기업으로 HL, mini MAL, toom, PENNY, IDEA 와 같은 브랜드를 소유한 그룹이다.

로 여행사업 분야에 진출하였다. 1994년에 REWE 그룹은 이 회사를 완전히 인수함으로써 약 300개 이상의 여행사 지점을 소유하게 되었다. 그 다음 해에 레베는 '카우프호프(Kaufhof)'[6] 계열사 중 하나인 단체 여행전문회사 'ITS'를 인수하여 사업을 확장시켜 나갔다. 2000년 1월 레베-여행사(REWE-Touristik)는 독일 철도청(Deutsch-Bahn)의 "독일 여행사 유한회사(Deutsche Reisebüro GmbH)"[7]를 인수하여, 여행사업 분야의 후발 주자임에도 불구하고 이 분야에서 업계 3위로 기업의 가치를 끌어올렸다. 또한 2001년에 레베 여행사는 독일의 LTU 여행사(LTU-Touristik) 지분의 40%를 취득하여 사업을 확장시켜 나갔다.

여행 사업의 성공과 함께 레베그룹은 그 다음 사업 분야로 가구와 가전제품과 같은 전문 소매 시장 분야에도 세력을 확장해 나갔다. 1998년 레베는 스티네즈(Stinnes)와 게젠(Gstzen)과 같은 가구점 190개를 인수하여 짧은 시간 내에 DIY 가구섬 분야에서 선두를 차지하였다. 또한 레베그룹은 2007년 6월 에데카 그룹에 속해 있던 가구 체인점 '마르크트카우프(Marktkauf)' 150개 중 133개를 인수하여, 자회사 '툼 바우마르크트(toom Baumarkt)'[8]를 다시 업계 3위로 도약시켰다. 레베그룹은 라이브브랜드(Leibbrand)그룹의 계열사 엘레크트로

---

6 Kaufhof는 독일 최대 백화점 체인으로 1879년에 설립하여, 2006년 기준 직원 수 25,000명, 연매출 3조 5,160억 유로, 매장 수 109개를 보유하고 있는 회사이다(중소기업진흥공단, 글로벌 사업처 해외파견국별 제도 조사, 2012. 10. 23).

7 1917년에 세워진 여행회사로 독일 프랑크푸르트에 위치해 있다. 직원 2,474명, 연매출 1만 5,500만 유로 규모의 회사로 독일 철도청(Deutsch-Bahn)이 소유 있으나, 2000년 REWE 그룹이 100% 인수하였다.

8 중·대형 매장으로 운영되는 'toom Baumartk'는 가구, 전자기기, 생필품 등을 판매하는 REWE 그룹의 창고형 가구매장이다.

란트(Elektroland), 프로마르크트(ProMarkt), 우니마르크트(UniMarkt) 브랜드 매장들을 인수한 후 재조직하여 프로마르크트(ProMarkt)라는 브랜드로 가전 제품 소매 시장에도 진출하였다. 또한 레베그룹은 2000년대에 이미 진출한 오스트리아를 바탕으로 동유럽으로의 진출을 본격화하였다.

이러한 발전 과정을 통하여 거대한 그룹으로 성장한 레베는 현재는 매우 복잡한 조직 구조를 지니고 있다. 2017년 기준 매출액 578억 유로, 자본금 70억 유로의 독일 및 유럽 시장의 대형 유통 그룹으로 70%의 매출을 독일 내에서 달성하고 있다. 독일, 오스트리아 등 유럽 전역에서 슈퍼마켓 등의 다양한 스토어가 전체 1만 5,300개이며, 전체 고용 인원은 약 34만 5,000명이다.

레베 성공의 비결: '더 나은 삶을 위한 연대'와 혁신

레베협동조합 그룹의 성공은 많은 요소들의 결합으로 가능하였다고 볼 수 있다. 초기 조합원들의 헌신, 시장 및 기술 환경의 변화에 적극 대응하는 혁신적 경영 전략과 우수 조합원 양성 정책, 독립적인 소매점과 직영 스토어 시스템의 결합을 통한 규모의 경제 실현 및 혁신의 확산, 감독이사회에 노동자 참여 보장을 통하여 노동자의 고용의 질 개선과 주체화 등을 꼽을 수 있다.

1920년대 쾰른에서 상점을 우수하게 경영하던 상인들 중에서 개별적인 성공이 아니라 다른 동료 상인들과의 협력을 통하여 더 나은 삶을 추구하였던 상인들이 협동조합을 결성하였던 점이 레베협동조합 성공의 중요한 요인이었다. 우수한 상인들이 조합 설립을 주도하자 많은 상인들이 자연스럽게 협동조합에 가입하게 된 것이다. 이점에서 우리나라 상인들 중에서 우수한 상인들이 각자도생의 주인공이 아니라 협동조합의 가치를 발견하고 리더로서 헌신할 수 있는 사회문화적 제도적 환경의 조성은 매우 중요하다고 할 수 있다.

두 번째로는 레베가 시장 및 기술 환경의 변화에 적극 대응하는 혁신적 경영 이념을 견지해왔고, 이를 결정하고 실행할 수 있는 우수한 조합원을 적극 양성하는 정책을 펼쳐왔다는 점이다. 레베그룹이 지향하는 세 번째 가치가 혁신이다. "우리는 새로운 도전을 위한 용기를 갖고 있습니다. 가만히 있는 것은 퇴보하는 것입니다 (박스 참조)." 레베의 이러한 혁신 가치는 설립 이념에 명시되어 있고 출발 자체가 소비자협동조합과의 이념적 대립이 아니라 비즈니스의 혁신을 추구한 것으로 볼 수 있다. 그 후 셀프 서비스 체제로의 급격한 변화에 대한 하드웨어와 소프트 웨어, 그리고 소셜웨어의 혁신을 추구해온 점에서도 이를 확인할 수 있다. 그리고 협동조합에서는 이러한 혁신이 일부 경영진뿐만 아니라 조합원들이 추구하고 결정해야 한다는 점에서 조합원의 역량이 매우 중요하다고 볼 수 있다. 상인협동조합에서는 협동조합이 조합원의 매장 발전에 기여하는 전문적인 역할을 수행하지만 동시에 이러한 역할의 수행 여부와 방법을 결정하는 주체가 그 매장의 주인인 조합원이기 때문에 조합원 역량의 지속적인 향상이 상인협동조합의 발전에서 매우 중요하다고 할 수 있다. 이러한 점에서 레베협동조합이 조합원의 가입을 엄격히 선별하거나 우수한 조합원을 양성하는 프로그램을 수행해온 것은 한국의 상인협동조합에 적지 않은 시사점을 제공한다.

세 번째로 독립적인 소매점과 직영 스토어 시스템의 결합을 통한 규모의 경제 실현 및 혁신의 확산 효과이다. 특히 레베는 그룹이 직영하는 직영 매장이 조합원이 운영하는 매장의 수보다 훨씬 많은 편이다. 이로써 규모의 경제를 실현하여 가격 경쟁력을 제고하거나 새로운 상품이나 스토어 경영 기법 등을 직영점을 통하여 신속히 실험해보고 전체 체인 시스템에 확산시키는 전략을 시도할 수 있었다. 또한 체인 경쟁력을 유지하기 위하여 오래된 조합원의 우수한 점포의 유지를 위한 전략과 새로운 점포 입지 선점 전략이 불가피하고 이러한 전략의 시행을 위해서 그룹 직영 매장의 운영이 불가피하다고 할 수 있다. 이러한 혼합 구조는 에데카협동조합에서도 확인되고 덴마크의 소비자협동조합연합회(FDB)나 영국의 더 코어퍼러티브 그룹(The Cooperative Group)에서도 확인된다. 그러나 그룹의 직영 소매점이 조합원의 소매점포를 압도하게 되면 체인 시스템 전체가 그룹 직영 소매점 중심으로 운영될 우려도 적지 않은데 이러한 문제점에 대한 분석이 추후에 이루어질 필요가 있다.

마지막으로 독일에서는 일정 규모 이상의 기업에서는 '노동자의 경영감독에의 참여'를 법적으로 보장하고 있는데, 레베그룹에서도 이를 적극적으로 시행하고 있다. 레베중앙금고유한회사에서는 10명, 레베중앙주식회사에서는 6명의 노동자 대표가 감독이사회(supervisory board)에 참여하고 있는데 이는 결과적으로 REWE그룹의 성공의 중요한 부분으로 작용해왔다. 레베의 비전에는 고객, 상인(조합원),

그리고 직원에게 최고의 성과를 가져다 주는 조직을 지향한다고 명시되어 있다.

이상에서 독일의 성공적인 슈퍼마켓협동조합인 레베협동조합의 사례를 개략적으로 정리하였다. 이러한 사례는 90여 년에 걸쳐 이룩해온 대규모 슈퍼마켓 체인을 이윤 추구형 하향식 방식이 아니라 소규모 점포의 주인들이 상향식으로 소유하고 운영할 수 있다는 점에서 유통 영역에서 경제민주주의의 중요한 한 부분으로 이해될 수 있을 것이다. 또한 한국처럼 이미 국내외 대기업이나 재벌에 의하여 슈퍼마켓 체인과 프랜차이즈 편의점 구조가 정착한 상황에서 독일의 상향식 슈퍼마켓협동조합의 사례가 주는 시사점은 단순 공동 구매 방식의 협동조합 정책이나 전략은 유효성이 낮다는 점이고, 정부의 나들가게 정책 등 정책 공급자 주도 방식의 근본적인 재검토를 의미한다. 우리 사회의 시대적 과제 해결 즉, 질 좋은 일자리의 창출 등에 기여하는 새로운 가치 창출을 하려고 하는 '공통의 의지'를 지닌 경제주체(소기업가)들이 소매점 분야에서 협동조합을 주체적으로 설립하는 것이 출발점이라는 점을 레베협동조합의 사례로부터 배우는 핵심적 메시지라고 할 수 있다.

그러나 레베협동조합이 내적으로 안고 있는 문제점과 외적으로 직면한 어려움이 적지 않은 것도 사실이다. 특히 우수한 경영 역량을 지닌 일부 조합원의 상점 보유수가 크게 늘어나서 조합원 간의 격차가 커지고 있는 문제는 최근에 크게 대두되고 있는 것으로 보인다. 그리고 본 사례 조사 연구의 여러 가지 한계로 인하여 레베그룹에서 조합원의 의사 결정 구조와 과정, 이익 및 자원 배분 구조와 협동조합의 구체적인 성과 등에 대한 정보를 획득하지 못하였다. 이 점은 이후 후속 연구를 통하여 채워지기를 기대한다.

레베 그룹의 미션, 비전, 가치

우리의 미션: 더 나은 삶을 위한 연대

우리의 비전: 최고의 성과─고객을 위하여, 상인(조합원)을 위하여, 직원을 위하여
우리는 우리의 협동조합적인 근원을 신뢰하고 지지합니다. 우리는 강한 공동체로서 지속성과 안전성을 보장하고 독립적인 존재들(조합원)의 자립을 지원합니다. 우리는 국제적인, 협동조합적인, 혁신적인 네트워크로 다양한 역량과 노동력을 가지고 있습니다. 우리는 우리의 고객들이 편안하고 즐거운 삶을 만들어 나갈 해결책을 찾도록 도울 것입니다.

단결력의 지속적인 강화
REWE 그룹의 이상을 이루는 4개의 핵심적인 구성요소는 미션, 가치, 비전, 원칙이다. 이 4가지 핵심 구성 요소는 REWE 그룹 전체의 공통의 정체성을 강화시키고 REWE 그룹 안에 있는 이사회부터 매장, 유통사업, 여행사업 등 모든 사업 분야, 직원, 상인들의 단결력을 지속적으로 강하게 만든다.

REWE 그룹의 가치
i) 우리는 공동체 의식 속에서 책임 있는 거래를 합니다.
ii) 우리는 고객을 위한 거래를 합니다. 우리는 매장 중심에 있습니다.
iii) 우리는 새로운 도전을 위한 용기를 갖고 있습니다. 가만히 있는 것은 퇴보하는 것입니다.
iv) 우리는 상호 믿음과 존중의 열린 마음으로 서로를 맞이합니다. 우리의 약속은 언제나 유효합니다.

v) 우리는 신중한 결정과 일관성 있는 거래를 통해 최고의 답을 찾을 수 있도록 노력하고 있습니다.

vi) 우리는 책임감 있는 의식을 가지고 지속적인 거래를 해나갈 것입니다.

REWE 그룹은 독립적인 소매점과 직영 스토어 시스템의 결합을 통하여 미래를 개척해나간다.

출처: https://www.rewe-group.com/de/unternehmen/leitbild

장
종
익
·
박
정
수

────── **6장**

프랜차이즈 견제 기능을 넘어서

마켓 리더로 우뚝 선

독일 건축자재판매점주협동조합

하게바우(Hagebau)

프랜차이즈 본사가 횡포를 부려도 대안이 있는 독일 소기업들

자본주의 시장이 완벽하다고 믿는 사람들은 체인점들을 운영하는 체인 본부를 투자자가 소유하는 주식회사 방식으로 운영하는 것과 가맹점주들이 공동으로 소유하는 협동조합 방식으로 운영하는 것 사이에는 아무런 차이가 없다고 생각한다. 다시 말해 두 방식이 소비자의 후생, 체인 가맹점주의 이익, 노동자의 임금 등의 측면에서 아무런 차이가 없다고 인식하는 것이다. 그러나 이렇게 완벽한 시장은 지구상 어느 곳에도 없는 것은 분명하다. 특히 주식회사형 프랜차이즈 본사의 가맹점에 대한 횡포가 매우 심한 한국과 같은 환경에서는 가맹점주들이 공동으로 소유하는 체인 본부가 운영되는 협동조합 방식은 주식회사형 프랜차이즈 본사의 가맹점에 대한 횡포를 줄일 수 있는 강력한 대안이 될 수 있다. 왜냐하면 횡포를 가하는 주식회사형 프랜차이즈 본사에 소속된 가맹점주들이 협동조합형 체인으로 이동할 수 있기 때문이다. 그렇게 되면 주식회사형 프랜차이즈의 매출은 줄어들게 되고 경쟁에서 밀리게 되어 이러한 횡포를 자제할 수밖에 없다. 이를 협동조합의 경쟁 척도(competitive yardstick) 기능이라고 한다. 굳이 모든 체인 본부를 협동조합 방식으로 운영하지 않고 일정 비율의 체인 본부들만 협동조합적으로 소유되어도 이러한 프랜차이즈 본사의 횡포 즉, 시장의 비효율성은 매우 줄어들 수 있다. 이 장에서 소개하는 독일의 건축자재 판매시장과 대표적인 건축자재 판매점주협동조합인 하게바우(Hagebau)의 사례는 주식회사형 프랜차이즈, 대기업의 수직 통합형 지점, 협동조합형 체인 등 여러 소유 형태의 체인점들이 서로 경쟁하는 구조 하에서 협동조합형 체인 시스템이 어떠한 긍정적인 효과를 가져다주는지를 알 수 있게 해준다.

주식회사형 프랜차이즈 점포와 협동조합형 체인 점포가 공존하고 경쟁하는 독일의 DIY시장

우리나라 사람들은 아파트에 많이 거주하지만 단독주택에 주로 살고 있는 독일 사람들은 집을 직접 가꾸고 보수하며 가구도 직접 조립식으로 만들어 사용하는 경우가 대부분이다. 이렇게 가정에서 취미생활 등을 목적으로 건축자재를 직접 구입하는 소비자가 1970년대 이후 급증하면서 소위 디아이와이(DIY, Do-It-Yourself) 매장이 등장

하였다. 독일 최초의 DIY 매장은 1970년 프리드리히에 만들어진 툼
(TOOM)이다. 개인 사업자가 개설한 툼(TOOM)의 매장은 크게 성공
하여 전통적인 프랜차이즈 시스템으로 발전하였다. 그리고 현재 독
일에서 가장 큰 규모를 자랑하는 오비아이(OBI) 역시 1970년에 최초
로 개장하였다. DIY 매장은 대부분 창고형으로 운영되며, 매장은 주
택 및 정원 관리, 자동차 정비용품과 건축자재 등 다양한 품목을 판
매하고 있다. 이처럼 독일의 DIY 스토어 체인은 지난 40여 년 동안
꾸준히 발전하여 2015년 연간 총 매출액이 334억 유로에 달하며 총
30개의 체인 기업들이 이 시장에서 운영 중인 것으로 조사되고 있
다.[1] 이러한 30개의 체인 기업들은 주식회사형 프랜차이즈 방식과
협동조합 방식으로 크게 나누어지는데 협동조합은 하게바우, 유로
바우스토프(Eurobaustoff), 에멤베(EMV)-프로피(Profi), 바우스토프링
(Baustoffring) 등 13개인 것으로 조사되며, 독일의 1만 9천여 개의 DIY
매장 중 협동조합에 가입한 조합원이 운영하는 매장은 약 6,800개
이상으로 추정된다.[2] 독일 DIY 시장의 정확한 규모를 파악하는 것
에는 어려움이 있지만, 독일 DIY시장에서 협동조합은 주식회사형
프랜차이즈와 비교적 대등한 경쟁력을 발휘하고 있음을 엿볼 수 있
다. 즉, 독일의 대부분의 지역에서 주식회사형 프랜차이즈 가맹점
매장과 협동조합형 체인점 매장이 공존하고 있다는 점을 의미한다.

---

1 baumarktmanager, 2016.
2 baumarktmanager, 2016. 이러한 수치는 4장의 〈표 4-1〉에서 나온 건축자재협동조합의 수 27
  개와 차이가 있는데 이는 건축자재판매시장에 대한 정의의 차이에서 비롯된 것으로 보인다.

주식회사형 프랜차이즈 가맹점에서
협동조합 체인점으로 전환하는 일이 발생

독일의 DIY 건축자재 사업자 협동조합 중 매출 규모와 조합원 매장 수 등으로 볼 때 대표적인 협동조합은 하게바우라고 할 수 있다. 2015년 기준 하게바우는 독일 DIY시장에서 약 400여 개의 조합원 매장을 운영 중이고, 독일 DIY 유통기업 중 4위에 해당하는 것으로 알려져 있다. 그런데 2013년도에 독일 DIY 유통 기업 1위 규모의 프랜차이즈 기업 오비아이(OBI) 가맹점주 16명이 오비아이와 가맹 계약을 해지하고 하게바우의 조합원으로 가입하면서 스토어 브랜드를 하게바우로 변경하는 일이 발생했다.[3] 오비아이 프랜차이즈와 계약을 해지한 16명의 점주들은 30년 동안 오비아이에 속해 있었으며, 이 기간 동안 성공적인 비즈니스를 이어갔다고 평가하고 있었다. 그럼에도 불구하고 하게바우 협동조합으로 이전하고자 하였던 주된 이유는 오비아이 프랜차이즈 본부가 새롭게 제시한 계약 조건이 매장 운영에 대한 점주들의 의사 결정 권한을 대폭 축소하는 조항을 담고 있는 것에 대한 불만 때문이었다. 즉, 오비아이 가맹점주들이 하게바우에 가입하면서 가장 기대하였던 점은 자신들이 조합원으로서 체인 본부라고 할 수 있는 협동조합의 의사 결정에 참여할 수 있고, 자신들의 매장 운영에 있어서 보다 넓은 분야에 자율성을 가질 수 있을 것이라는 점이었다.

---

3 http://www.sueddeutsche.de/muenchen/baumaerkte-in-muenchen-von-obi-zu-hagebau-1.1581526

주식회사형 프랜차이즈 운영 구조와는 다른
협동조합형 체인의 운영 구조

하게바우는 독일의 일반적인 프랜차이즈 가맹점포와는 달리, 조합원 매장에서 하게바우라는 브랜드와 동시에 자신의 지역에 알맞는 고유한 브랜드를 동시에 사용하는 것을 허용한다. 건축자재 사업자가 조합원으로 가입하여 하게바우 체인 시스템을 이용할 경우 체인 브랜드의 사용을 강제하지는 않는다. 기존의 매장 브랜드와 하게바우 체인 브랜드를 동시에 사용할 수도 있고, 기존의 매장 브랜드만을 사용하는 것도 가능하다. 필요하다면 하게바우 브랜드만을 사용하는 것도 가능하다.

더 나아가 하게바우에서의 협동조합 본부와 조합원 매장의 관계는 주식회사형 프랜차이즈 본부와 가맹점의 관계와 다르다고 할 수 있다. 독일의 DIY 시장에서 프랜차이즈 본사가 가맹점에게 요구하는 평균적인 가맹비는 2만 유로에 달하지만 하게바우는 조합원으로부터 가맹비를 받지 않고 출자금을 받는다. 출자금은 환급이 되지만 가맹비는 환급되지 않는다는 차이가 있다. 그리고 프랜차이즈 본사는 가맹점 매출액의 약 2.5% 정도를 로열티로 받는 구조이지만 하게바우는 조합원 매장에서 매출액의 0.15~0.25% 정도를 수수료로 받는 구조이다.[4] 그리고 이러한 출자 금액과 수수료율은 조합원 대표들이 결정할 수 있다.

---

4 https://www.fuer-gruender.de/wissen/geschaeftsidee-finden/franchise/

독일 하게바우 협동조합의 조합원 매장

협동조합으로서 하게 바우는 프랜차이즈와 달리 조합원 매장 간의 상호 협력을 촉진하기 위한 노력을 기울이고 있다. 각 조합원들이 판매 촉진 등을 위한 아이디어를 공모하고, 이를 협동조합 본부에서 연구 개발하고, 패키지로 만들어 모든 조합원 매장에 보급한다. 또한 조합원 매장 상호 간의 우수 운영 사례를 공유하여 조합원 매장 경영 성과의 평균을 향상시키는 노력을 기울이고 있다.[5]

시장 경쟁에서 조합원 매장의 매출과 수익의 안정성을 유지하기 위한 체인 시스템 구축

협동조합인 하게바우도 치열한 시장 경쟁에서 살아남기 위하여 조합원 간의 협력뿐만 아니라 조합원 매장을 전문적으로 지원하기 위한 시스템 구축, 기존의 조합원 매장 및 조합 사업과 보완 관계에 있는 기업의 인수 합병, 조합원 후계자 양성 프로그램의 운영 등을 추진해오고 있다. 1964년에 독일 솔타우(Soltau)에서 34개의 건축자

---

5 Michael Baumgardt, *Kooperative Online-Kanäle im Großhandel zur Kundenbindung*, Web-Exzellenz im E-Commerce, 2010.

재 전문점이 공동으로 설립한 하게바우는 2016년 현재 365개 이상의 전문 또는 소매 소기업이 조합원으로 가입되어 있다. 하게바우는 건축자재 공동 구매를 목적으로 시작하여 성장 과정에서 점차 다양한 영역으로 사업을 확장하였고 오늘날에는 체인형 협동조합으로 자리잡았다.

하게바우는 조합원 매장 경영의 위험에 대처하기 위하여 1967년 투자를 통해 보험 서비스를 수행하는 자회사를 설립하였고, 1979년 조합원들의 요구로 하게바우마크트(Hagebaumarkt)라는 DIY 매장 체인점 컨셉을 처음으로 런칭하였다.[6] 하게바우는 하게바우마크트를 시작으로 조합원에게 제공할 수 있는 체인 브랜드 3개를 더 개발한다. 하게바우에 조합원으로 가입하는 매장점주들에게는 위치한 상권 또는 지역 특성과 자신들이 가지고 있는 욕구에 맞는 브랜드를 선택할 수 있는 결정권이 주어진다. 하게바우마크트를 제외한 다른 체인 브랜드는 [표6-1]과 같다.[7]

[표6-1] 하게바우가 추가적으로 개발한 스토어 브랜드		
브랜드명	타겟층	특징
베르케르스 벨트 (WERKERS WELT)	최종소비자 80%, 전문사업자 20%	- 도시와 농촌의 특징이 혼재된 중소 규모의 도시에 위치함 - 산업 안전 부속, 보안, 위생용품, 페인트, 정원 하드웨어, 전기설비 등을 주로 취급함
플로랄란트 (FLORALAND)	최종소비자	- 정원 관련 자재만을 판매하는 전문매장으로 정원 애완용품, 정원가구, 정원기구, 정원목재 등을 취급함
파흐한델 (FACHHANDEL)	최종소비자	- 주택 외관 관련 전문 소매업체로 지붕, 굴뚝, 현관, 창문, 발코니 등의 판매와 시공을 동시에 제공함

출처: 하게바우 홈페이지 (www.hagebau.com)

2003년 하게바우는 제우스(ZEUS)라는 자회사를 통하여 하게바우 마크트(hagebaumarkt) 체인 시스템과 공급 업체 및 서비스를 전문적으로 관리하기 시작하였다. 2007년에 온라인 판매 및 마케팅을 관리하는 자회사와 조합원의 재정적 관리 및 비즈니스 개발을 컨설팅하는 자회사를 설립하여 운영하고 있다. 하게바우는 자회사인 하게바우 IT를 운영하여 조합원 매장과 협동조합 본부의 재고 관리, 소프트웨어 및 서비스 분야에서 포괄적인 서비스를 제공하고 있으며, 하게바우 조합원 중 80% 정도가 하게바우 IT의 개발 및 유지 관리 시스템을 사용하고 있다. 또한 1998년 설립된 하게바우 베라퉁스(Hagebau Beratungs)는 하게바우 조합원에게 금융 서비스를 지원하고 있다.

하게바우는 이러한 본부의 전문성을 바탕으로 신규 조합원 매장에 대해서는 개별적으로 수립한 목표를 달성할 수 있도록 3년 동안 맞춤형 지원 솔루션을 제공한다. 조합원 매장이 가지고 있는 지역의 특성에 맞추어 취급 품목, 상품 배치, 인테리어 등에 컨설팅을 지속적으로 실시하며 최선의 운영 방법을 찾게 한다.

---

6 http://www.baustoffwissen.de/wissen-ausbildung/praxis-ratgeber/allgemeines/welche-aufgaben -haben-die-baustoffhandels-kooperationen-hagebau-eurobaustoff/)

7 www.hagebau.com

하게바우는 조합원 매장에게 최적의 서비스를 제공하기 위하여 다양한 자회사를 설립하였고 타회사에도 자본을 투자하였으며, 인수 합병하기도 하였다. 예를 들면, 타일 거래 사업의 전문성을 강화하고자 2007년 합작투자 형태의 세라믹 회사(CC Ceramic GmbH & Co. KG)에 투자하여 설립하였고, 건축자재영업유한주식합자회사(IGA Archtekturbaustoffe GmbH & Co. Handels KG)를 인수 합병하였다. 그 결과 하게바우는 대리석과 세라믹 타일 전반에 걸친 품목을 안정적으로 공급할 수 있게 되었다. 또한 하게바우는 2003년 체인 시스템 운영의 전문성을 확보하기 위해서 제우스(ZEUS)의 지분 50%를 인수하였고, 판매 및 마케팅에 관한 소매 사업 관리를 제우스로 이전하였다. 그 목적은 바로 체인 본부의 핵심 기능의 전문성을 강화함으로써 조합원 매장에 대한 지원 기능을 강화하기 위한 것이었다. 2018년부터 하게바우는 제우스의 지분 100%를 소유하게 된다.

하게바우가 100% 지분을 소유하게 된 자회사 제우스는 조합원 매장의 욕구와 각기 다른 경영 환경에 대응하기 위하여 맞춤형 컨설팅 및 경영 전략 수립을 지원하고 있다. 여기에는 매장의 상품 구성과 마케팅 전략 수립, 영업 지원을 위한 캠페인 등이 포함되어, 개별 조합원이 처해 있는 상황을 중심으로 실질적인 서비스를 제공하고 있다. 그리고 조합원 매장의 외관 또는 내부 인테리어의 노후화를 막고, 트렌드 변화에 대응하기 위해서 지속적인 관리를 제공하고 있다. 이처럼 제우스는 소매업체로서 방문 고객 유치를 위한 경쟁력을 확보하고, 최소한의 비용으로 효과적인 관리를 할 수 있도록 도움을 주고 있다. 또한 조합원 매장의 상권 유지를 위해서 노력하고 있다. 새로운 상권을 개발하고 일과 동시에 수입성을 유지하기 위해, 매장들 간의 상권을 조정하는 역할도 수행하고 있었다.[8]

하게바우는 본부의 전문성을 강화하고자 규모의 경제와 범위의 경제를 추구하고 이의 일환으로 오스트리아, 스위스, 룩셈부르크, 프랑스, 벨기에, 스페인 등 유럽의 다른 나라로 진출해왔다. 그리하여

독일 하게바우 협동조합의 본부 건물

하게바우는 현재 유럽 8개 국가에 걸쳐 1,760개 이상의 조합원 보유 매장 및 지점을 갖추고 있다. 2015년 현재 하게바우 물류사업부 직원을 포함하여 협동조합에서 일하는 종업원의 수는 1,350명에 달하고 협동조합의 매출액은 2015년 현재 61억 유로에 이른다. 사업 분야는 건축자재 및 목재, 타일, DIY-소매점 및 온라인 거래 등이다.

---

8 Gerrit Heinemann, Andreas Haug, Rainer Hillebrand (Hrsg.), *Web-Exzellenz im E-Commerce : Innovation und Transformation im Handel*, Springer-Verlag, 2010.

조합의 건축자재 분야 전문가 양성 및 조합원 후계자 양성 시스템

하게바우는 조합원 매장의 경쟁력 강화가 곧 체인의 경쟁력 강화로 이어진다고 본다. 또한 체인의 경쟁력이 지속되기 위해서는 조합원 후계자의 양성이 필수적이라고 보고 후진 양성을 위한 직업 교육 시스템을 운영하고 있다. 약 50여 명의 교육생에게 도매 교육, 사무실 관리를 위한 교육, 전산학 교육, 시스템 통합용 전문 전산 담당자 교육, 어플리케이션 개발 전문 전산 담당자 교육, 보험에 대한 교육, 마케팅 커뮤니케이션 교육, 행사 기획 교육 프로그램 등 각 분야에 걸쳐 직업 교육을 제공한다. 또한 현장 직업을 위한 교육으로서 물류센터 전문인력 교육과 보관 창고 전문인력 교육프로그램도 운영하고 있다.

이론과 실제를 결합시킨 최적의 교육을 위해 산학연계 시스템(듀얼스터디 형태)을 운영한다. 엠스호른(Elmshorn)에 소재한 기숙대학교인 '노르다카데미(Nordakademie)'와 연계하여 7학기제(3.5년)의 경영학부를 운영하는데, 이곳에서는 경영 및 경제 관련 이론을 현장 경험이 풍부한 전문가가 강의와 세미나, 워크숍 형태로 가르치고 있다. 현장 실습은 하게바우 본사에서 진행하며, 이때 하게바우 그룹의 활동 영역과 각종 부서를 체험할 수 있다. 특히 마케팅 부서와 인사부, 회계부, 구매 및 판매 부서에 중점을 두고 실시된다. 학업 비용은 회사가 지불하고 학생은 월급을 받는다. 수업 내용은 경영학 및 경제학, 인사관리, 물류, 마케팅, 전략관리 및 국제 매니지먼트(영어 강의), 가성비 계산, 금융/컨트롤, 세무관계 이론, 경제수학/통계학, 경제법, 비즈니스 영어 등 다양하다.

협동조합 체인 본부에 대한 조합원의 높은 만족도와 우수한 경영 성과

협동조합형 체인 시스템인 하게바우는 설립 후 50년 동안 꾸준히 성장을 거듭해왔을 뿐만 아니라, 조합 본부에 대한 조합원의 만족도가 매우 높은 것으로 조사되었다. 독일 프랜차이즈협회(DFV)에서 310여 개의 프랜차이즈 기업에 속해 있는 점주들을 대상으로 매년 프랜차이즈 본부에 대한 만족도 설문조사를 실시하는데, 이 설문조사에서 하게바우는 2010년, 2013년, 2017년 3번에 걸쳐 최고 점수를 기록하였다.[9] 하게바우 매장점주들을 인터뷰한 결과, 높은 만족도는 하게바우 조합원들이 하게바우 본부와 매우 밀접한 관계를 형성하고 있다고 느끼고 있으며, 제공받는 서비스의 품질 수준 및 투명성이 높다고 느끼기 때문인 것으로 나타났다.[10]

하게바우의 체인형 협동조합으로서의 전문성 제고 노력과 조합원 중심의 사업 및 경영 추진 등으로 하게바우는 독일건축자재 DIY 시장의 포화 상태 및 2008년 외환위기라는 이중의 경영 환경의 악화 속에서도 우수한 경영 성과를 거둔 것으로 나타났다. 이 시기에 프랜차이즈 316개 DIY 매장을 운영하고 있으며, 업계에서 매출액

---

9 https://www.baumarktmanager.de/hagebau-erhaelt-fc-award-in-gold/150/50782/ 56
10 http://www.systemwissen.info/news/297/hagebau-franchisenehmer-sind-gut-zufrieden-fc-award-gold-fuer-zeus

규모 2위를 차지고 있던 프락티커(Praktiker)가 파산하는 등 매우 어려운 조건이었음에도 하게바우는 2008년부터 6년 동안 자신들이 가지고 있는 최고 매출액 기록을 계속 갱신하였다.[11]

**최근 우리나라 건축자재 및 인테리어 소매점의
급속한 프랜차이즈화에 대한 대안으로 부각!**

이상에서 독일의 체인형 협동조합 중에서 대표적인 사례인 하게바우의 사업 시스템에 대하여 주식회사형 프랜차이즈 시스템과 비교하면서 설명하였다. 또한 협동조합형 체인이 존재할 경우에 소기업가들에게 어떠한 편익이 존재하고, 시장의 불공정성을 제어할 수 있는지를 확인하였다. 이러한 하게바우의 사례는 한국의 프랜차이즈 문제의 해결 방향에 상당한 시사점을 제공할 뿐만 아니라 최근 한국에서 한샘, KCC 등 대기업에 의한 건축자재 판매 및 인테리어 소매점포의 급속한 프랜차이즈화에 대한 대안으로써 체인형 협동조합을 설립할 적기라는 점에서 벤치마킹 대상이 될 수 있을 것이다.

그러나 이 작은 분량의 글에서는 하게바우가 이렇게 대기업 규모로 성장하게 된 내막 즉 성공 요인까지 파헤치지는 못하였다. 또한 하게바우와 같이 독일뿐만 아니라 여러 나라에 조합원을 두고 있으

---

11 Gerrit Heinemann, Andreas Haug, Rainer Hillebrand (Hrsg.), *Web-Exzellenz im E-Commerce : Innovation und Transformation im Handel*, Springer-Verlag, 2010.

며, 수많은 자회사와 1,300여 명에 달하는 직원을 둔 큰 규모의 사업자협동조합에서 조합원들은 조합의 의사 결정에 어떻게 참여하고 투자를 위한 자본을 어떻게 조달하고 있는지, 그리고 조합원의 자율성이 높은 체인 시스템에서 발생할 수 있는 조합원의 기회주의적 행동을 제어하는 제도나 문화 등에 대한 세부적인 정보는 파악하지 못해 적지 않은 아쉬움이 있다. 이는 협동조합 연구자와 활동가의 추후 과제로 남겨둔다.

참여형 복지와
사회적 연대를 실천하는
사회적 협동조합

600명 고용 규모, 영화 '위캔두댓'의 주인공 쿱논첼로(Coop Noncello)

이탈리아 사회적협동조합 성공의 비밀, 컨소시엄 조직 cgm

독일의 사회주택협동조합 브레머호헤(Bremer Höhe)

독일의 사회 혁신과 함께 성장한 사회적금융협동조합 GLS Bank

600명 고용 규모의,

영화 '위캣두댓'의 주인공

쿱논첼로(Coop Noncello)

'쿱논첼로'와의 첫 만남

필자는 2012년 초 'we can do that'이라는 영화를 통해 '쿱논첼로'를 만났다. 이 영화는 2008년 줄리아 만프레도냐 감독이 이탈리아 정신병원의 협동조합을 모델로 만든 영화이다. 'we can do that'은 그야말로 충격이었다. 정신 장애인들이 건축물 바닥 시공을 하고 협동조합이라는 형식을 통해 동업자가 될 수 있다는 것은 상상 밖의 사건이었다. 그리고 늘 자본의 부족, 경영 능력을 가진 인적 자원의 부재, 그리고 근로 능력의 취약으로 인한 생산력 저하 등의 이유로 자활사업은 한계가 있을 수밖에 없다는 이유에 대해 혁신적인 문제 의식을 던져주었다.

2012년, 우리나라는 UN이 정한 협동조합의 해에 발맞춰 '협동조합기본법 제정'을 준비하고 있었기에 협동조합에 대한 관심도가 조금씩 확산되고 있는 상황이었다. 특히 지역에서 저소득 취약 계층의 주민들을 대상으로 자활근로사업을 하고 있는 지역자활센터[1]는 협동조합이라는 경제 조직이 자활근로사업의 활성화를 위한 하나의 새로운 돌파구가 될 것이라는 기대가 있었다. 당시 서울광진지역자활센터의 자활기업, '늘푸른돌봄센터'[2]가 보건복지부 1호 사회적협동조합으로 인가를 받는다. 이를 시작으로 돌봄사회 서비스를 비즈니스 모델로 하고 있던 자활기업의 상당수가 사회적협동조합으로 전환한다.

이러한 변화된 상황 속에서 한국의 보건복지부는 2014년 9월, 근로 빈곤층의 안정적인 일자리 창출과 탈빈곤의 성과 확대를 위해 「지역자활센터 유형 및 기능 다변화 시범사업」을 기획하고 전국의 지역자활센터를 대상으로 이 사업의 수행 기관을 공모한다. 기능 다변화란 복수의 지역자활센터가 존재하는 지역의 경우 자활센터가 각각 사회서비스사업형, 시장진입사업형, 일자리연계형, 사회통합사업형 등의 유형을 선택하여 기능별로 특화할 수 있게 진행하는 시범사업이며 유형 다변화란 지역자활센터의 법인 형태를 사회적협동조합으로 전환할 수 있도록 진행하는 시범사업을 말한다. 그 결과 유

---

1 지역자활센터는 국민기초생활보장법 제16조에 의거하여 설치, 운영되는 사회복지시설로 지역의 생계·의료급여 수급권자와 차상위 계층(소득인정액이 기준 중위소득 50% 이하인 자)을 대상으로 자활근로사업을 수행한다.
2 늘푸른돌봄센터는 2006년 서울광진지역자활센터의 자활근로사업단으로 출발하여 2008년 광진구청으로부터 자활공동체(현재 자활기업)로 인정받았고 2013년 4월 1일, 보건복지부로부터 사회적협동조합 도우누리로 인가받는다.

쿱논첼로 웹사이트 http://www.coopnoncello.it 메인 화면

형 다변화 기관은 5개, 기능 다변화 지역은 1곳이 선정된다.

지역자활센터의 사회적협동조합 전환 시범사업은 지역에서 나양한 저소득 취약 계층 주민들을 대상으로 수행되는 자활근로사업의 새로운 시도이다. 이 시도의 성과적인 결과를 기대하며 이탈리아 포르데노네 지역에서 정신 장애인들의 노동통합을 목적으로 사회적협동조합을 운영하고 있는 '쿱논첼로'의 사례가 이 시도에 도움이 되었으면 한다.

설렘, 확인하고 싶은 것들

지역자활센터는 조직의 활동 목적을 중심으로 협동조합의 유형과 비교해 본다면 사회적협동조합과 유사하다. 한국의 보건복지부가 발간한 '2018년 자활사업 안내(Ⅰ)'의 자활사업의 목적을 살펴보면 '근로 능력 있는 저소득층이 스스로 자활할 수 있도록 자활 능력 배양, 기능 습득 지원 및 근로 기회 제공'으로 명시하고 있다. 이러한 목적 사업은 한국의 협동조합기본법, 제93조(사업)의 항목 중에 명시되어 있는 '대통령령으로 정하는 취약 계층에 일자리를 제공하는 사업'과 맥을 같이 한다. 그리고 이탈리아의 법률 381/1991[3]에 의한 구분에 따라 비교해 본다면 'B형 사회적협동조합'과 닮아 있는 것 같다.

그래서 B형 사회적협동조합으로 30년이 넘게 운영된 경제조직[4], 'Coop Noncello'를 방문하면서 설렘과 함께 이런 질문들을 준비하게 된다. 첫째, 취약 계층의 노동통합의 미션을 성공적으로 수행하며 지속 가능한 발전을 이룰 수 있는 동력은 무엇일까? 저소득 취약 계층을 대상으로 하는 자활근로사업의 애로 사항은 취약한 인적 자원의 약점을 극복하는데 있으며 이는 지속 가능성의 가장 큰 난관이었다. 이 난관을 하나씩 넘어왔을 'Coop Noncello'의 역사가 궁금했고 그 소중한 경험을 알고 싶었다.

둘째, 품질과 서비스 측면에서 경쟁력을 어떻게 강화하고 있을까?

---

3 제1조(정의)사회적협동조합은 시민이 인간으로서의 발전 및 사회 참여를 할 수 있도록 지역의 보편적 이익의 추구를 목적으로 한다.

4 참고로 2012년 말에 Noncello 협동조합은 A형 사회적협동조합으로 등록한다. 기존의 취약 계층의 고용을 목표로 하는 B형 사회적협동조합으로 생산 부문에서 보편적인 활동을 유지하면서, 교육 및 사회 서비스 분야에서 사람에게 서비스를 제공 할 수 있게 다양한 프로젝트를 개발하기 시작한다. 그리고 2016년 6월, 35주년 창립 기념행사를 진행하고 단행본 *Si può ancora fare*를 발간한다.

노동 통합형의 경제 조직은 상대적으로 취약한 인적 자원을 가지고 있다. 그럼에도 시장에서 경쟁하기 위해서는 인적 자원을 개발하고 성과 관리가 필요하다. 'Coop Noncello'는 이 문제에 대한 축적된 노하우를 가지고 있을 것이고 그 힘으로 35년 이상 지속 가능하게 운영할 수 있었을 것이라고 생각했다.

셋째, 이탈리아에서는 사회적협동조합에 잘 맞는 업종이 있다고 생각하는지, 있다면 어떤 업종인지 궁금했다. 이 궁금증은 한국에서 사회적협동조합을 확산하기 위해 어떤 업종에 우선적으로 노력을 투여할 것인가에 답을 얻고자 함이었다.

넷째, 사회적협동조합의 다중이해관계자 조합원 구조, 다중이해관계자 거버넌스가 어떻게 실행되고 있을까? 통상 협동조합의 약점 중의 하나인 '집단적 의사 결정 비용'을 줄이는 것이 협동조합이 성공하기 위한 방안으로 제시된다. 이를 위해 협동조합은 명료한 필요와 욕구를 가진 조합원으로 구성할 때 성공 가능성이 높아진다. 그런데 사회적협동조합에서는 다중이해관계자 조합원 구조(다중이해 관계자 거버넌스)가 오히려 강점으로 발현되고 있다. 한국의 사회적협동조합, 특히 돌봄사회 서비스 공급을 비즈니스 모델로 하고 있는 사회적협동조합의 경우는 역사의 짧음으로 인해 다중이해관계자 조합원 구조(다중이해관계자 거버넌스)가 충실하게 작동되고 있지 못하며 아직 주요한 과제로 나서고 있지도 않다. 그렇지만 사회적협동조합의 대표적인 특징 중의 하나인 '다중이해관계자 거버넌스 구조'는[5] 한국의 사회적협동조합의 발전과 성공을 위해 선진 사례에 대한 학습이 필요한 것으로 보였다.

'정신보건 개혁운동'으로 등장한 쿱논첼로의 미션

쿱논첼로는 1981년 포르데노네 정신건강센터(The Center for Mental Health of the Province of Pordenone)의 프로젝트에 의해 설립된 협동조합이다. 쿱논첼로의 정식 명칭은 Coop Noncello company social cooperative non-profit organization이고 Friuli-Venezia Giulia Regione(주), Pordenone Province, Piano Comune[6]에 소재하고 있다. Friuli-Venezia Giulia Regione(주)는 트리에스테(Trieste)가 주도(州都)이며 북쪽은 오스트리아, 동쪽은 슬로베니아, 서쪽은 베네토주(州)에 접하고 남쪽은 베네치아만(灣)에 면한다. 알프스산맥에서 아드리아해(海) 연안에 걸친 지방으로, 북부는 산지이지만 남부는 베네치아만 연안으로 연속되는 비옥한 평야가 있는 곳이다. 이 지역은 프랑코 바자리아 의사에 의해 정신보건 개혁이 주도적으로 이루어진 곳이며 이후 '정신보건 개혁운동의 성지'로 알려지고 있는 곳이다.

당시 정신보건 개혁의 주목적은 정신 장애인을 병원에 격리 수용하는 것을 금지하고 일자리와 거주 장소를 분리, 제공하여 정신 장

---

5 셋째, 다중이해 관계자 조합원 구조다. 사회적협동조합은 노동자와 이용자, 지방자치단체, 법인 및 기타 등 다양한 이해 관계자들이 협동조합의 조합원 및 거버넌스에 참여하도록 보장한다. 이는 사회적협동조합이 공공 이익의 목적을 수행하기 위함이며 이러한 다중이해 관계자 거버넌스 구조가 다른 유형의 협동조합과 구별되는 중요한 특징이다. (이철진, 2017; 23)

6 이탈리아에서 행정체계는 모두 세 가지 형태를 갖는다. 우리나라의 도 개념에 가까운 Regione(주)가 가장 큰 규모의 지방정부형태이며 20개의 주(Regione)가 있다. 그리고 우리나라와 일치하지는 않지만 서너 개의 군을 합쳐 놓은 규모나 또는 대도시 주변을 의미하는 광역시의 개념을 갖는 Provincia가 주(Regione)의 하위 행정체계이며 읍이나 면, 작은 시의 개념을 갖는 Comune가 최하위의 행정체계이다. 타나카 나츠코의 『이탈리아 사회적경제의 지역전개』에서 인용.

애인의 인간적 욕구를 실현하고자 하는 것이었다. 이 활동은 1970년 대부터 진행되었고 그 활동의 일환으로 노동자협동조합이 만들어져 운영되었다. 그리고 1981년, 이탈리아에서는 사회적협동조합법안이 제안된다.

1970년대 이탈리아는 경기 불황으로 사회 복지 영역에서 새로운 수요(예: 고령화, 정신 장애, 약물 남용, 무주택, 이민자, 장기 실업 등)가 증가하기 시작한다. 그러나 재원의 부족, 관리의 부실로 나타난 기존의 정책으로는 새로운 수요에 능동적으로 대응하기 어려운 상황에 직면한다. 이러한 상황에서 가톨릭을 중심으로 한 수많은 자원봉사 단체는 서비스 공급을 혁신하고 새로운 공급 조직을 시험해 보면서 사회복지 서비스의 수요와 공급 간의 격차를 메우기 위해 노력했다.

1991년 '자원봉사 단체에 관한 법률 266'과 사회적협동조합에 관한 법률 381이 제정되면서 이탈리아에서는 기존의 민법에 의해 사회적 목적 활동을 벌여온 사단법인과 재단법인이라는 전통적인 조직에 자원봉사 단체와 사회적협동조합이라는 조직 형태가 추가된다. 이처럼 쿱논첼로는 이탈리아의 사회적협동조합의 등장과 맥을 같이 하며 성장 발전해가고 있다.

본사는 이탈리아 포르데노네(Pordenone) 현의 로베레도 인 피아노(Roveredo in Piano)에 있으며 이곳에서는 행정과 기술 지원을 하고 별도의 창고를 두고 있다. 3개의 지점 사무실은 우디네(Udine)와 비토리오 베네토(Vittorio Veneto), 포토그루아로(Portogruaro)에 있으며 코르데논스(Cordenons)에는 'Il Guado' 정원과 온실 작업장이 있고 포르데노네의 산 발렌티노 공원에 작은 식당 'AL PARCO'가 있다고 한다.

쿱논첼로는 법률 381/1991[7]의 개정 및 규정 사항에 따라, 소외된 시민들을 고용하여 사회 통합을 촉진하며 지역 사회의 일반적 이익을 추구하기 위해 설립된 사회적협동조합이다. 그리고 소외 계층의 고용뿐만 아니라, 지역의 교육 및 의료사회 서비스를 통해 법률 381/1991의 목적을 효과적으로 달성하기 위한 활동(운동)을 하는 기업이다.

쿱논첼로 미션은 다음과 같다.

1) 자신이 살고 있는 사회에서 모든 사람의 존엄성과 만족스러운 삶에 대한 정의에 대한 믿음을 기반으로 단순한 이익 경쟁의 경제가 아닌 사회를 위해

2) 소외된 시민의 참여를 촉진하고, 실업 상황에 노출된 사람들에게 고용과 업무 향상의 기회를 제공하기 위한 다양한 유형의 개발을 추구하며

3) 소외 시민들이 일하며 살 수 있는 사회 권리를 완전히 자유롭게 선택할 수 있게 하는 모든 행동을 장려한다. 그리고 이를 통해 존엄 있는 사회적 생산으로 모든 사람들의 복지를 달성하는 것이다.

---

7 제1조(정의) 사회적협동조합은 시민이 인간으로서의 발전 및 사회 참여를 할 수 있도록 지역의 보편적 이익의 추구를 목적으로 한다.

혼합형 사회적협동조합, 쿱논첼로

2012년 말 쿱논첼로는 A형의 사회적협동조합으로 등록된다. 생산 부분에서 사회 배제 계층의 고용을 목표로 하는 기존 B형의 사회적협동조합을 유지하며 교육 및 사회 지원 분야에서 전문적인 서비스를 제공할 수 있는 부문으로 사업을 확장하고 다양한 프로젝트를 개발한다.

참고로 이탈리아 법률 381호의 규정 내용을 기초로 해서 구분하면 A형의 사회적협동조합은 사회복지, 보건, 교육 등 서비스 운영을 담당하는 협동조합이며 장애를 가진 자를 비롯한 취약 계층에 대한 의무적인 고용 비율이 없다. 그리고 공공사업의 계약에서 규정의 예외 적용을 받지 못한다. 반면 B형 사회적협동조합은 사회적 불이익을 당하는 자들(고용 취약 계층)의 고용을 목적으로 농업, 제조업, 상업 및 서비스 등 다양한 활동을 수행하는 협동조합으로 고용 취약 계층의 직원이 전체 직원(노동자)의 30% 이상이어야 한다. 또한 B형 사회적협동조합이 장애를 가진 자의 고용 창출을 목적으로 하는 경우 공공기관은 공공사업의 계약에 관한 예외적인 규정을 적용하여 협동조합과 최저가 원칙의 경쟁 입찰이 아닌 수의 계약 체결이 가능하다.

쿱논첼로는 주요 사업으로 녹지 관리 서비스, 청소 서비스, 물류 서비스, 폐기물 관리 서비스, 묘지 및 영양실 관리 서비스, 택배 서비스, 개인 서비스, 기타 서비스 등을 수행한다. 녹지 관리 서비스는 도시 공원, 도시 인근 녹지 관리. 가로수길 등을 지방자치단체의 요청(위수탁)에 의해 유지, 보수, 관리를 하는 서비스와 민간 영역의 옥상

정원, 화단 등을 관리하는 서비스이다. 청소 서비스는 기업, 공공 기관, 병원, 학교, HACCP 시설, 체육관 및 수영장, 영화관, 박물관, 상점, 콘도, 육아 시설 등을 대상으로 서비스를 제공하며 소독 및 위생 서비스도 겸한다. 개인 서비스는 의료 수송 서비스와 학생 운송 서비스를 하고 있으며 차별화된 전문 자격을 기반으로 투석 환자 운송 서비스와 응급 심폐소생술 서비스를 제공하고 기본적인 생활 지원 서비스도 병행한다.

각각의 서비스에 대한 수주는 공공과 민간 영역에서 다양하게 이루어진다. 일부 수주의 경우에는 지역 컨소시움으로 해결한다. 다음의 [표7-1]과 [표7-2]는 각각의 서비스 수주 내역 현황에 대한 비율과 서비스별 일하는 인원수를 보여 준다. 2014년에는 공공 영역에서 수주가 50% 이상을 차지하고 있는데 2015년 사회보고서(BILANCIO SOCIALE 2015)를 살펴보면 공공 영역에서 55.9%, 민간영역에서 31.8%, 컨소시움 영역에서 12.3%의 수주 평균율이 나타난다.

[표7-1] 서비스별 수주 현황

구분	공공 영역	민간 영역	컨소시움	합계
녹지 관리 서비스	30%	36%	34%	100%
청소 서비스	38%	27%	35%	100%
폐기물 처리 서비스	64%	0.5%	35.5%	100%
묘지 및 영안실 관리 서비스	70%	2%	28%	100%
물류 서비스	48%	18%	34%	100%
택배 서비스	50%	0%	50%	100%
개인 서비스	73%	9%	18%	100%
평균율	53.3%	13.2%	33.5%	100%

* 쿱논첼로(Coop Noncello), 2014년 사회보고서(BILANCIO SOCIALE 2014)에서 재정리[8]

[표7-2] 서비스별 고용 인원								
구분	녹지	청소	폐기물 처리	묘지 및 영양실 관리	물류	택배	개인	합계
인원수 (명)	48	333	14	35	68	17	44	559

* 쿱논첼로(Coop Noncello), 2014년 사회보고서(BILANCIO SOCIALE 2014)에 재정리

사회적협동조합의 희망을 본다 - 재무 지표

2016년까지의 쿱논첼로 사회보고서 기록을 참조하여 연도별 수입과 지출의 변화와 그 내용을 정리해 보면 다음의 [표7-3], [표7-4]와 같다.

[표7-3] 서비스별 수입 현황					
서비스	2015	2014	2013	2012	2011
가정용 청소	3,093,459	2,766,887	2,932,752	2,965,441	3,272,152
위생 청소	1,086,709	1,317,574	1,277,391	1,162,540	1,165,004
산업용 청소	40,450	58,825	91,931	133,103	278,740
세탁	25,420	72,067	75,140	81,323	220,930
청소 분야	4,246,038	4,215,353	4,377,214	4,342,407	4,936,826
녹지관리	1,281,252	1,011,196	890,884	684,997	825,134
묘지 서비스	1,054,362	821,859	745,283	740,460	854,035
제품 처리 및 폐기물 관리	2,107,191	2,184,801	2,143,287	1,916,872	1,691,716
거리 청소	161,468	136,020	105,606	85,705	136,538
환경 및 물류 분야	4,604,273	4,153,876	3,885,060	3,428,034	3,507,423

8 쿱논첼로(Coop Noncello), 2015년 사회보고서(BILANCIO SOCIALE 2015)에는 공공 영역에서 55.9%, 민간 영역에서 31.8%, 컨소시움 영역에서 12.3%의 수주 평균율이 나타난다. 2014년과 비교해 보면 두드러지게 차이가 나는 것은 컨소시움 영역에서 감소하고 민간 영역에서 증가하고 있는 점이다.

경비 서비스	326,556	1,210,440	1,171,808	783,642	760,158
개인 서비스					259,261
기타(상품 판매, 레스토랑, 바, 지역 사회 자전거)	633,870	483,768	507,782	482,717	489,360
합계(b)	9,810,737	10,063,437	9,941,864	9,289,655	9,953,028
개인 서비스 수익	233,924	244,942	773,204		
교육 및 컨설팅 수익	14,330				
사회복지 지원	786,391	741,019			
합계(a)	1,034,645	985,961	773,204	0	0
합계(a+b)	10,845,382	11,049,398	10,715,068	9,289,655	9,953,028

[표7-4] 연도별 비용 내역 현황				
구분	2015	2014	2013	2012
인건비	8,355,129	8,932,898	8,860,309	7,928,230
원자재 및 소모품의 비용	803,062	845,461	833,228	691,002
서비스에 대한 비용	1,122,792	1,137,789	1,058,983	1,021,509
타사 자산의 사용 비용	139,894	114,657	116,860	85,112
감가 상각비	430,147	286,256	308,999	252,194
기타 영업 비용	144,471	117,749	94,648	83,646
합계	10,995,495	11,030,805	10,869,380	9,725,853

* 쿱논첼로(Coop Noncello), 2015년 사회보고서(BILANCIO SOCIALE 2015)에서 재정리

쿱논첼로의 수입과 생산 비용을 살펴보면 사회적협동조합으로서의 자기 미션을 다하기 위해 인건비 비중이 높은 다양한 생활 서비스를 주요 사업으로 확장해 나가고 있음을 보게 된다. 매년 생산 비용의 약 78~79%가 고용에 불리한 사람들에게 노동을 제공하고 사회 통합 활동을 위한 지출로 나타난다. 그리고 2016년 직원 수의 현

황을 보면 쿱논첼로의 미션 수행의 여부가 더 분명해진다. 전체 직원 513명 중에 91.22%인 468명이 B형 사회적협동조합의 직원으로 일하며 나머지 8.77%인 45명이 A형 사회적협동조합의 직원이다.

최근 우리 정부는 2017년 5월부터 노인요양시설이 정부로부터 받는 장기요양급여의 57.9% 이상을 인건비로 쓰도록 의무화하는 지침을 검토한 바 있는데 이와 비교해 볼 때 인건비 측면에서 그리고 취약 계층 고용 측면에서 쿱논첼로의 노동 통합에 대한 사회적 기여도를 알 수 있다. 물론 이는 쿱논첼로의 규모가 커서 관리비 비중이 상대적으로 낮은 이유도 있다.

사회적협동조합의 희망을 본다 – 구성원과 이해 관계자

쿱논첼로의 직원 조합원 수는 2014년 최대 규모에 비해 다소 낮긴 하지만 [표7-5]와 [표7-6]에서 볼 수 있듯이 지속적으로 증가한다. 그리고 L.381/91과 L.R.20/06의 규정에 따른 취약 계층 고용 규모를 전체 직원(노동자)의 30% 선으로 준수한다.

[표7-5] 연도별 조합원 규모와 변화						
구성	2016	2015	2014	2013	2012	2011
직원 조합원	513	500	530	478	449	419
직원 비조합원	71	52	75	88	112	54
사원봉사 소합원	12	11	11	11	12	12
합계	596	563	616	577	573	485

* 쿱논첼로(Coop Noncello), 2012년~2016년 사회보고서(BILANCIO SOCIALE)에서 재정리

구분	2012	2013	2014	2015	2016
일반 노동자	381	405	431	374	394
L.381/91	172	156	167	173	179
L.R.20/0667	20	16	18	16	23
합계	573	577	616	563	596

[표7-6] 연도별 취약 계층 고용 인원

* 쿱논첼로(Coop Noncello), 2012년~2016년 사회보고서(BILANCIO SOCIALE)에서 재정리[9]

　쿱논첼로의 이해 관계자에 대한 사회 보고는 크게 주요 이해 관계자와 보조 이해 관계자로 나누어 수행한다. 그리고 각각 내부의 이해 관계를 같이 하는 자들과 외부에서 지지와 관심을 보여주는 자들로 구분하여 설명한다. 주요 이해 관계자와 보조 이해 관계자의 구분에 따라 내부와 외부의 다양한 이해 관계자를 나누어 보면 [표7-7]과 같다.

[표7-7] 이해 관계자의 구분

구분	내부 이익 소지자	외부 관심 소지자
주요 이해 관계자	–직원 조합원 –자원 봉사자 조합원 –직원/노동조합 –컨설턴트	–직원(조합원) 가족 –공공 및 민간(개인) 영역 고객 –컨소시움 참여 조직(참여자) –사회 및 건강 서비스 제공자
보조 이해 관계자	–프로젝트 체험자 –직업 연수생	–협동조합 간의 컨소시움 –연수생 훈련기관 –Legacoop 지역 협회 –공공 행정 조직(법무부, 교육부, 　노동부, 고용센터) –고용주협회 –사회 보장 기관 –자원 봉사 단체 –환경단체

* 쿱논첼로(Coop Noncello), 2016년 사회보고서(BILANCIO SOCIALE 2016)에서 재정리

이처럼 쿱논첼로는 CICOPA의 '사회적협동조합에 관한 세계 기준'에서 제시한 다중이해관계자 조합원 구조와 노동자 조합원의 상당한 대표성에 대한 특징을 실제 운영에서 잘 구현하기 위해 노력하고 있다. 실제로 다중이해 관계자 조합원 중 자원 봉사자 조합원은 12명에 불과하지만 조합원이 아닌 다양한 이해관자들(지역 사회의 대표들)이 이사회[10]에 참여하여 협동조합의 인사, 조직 활동에 직접 또는 간접적으로 영향을 미치고 있다. 이는 사회적협동조합이 공익적 미션을 수행하는데 적절한 균형추 역할을 잘할 수 있도록 하는데 기여한다.

거버넌스 구조

쿱논첼로의 거버넌스는 조직도를 통해 살펴 볼 수 있는데 기본적인 의사 결정 구조는 크게 총회와 이사회로 이루어져 있어 우리나라의 협동조합과 별다른 차이를 보이지 않는다. 그러나 기술위원회와 지역별 조직, 그리고 이사장 직속으로 되어 있는 기술 분야는 쿱논첼로의 제품과 서비스의 질에 대한 남다른 관심과 의지를 보여

---

9 지역별 법률의 개념이며 한국의 지방자치단체 조례와 유사하다. '사회 협력의 문제에 대한 규칙'을 정하고 있다. 쿱논첼로(Coop Noncello), 2016년 사회보고서(BILANCIO SOCIALE 2016)에서 인용.

10 2016년 사회보고서(BILANCIO SOCIALE 2016)에 따르면 이사회는 최소 5명에서 최대 21명으로 구성되며 비조합원의 경우도 이사회에 임명된다. 그러나 조합원 이사가 이사회의 과반수를 차지한다.

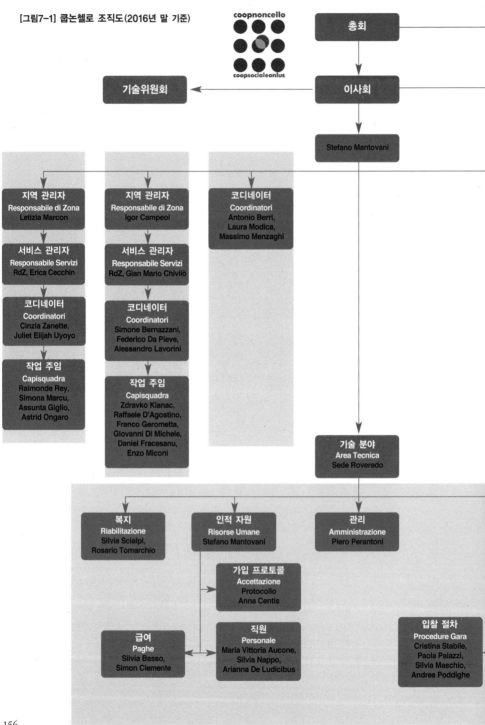

[그림7-1] 쿱논첼로 조직도(2016년 말 기준)

coopnoncello
coopsocialeonlus

총회

이사회

기술위원회

Stefano Mantovani

지역 관리자
Responsabile di Zona
Letizia Marcon

서비스 관리자
Responsabile Servizi
RdZ, Erica Cecchin

코디네이터
Coordinatori
Cinzia Zanette,
Juliet Elijah Uyoyo

작업 주임
Capisquadra
Raimonde Rey,
Simona Marcu,
Assunta Giglio,
Astrid Ongaro

지역 관리자
Responsabile di Zona
Igor Campeol

서비스 관리자
Responsabile Servizi
RdZ, Gian Mario Chivilò

코디네이터
Coordinatori
Simone Bernazzani,
Federico Da Pieve,
Alessandro Lavorini

작업 주임
Capisquadra
Zdravko Klanac,
Raffaele D'Agostino,
Franco Gerometta,
Giovanni Di Michele,
Daniel Fracasanu,
Enzo Miconi

코디네이터
Coordinatori
Antonio Berri,
Laura Modica,
Massimo Menzaghi

기술 분야
Area Tecnica
Sede Roveredo

복지
Riabilitazione
Silvia Scialpi,
Rosario Tomarchio

인적 자원
Risorse Umane
Stefano Mantovani

관리
Amministrazione
Piero Perantoni

가입 프로토콜
Accettazione
Protocollo
Anna Centis

급여
Paghe
Silvia Basso,
Simon Clemente

직원
Personale
Maria Vittoria Aucone,
Silvia Nappo,
Arianna De Ludicibus

입찰 절차
Procedure Gara
Cristina Stabile,
Paola Palazzi,
Silvia Maschio,
Andrea Poddighe

* 쿱논첼로(Coop Noncello), 2016년 사회보고서(BILANCIO SOCIALE 2016)에서 재정리

감사위원회

감독기관

지역 관리자
Responsabile di Zona
Monica Montino

지역 관리자
Responsabile di Zona
Cinzia Arboritanza

서비스 관리자
Responsabile Servizi
RdZ

서비스 관리자
Responsabile Servizi
RdZ, Delvis Fezza,
Mara Sandrelli,
Erica Giacomel

코디네이터
Coordinatori
Macri Pavan,
Giuliana Mariuzzo

코디네이터
Coordinatori
Edi Molinaro,
Silvano Vinadia

작업 주임
Capisquadra
Ana Maria Nitoi

작업 주임
Capisquadra
Giacinto Gorza,
Sokol Mara

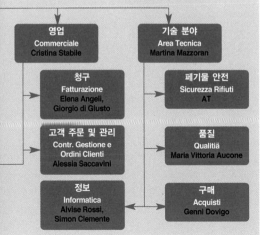

영업
Commerciale
Cristina Stabile

기술 분야
Area Tecnica
Martina Mazzoran

청구
Fatturazione
Elena Angeli,
Giorgio di Glusto

폐기물 안전
Sicurezza Rifiuti
AT

고객 주문 및 관리
Contr. Gestione e
Ordini Clienti
Alessia Saccavini

품질
Qualitià
Maria Vittoria Aucone

정보
Informatica
Alvise Rossi,
Simon Clemente

구매
Acquisti
Genni Dovigo

준다. 특히 ISO 9001:2008과 nr. 9960/03/S(RINA 인증), EN ISO 14001:2004와 nr. CA1104(SMC 인증) 등은 쿱논첼로의 품질 관리 시스템이 작동하는 기준을 가늠할 수 있는 사례이다.

쿱논첼로의 이사회는 정관상으로 최소 5명에서 최대 21명으로 구성할 수 있게 된다. 2014년, 2015년은 이사회의 정족수는 9명으로 이 중 2명은 외부 이사로 구성된다. 감사는 상임감사 3명과 대리감사 2명으로 구성되고 상임감사의 경우에는 보상, 감사 비용을 지불한다.

감독 기관은 쿱논첼로의 활동에서 준수해야 할 각종 법률이나 규정에 대한 위반 여부를 감독하는 기능을 하고 있으며 2명의 위원과 1개의 기관으로 구성된다. 기술위원회는 10명으로 구성되고 이사장이 위원장을 겸직하게 된다. 위원들은 이사회에서 임명

되며 협동조합의 다양한 사업 분야에서 특정한 의무와 책임을 진다. 그리고 이사회에서 결정된 실행 전략의 수행 과정 및 절차를 점검하는 역할을 한다.

또한 쿱논첼로의 조직도에는 포르데노네, 우디네, 비토리오 베네토(Vittorio Veneto)에 지사(지점)를 두고 있음이 확인된다. 지사의 지역 책임자와 서비스 책임자를 통해 지역의 이익을 충족시키는 것에 걸맞은 서비스 질 관리와 다양한 생활 서비스를 공급한다. 쿱논첼로는 지역의 요구에 부응하여 지역의 보편적 이익을 충족시키고자 설립된 조직, 사회적협동조합으로 자리매김한다.

쿱논첼로에서 지속되고 있는 정신보건 개혁 운동

1960년대 이탈리아 정신과 의사 프랑코 바자리아(Franco Basaglia, 1924-1980)는 정신보건 개혁 운동을 활발하게 전개했다. 그 운동의 성과로 1978년 5월 13일, '바자리아'법이 제정된다. 바자리아법은 이탈리아 정신건강법의 기초가 되었으며 이 법에 의해 이탈리아의 모든 정신병원에 대한 폐쇄와 더불어, 중증 입원 환자의 치료를 위한 제반 시설 및 환경이 점진적으로 교체되기 시작한다. 결국 1998년 이탈리아에서는 모든 정신병원의 폐쇄가 이루어진다.

'자유가 바로 치료다'라는 정신보건 개혁 운동의 획기적인 취지는 병원에서 육체적으로 정신적으로 감금되어 인간 취급을 받지 못했던 환자들에게 보통의 사람들과 사회에서 생활할 수 있는 기회를 제

쿱논첼로 현 이사장, 스테파노 만토바니(Stefano Manto-vani)가 자신의 태블릿PC에서 그림을 보여 주고 있는 사진(정신장애로 인해 신체 전체를 구속하는 것에 대한 문제의식)

공하였고 환자들은 자신이 살던 지역으로 돌아갈 수 있게 되었다. 바자리아법은 다음과 같은 주요 조항들을 포함한다.

1. 정신과적 지원은 정신병원에서 지역 사회 정신 건강 센터로 전환된다. 이 센터는 지역 사회 통합과 더불어 서비스와 지역 사회 자원 간의 연결을 보장하기 위해서 지역 섹터별로 나누어져 새롭게 조직된다.
2. 현존하는 정신병원으로 새로운 환자가 입원하는 것은 허용되지 않는다. 새로운 정신병원의 건설도 역시 금지된다.
3. 정신 병동은 일반 병원에 (14-16개 이하의) 제한된 침대 수로만 개설될 수 있다.

4. 강제 치료는 예외적인 개입이어야 하며, 적절한 지역 사회 시설에 대한 접근이 어려울 때와 동시에 병원 밖 치료가 환자에 의해 받아 들여지기 어려울 때에만 적용이 된다.

콥논첼로가 정신보건운동을 협동조합의 활동으로 승계하여 지속하고 있는 것은 2010년부터 진행하고 있는 '공동체 활동 프로젝트'를 통해 보게 된다. '공동체 활동 프로젝트'는 취약 계층 직원 조합원들의 사회 통합 능력을 높이기 위해 지역에 제안하고 지역의 사회적 자본을 활용하여 수행한다. 지속 가능한 정원과 온실 화원의 콘셉트로 운영되는 'il guado', 공원의 작은 식당 'AL PARCO', 'COMMUNITY BIKE' 등이다. 이 활동이 갖는 목표는 일반 기업과 동일한 방식으로 서비스를 제공할 수 있게 취약 계층 직원 조합원들에게 기회를 제공하는 것이다. 이 과정은 아직 직무에 익숙하지 않아 책임과 노력이 부족한 사람들에게 일종의 수습 직원(조합원) 경험을 쌓게 한다.

'il guado'는 지역과 함께 하는 사업으로 온실 화훼와 유기농 야채, 정원 식물, 사계절 초본 식물, 관목, 실내 식물, 특히 다육 식물을 이식

하여 재배한다. 2011년에 첫 수확을 하였다고 하며 소매 시장을 겨냥한 상업용 비즈니스 모델이다. 그리고 토양, 비료 및 요업(화분) 등 정원과 온실에 필요한 부자재와 각종 액세서리를 제조하여 판매한다.

'AL PARCO'는 사회 건강 시범 프로젝트로 시작한 공원의 작은 레스토랑이다. 2012년 8월 COSM(정신건강 기관 컨소시움), 시의회, 건물 소유자와 파트너십으로 수행한다. 그리고 'COMMUNITY BIKE'는 2013년 3월 COSM(정신건강 기관 컨소시움)과 협력하여 장애인 고용에 대한 지방 기금을 활용하여 진행하고 있는 사업이다. 이 밖에도 가구 복원 사업을 하고 있다. 이러한 사업들은 마치 한국의 자활사업과 유사한 활동으로 보여 친숙하고 정겨움을 갖게 한다.

프로젝트 수행 과정에서 의사소통 방식은 특별한 관심을 끈다. 주 1회 직원 조합원들과 정기적으로 모임을 진행하는데 이 과정을 통해 정신 장애를 겪고 있는 조합원들의 듣기 능력과 주체적으로 계획을 논의하고 수립할 수 있는 능력을 배양할 수 있게 조직하고 교육

한다. 하나하나의 사업과 그것을 수행하는 과정은 정신건강 장애를 겪는 사람들을 노동 통합 과정에서 주인이자 주체로 세우기 위한 세심한 배려이자 굳건한 믿음임을 확인하게 된다.

이처럼 이탈리아의 정신보건개혁운동을 통해 탄생한 협동조합, 쿱논첼로는 설립 시 제시한 가치와 미션을 지속하기 위해 부단히 노력하고 있음을 보게 된다. 쿱논첼로가 35년 간 자기 조직의 미션과 가치를 지속할 수 있는 비결은 뭘까? 그것은 스테파노 만토바니(Stefano Mantovani) 이사장의 말에서 해답을 얻을 수 있을 것 같다.

"일반인과 정신 장애인을 구별할 수 없다는 것이 우리의 성공 요인이라고 생각한다." ─ 스테파노 만토바니(Stefano Mantovani) 이사장

쿱논첼로의 프로젝트 수행 과정을 보면 스테파노 만토바니 이사장의 말에 어느 정도 공감을 하게 된다. 쿱논첼로는 사업과 활동에서 정신 장애인의 한계를 정하지 않으려고 노력한다. 단지 일반인과 다름을 인정하고 그 다름에 맞게 교육하고 훈련한다. 그 결과 협동조합의 사업과 활동에서 일반인과 장애인으로 구별되는 것이 아니라 각자의 일에서 주체적인 노동자로 통합되어 생활하게 되는 것이다. 이 과정에서 만들어진 신뢰 자본이 쿱논첼로가 자기 조직의 미션과 가치를 지속해나가는 원동력이 아닐까 생각해 본다.

2016년 6월 쿱논첼로 35주년 총회를 수행하고 페이스북에서 오린 다양한 행사 사진 중에서
출처: https://www.facebook.com/pg/coopnoncello/posts

한국 사회적협동조합에 어떤 시사점이 있나

쿱논첼로(Coop Noncello)를 통해 몇 가지 시사점을 발견한다. 첫째, 2014년 한국 자활사업에 새롭게 시도된 「지역자활센터 유형 및 기능 다변화 시범사업」의 결과로 사회적협동조합으로 유형을 전환한 지역자활센터의 활동에 쿱논첼로의 사례는 시사하는 바가 크다. 이는 돌봄사회 서비스 사회적협동조합(사회적 기업)의 외국 사례와 비교 연구를 통해 한국의 돌봄사회 서비스 사회적협동조합의 발전 방향에 도움을 줄 수 있는 연구 자료가 필요한 것과 같은 맥락이라고 본다(이철진, 2017: 70-72). 그러므로 사회적협동조합 유형의 지역자활센터는 쿱논첼로의 사례에 대해 깊이 있는 연구를 통해 벤치마킹의 유용한 지점을 발견했으면 한다.

둘째, 한국의 사회적협동조합 중 이탈리아 사회적협동조합의 A형과 B형의 사업으로 혼재되어 있는 경우 쿱논첼로처럼 미션에 충실한 사업 전략으로 세분화하여 전문화하는 것이 조직의 공공적 미션을 분명히 하고 확장할 수 있는 방안이다. 그러므로 스테파노 만토바니(Stefano Mantovani) 이사장과 같은 사회적협동조합 창립기의 분명한 미션을 계승하여 지속적인 동기 부여와 혁신을 수행할 있는 지도자를 발굴하고 육성하는 것이 중요하다고 본다.

셋째, 사회적협동조합의 특징이자 강점으로 발현될 수 있는 다중 이해 관계자 조합원 구조와 지역 내 다양한 이해 관계자의 참여 방안에 대한 지속적인 노력과 연구가 필요하다(장종익, 2014). 쿱논첼로(Coop Noncello)도 직원 조합원의 대표성과 함께 다중이해관계자 조합원 구조와 지역 내 다양한 이해 관계자의 참여를 통해 공공적인 서비스의 질을 개선해 나간다. 이는 사회적협동조합의 특성을 잘 발휘할 수 있게 조직을 구조화하는 것이 미션을 분명하게 수행하는데 긍정적인 역할을 하며 지속 가능성을 높일 수 있는 주요 요인임을 보여 준다.

마지막으로 지역 기반의 컨소시움을 통해 스케일업하는 사례를 연구하여 벤치마킹하는 것이 필요하며 이를 위해 한국에서는 지역 단위의 사회적협동조합 연합회를 구성하여 정책을 개발하고 스타트업 사회적협동조합을 지원하는 것이 필요하다고 본다. 특히 이탈리아 협동조합 간의 컨소시움에서 발휘되는 상호 신뢰를 기반으로 한 협력 관계 구축은 우리가 배워야 할 소중한 자산이다. 아울러 최근 서울 광진구에서 '서울시 사회적 경제 특구사업'의 일환으로 진행되고 있는 돌봄서비스 기반의 클러스터 협동화 사업을 통한 지역 돌봄

서비스 혁신 모델 발굴 사례는 한국에서 이종의 협동조합 간에 이루어지고 있는 컨소시움의 유형으로 볼 수 있으며 기대와 응원으로 주목해 볼 필요가 있다.

뒷 이야기

―스테파노 만토바니(현 쿱논첼로 이사장)가 들려준 넬로(영화 'we can do that'의 남자 주인공)에 대한 뒷 얘기

넬로의 본명은 로돌포 죠제티(Rodolfo Georgetti)다. 1991년 사회적협동조합법이 제정되고 쿱논첼로(Coop Noncello)에 '살토비라토 사회적협동조합'이 설립되었다. 이즈음에 넬로가 쿱논첼로(Coop Noncello)에 왔다. 넬로는 쿱논첼로(Coop Noncello)의 창립 구성원은 아니었다.

당시 쿱논첼로(Coop Noncello)의 구성원들은 '협동조합을 통한 자조는 자기 질병의 저항력을 키우는 과정이다. 그러므로 일(근로)이 중요하다.'고 생각하고 있었다. 그래서 초기에는 지방 정부와 긴밀한 관계를 맺으며, 다르게 표현하면 지방정부의 규제를 많이 받으며 기존의 보호된 공간(병원 내 청소 등)에서 근로하고 있었다.

그러나 넬로는 기존의 보호된 공간에서의 일보다는 시장에서 일을 주문 받기 위해 노력했다고 하며 형식적으로 운영되고 있던 협동조합을 조합원이 실제 주인, 주체가 되어 운영될 수 있도록 조합을 전환시키기 위해 노력했다. 이 과정은 여전히 환자 취급에서 머무르고 있는 인식을 '조합원으로 인정'이라는 놀라운 변화를 낳게 한 활동가, 넬로(Rodolfo Georgetti)의 위대한 노력이었다.

현재 넬로는 쿱논첼로(Coop Noncello)에서 퇴사하고 로마 지방 정부의 이민자 담당 공무원이 되어 활동하고 있다고 한다.

[참고문헌]

· 2012년 쿱논첼로 사회보고서(BILANCIO SOCIALE 2012).
· 2013년 쿱논첼로 사회보고서(BILANCIO SOCIALE 2013).
· 2014년 쿱논첼로 사회보고서(BILANCIO SOCIALE 2014).
· 2015년 쿱논첼로 사회보고서(BILANCIO SOCIALE 2015).
· 「2018년 자활사업 안내 (Ⅰ)」, 보건복지부.
· 쿱논첼로 웹사이트 http://www.coopnoncello.it
· 쿱논첼로 페이스북 https://www.facebook.com/pg/coopnoncello
· 장종익, 「사회적협동조합 개념, 조직화 전략, 사례」, 『협동조합 비즈니스 전략』, 동하, 2014. 250~272쪽.
· 이철진, 「돌봄사회 서비스와 사회적협동조합의 조응성에 관한 연구」, 한신대학교 사회혁신경영대학원 석사학위논문, 2017.
· 타나카 나츠코(田中夏子, 2002), 「이탈리아에서 사회적 경제란 무엇인가?」, 『이탈리아 사회적 경제의 지역전개』(イタリア社会的経済の地域展開), 이성조 옮김, 아르케, 2014. 67~93쪽.

——— 8장

이탈리아 사회적협동조합 성공의 비밀
컨소시엄 조직 cgm

이탈리아 최대 사회적 기업 네트워크(사회적협동조합 컨소시엄)

작은 규모의 조직은 사람들의 실제 문제와의 만남은 용이하지만, 사회 전체의 구조적 불평등을 해결하는 것에는 한계를 갖는다. 사람들과의 만남이 용이한 특성을 유지한 채 작은 규모의 조직들이 전국 단위 네트워크를 구성하여 사회 문제 해결력을 높인 것이 사회적협동조합 컨소시엄 모델이다. 이 중 *cgm*은 이탈리아에서 가장 큰 규모의 컨소시엄이다.

GRUPPO COOPERATIVO cgm(이하 cgm)은 이탈리아에서 사회적협동조합법이 만들어지기 4년 전인 1987년 사회적협동조합 컨소시엄들의 전국 컨소시엄 조직으로 만들어졌다. cgm은 69개 컨소시

엄들의 컨소시엄이다. 이탈리아 전역에 69개의 컨소시엄에 840개 협동조합 및 사회적 기업이 가입되어 있고 이러한 69개의 컨소시엄은 연간 13억 유로의 총 생산물의 가치 13억 유로, 7,000만 유로의 자본금을 보유한 이탈리아에서 가장 큰 컨소시엄(사회적기업 네트워크)으로 본부는 밀라노(Via Marco Aurelio, 8, Milano)에 위치하고 있다. 인적 구성으로는 노동자 4만 1,400명 중 75%가 개방형 계약(open-ended contract)을 체결하고 있고, 조합원 및 봉사자 1만 5,850명, 여성 2만 8,500명, 비유럽연합시민(NO-EU citizens) 2,900명, 청년(18~35세) 8,000명이 있다.

소규모, 전문화, 지역화를 특징으로 하는
사회적협동조합의 약점을 보완하기 위해 등장한 컨소시엄

이탈리아 최초의 사회적협동조합은 사회적협동조합 법안이 만들어지기 20년 전인 1960~1970년대부터 '사회적 연합체'라는 이름으로 존재하기 시작했다. 이는 정부가 법, 제도를 통해 사회적협동조합을 만들고 육성한 것이 아니라, 사회적 약자 문제를 해결하려는 방안을 찾는 노력의 결과로 이미 사회적협동조합은 만들어져 운영되었고, 법과 제도는 후에 이를 정의하고 규정하는 정도의 역할만 했다는 것을 뜻한다. 사람들이 자신들의 필요와 욕구를 충족시키기 위해 자발적으로 만들고 운영해 온 사회적협동조합 모델은 성공적으로 자리를 잡았고, 이후 조직적인 성장과 비즈니스 측면(기업적인 접근)의 성장이 거듭되면서 고용의 양과 질이 모두 높아지는 결과를 낳았다.

이탈리아 사회적협동조합 컨소시엄의 특징은 소규모, 전문화, 지역화라는 세 가지로 요약할 수 있다. 소규모는 말 그대로 구성원의 수가 상대적으로 적다는 것이다. 조합원 수는 대부분 20명 내외이고, 직원 수도 많지 않다. 하나의 큰 조직보다는 각각의 욕구를 가진 전문적인 작은 규모의 조직이 급변하는 시장 환경에 잘 적응할 수 있다는 생각이 반영된 특징으로 볼 수 있다. 두 번째 전문화는 각 조합이 수행할 수 있는 한두 가지 분야에 집중해 전문적인 서비스를 제공한다는 것이다. 예를 들면, 장애라는 큰 영역 안에서 요구되는 서비스는 다양하다. 하지만 이탈리아 사회적협동조합 컨소시엄은 신체장애 분야나 정신장애 분야에 특화하는 식으로 하나의 분야에 집중해 전문화를 꾀하고 있다. 마지막 특징은 지역화다. 지역화는 광역 단위의 사업 구역을 갖기보다는 조직이 속한 작은 커뮤니티를 중심으로 하나의 지역에만 집중해 사업을 운영하는 것을 뜻한다. 예를 들어, 지역의 전기 문제 해결 방안을 대규모 발전 시설을 만들고, 그 전기를 필요한 곳에 배분하는 것으로 찾기보다는 지역의 특성(그 지역이 나무가 많은 지역이라면 나무를 태워 전기를 생산하는 소규모 센터를 건설)을 반영해 문제를 해결할 수 있을 것이다. 비용 절감을 위해 연료(나무)는 가까운 거리에서 공급하고, 연료를 태울 때 발생하는 열은 벽돌 공장 등의 사업과 연계하는 방안을 고려해볼 수 있다. 이러한 것들을 종합해 적정한 위치를 선정하는 것은 그 지역을 가장 잘 알고 있는 지역협동조합이 담당한다.

소규모	20명 내외의 멤버(조합원), 직원도 소규모
전문화	1~2가지 분야에 집중, 예) 신체장애, 정신장애, 노인돌봄 등
지역화	하나의 지역에만 집중. 조직이 속한 지역 커뮤니티에 서비스 제공

과거에는 정부가 수요자에게 직접 사회 서비스를 제공했으나 비용과 효율성 문제를 해결하기 위해 현재 정부는 사회에 필요한 서비스를 프로젝트 공모를 통해 제공 기관을 선정하고 관련한 예산을 집행하는 간접적인 방법을 택하고 있다. 사회적협동조합도 앞서 말한 정부의 사회 서비스 프로젝트 공모에 응모해 프로젝트를 수주하고, 그 펀드로 조직을 운영한다. 따라서 사회적협동조합의 펀드(자금)는 주로 정부(공적자금)에서 조달한다고 볼 수 있다.

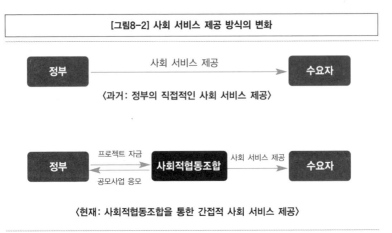

[그림8-2] 사회 서비스 제공 방식의 변화

〈과거: 정부의 직접적인 사회 서비스 제공〉

〈현재: 사회적협동조합을 통한 간접적 사회 서비스 제공〉

* 쿱논첼로(Coop Noncello), 2012년~2016년 사회보고서(BILANCIO SOCIALE)에서 재정리

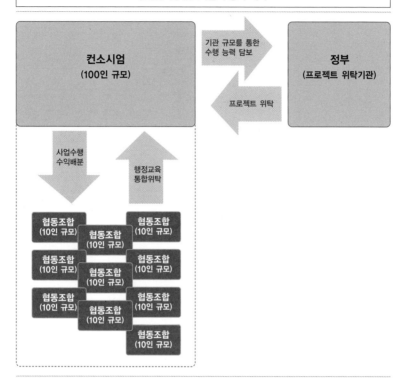

[그림8-3] 컨소시엄 구성의 의미

그러나 소규모, 전문화, 지역화를 특징으로 하는 사회적협동조합이 제품 및 서비스 생산 단위당 관리 비용이 높고 대외적 신뢰를 주기 어려운 약점이 있는 것도 사실이다. 컨소시엄은 비용과 신뢰, 이두 가지 문제를 해결하기 위하여 등장하였다. 첫째, '비용' 절감은 통합을 통한 효율성 확보를 의미한다. 급여 지급 등과 같은 행정 업무와 교육 등 작은 규모의 개별 협동조합에게 비용 부담이 되는 기능(역할)을 통합해 제3의 큰 조직[1]에 통합 위탁하여 비용을 아끼는 방식이다. 둘째, '신뢰'는 정부 등의 프로젝트 수주와 관련이 있다. 프로젝트 위탁 기관(정부, 공공기관)은 수탁 기관의 규모와 수행 능력에 대한 신뢰가 필요한데 컨소시엄은 작은 규모의 여러 조직이 하나의 큰 조직을 구성해 프로젝트에 참여함으로써 이를 보증한다. 하나의 조직보다 여러 개의 조직(컨소시엄)이 프로젝트의 안정적인 수행에 대한 신뢰감을 주기 때문이다. 이렇게 구성된 컨소시엄은 프로젝트를 수행함에 있어 전체적인 자금 관리 역할을 맡고, 참여한 개별 조직은 지역별, 분야별 사업을 수행하고, 수행한 사업의 비율만큼 수익을 배분 받는다.

이탈리아 사회적협동조합 컨소시엄

이탈리아에서 사회적기업 부문의 컨소시엄만을 위한 법적 지위가 존재하기는 하나, 실제로 대부분의 컨소시엄은 제2차 협동조합(secondary cooperative)으로 법인화되어 있다. 컨소시엄의 통제권은 조합원(참여 조직)에게 있으며, 대표 및 감사 기능을 하는 연합체들과 함께 기술적 분야에서 회원사들을 강화 지원하기 위해 존재한다. 컨소시엄은 개별 조합의 소속 연합체에 구속을 받지 않는다. 소속 연합체와 상관없이 개별 조합의 이해 관계에 따라 컨소시엄 참여 여부를 결정한다. 4개의 주요 전국 사회적협동조합 컨소시엄이 있는데, 협동조합총연합(Confcooperative)계열의 cgm(Consorzio Gino Mattarelli), 레가

---

1 컨소시엄. 멤버가 협동조합인 별도의 법인.

(Laga)계열의 drom과 네트워크 비즈니스 카리타스 암브로지아나(Caritas Ambrosiana)계열의 파르시 프로시모(Farsi Prossimo)협동조합 등이다.[2]

이러한 컨소시엄의 기능은 6가지로 나누어 설명할 수 있다. 첫째 프로젝트의 개발 및 새로운 서비스의 조사 등 조사연구와 실험적 시도, 둘째 인재 교육과 인재의 발굴, 셋째 공공 사업 입찰에 대한 지원과 정리, 넷째 협동조합 간 협동의 촉진, 다섯째 생산된 재화와 서비스의 시장화, 그리고 여섯째가 사회적협동조합의 존재 가치를 발산 및 홍보하는 활동이다.

연합 모델과 컨소시엄의 차이

연합 모델과 컨소시엄은 참여하고 있는 회원 조직의 이익을 대변한다는 측면에서는 공통점을 갖는다. 다만, 활동의 성격이나 방법에서 그 차이를 갖는다. 먼저 레가꿉(Legacoop)와 콘프코페라티베(Confcooperative)로 대표되는 연합 모델은 정책적 활동을 하는 총연합회이다. 이 총연합회 내에 사회적협동조합연합회인 LEGACOOP SOCIALI 이 가입되어 있다. 레가쿱 소시알리는 대정부 로비, 노동정책, 노동계약협상 등을 주로 다루며, 연1회 회원 조합에 대한 감사와 조정권이 있다. 만약 연합 조직에 속해 있지 않은 협동조합이 있다면 그 역

---

2 Toby Johnson, Roger Spear, 『사회적기업의 국가별 정책과 전략』(*Social enterprise international literature review*), 조영복·곽선화·류정란 옮김, 사회적기업연구원, 2010.

[그림8-4] 이탈리아 사회적협동조합 연합 모델과 컨소시엄 비교

연합 모델

컨소시엄

회원조직의
이해 관계를
변화

정치적 연합체
-정치로비
-노동정책
-노동계약협상
-연1회 회원 조합에 대한 감사와 조정
 (연합회에 속속되어 있지 않을 경우
 정부가 직접 조정과 감사업무 수행)

비즈니스 연합체
-정부 공모사업 대응
-회원 조합의 발전도모(매니지먼트 역할)
-행정 및 교육비용 절감
-아이디어의 실험장
 (협동조합 간 시너지, 혁신, 프로젝트,
 아이디어 구상, 시장개척)

할은 정부가 직접 하게 된다.

　연합 모델과 달리 컨소시엄은 비즈니스 연합체이다. 정부 공모 사업에 대응하고 회원 조합의 발전을 도모(매니지먼트 역할)한다. 행정 및 교육을 통합해 비용을 절감하고, 다양한 아이디어(협동조합 간 시너지, 혁신, 프로젝트, 아이디어 구상, 시장 개척 등)를 실험한다. 대표적인 예로 cgm 과 drom이 있다. 연합 모델과 컨소시엄 중에서 비즈니스 컨소시엄 이 먼저 만들어졌다. 이후에 정치적인 필요 때문에 연합 모델(연맹)이 발달했다. 법이 제정되기 전에 협동조합이 만들어졌던 것처럼 연합 모델과 컨소시엄도 필요에 따라 자연스럽게 만들어졌고, 필요한 각자의 역할을 잘 수행하고 있다.

모두를 위한 발전모델 cgm

"Social enterprise as a model of development for everyone"

GRUPPO COOPERATIVO cgm(이하 cgm)의 명칭은 사람 중심의 비즈니스 조직답게 사람의 이름에서 유래되었다. 1985년 국가연합과 컨소시엄 건설 계획을 시작했지만 1986년 10월 65세의 나이로 사망하여 이듬해 2월 cgm의 탄생을 보지 못했던 지노 마타렐리(Gino Mattarelli)를 잊지 않기 위해 cgm 즉, 콘소르지오 지노 마타렐리(Consorzio Gino Mattarelli)라고 이름붙였다.

콘프코프라티베(confcooperative)의 cgm은 1987년 지노 마타렐리[3]의 아이디어에서 시작되었다. 공동체는 사회적 약자를 돕기 위해 역량을 집중해야 한다는 생각으로 아동·청소년 돌봄, 여성 일자리 보호, 난민 통합, 시각 장애인 일자리 지원 등 문제를 발견하고, 해결책을 찾고, 사람들의 삶과 문제를 정치적 이슈로 공론화 하는 것에 집중했다. 이때 사람들의 실질적인 문제와 접촉 빈도를 높이기 위해서는 작은 규모의 조직(지역을 중심으로 활동하는 사회적협동조합)이 효과적이라고 생각했으나, 작은 규모의 조직의 사회 구조적 불평등이나 시스템 결함으로부터 오는 문제를 해결할 수 없다는 한계를 극복하기 위해 1987년 5개의 컨소시엄으로 설립되어 1999년 47개의 지역 컨소시엄이 참여하였고, 2005년 계약(consorzi Accordi), 금융(CGM Finance), 공동체(Comunità Solidali), 공간(Luoghi per Crescere e Mestieri)을 포함한 cgm co-

---

3 Gino Mattarelli(1921-1986) : 이탈리아 정치가.

operative group이 탄생했다.

모두를 위한 발전 모델로서 사회적기업(사회적협동조합)이 되겠다는 cgm의 포부가 아래 5가지 미션에 잘 나타나있다.

첫째, 공동체(커뮤니티)의 복지를 증진한다.

둘째, 적정 가격, 최고의 서비스를 만들고 촉진한다.

셋째, 취약 계층의 일자리와 고용을 촉진한다.

넷째, 다른 지역 및 다른 기관 활동가와 협력한다.

다섯째, 지역 주민의 요구에 응답하는 지역 사회의 도구가 된다.

cgm의 조직, 사업, 경영

이탈리아 현행법상 컨소시엄은 3개 이상의 협동조합으로 구성하도록 되어 있다. 규모에 따라 지역 단위에서 컨소시엄을 구성하기도 하고, cgm과 같이 전국 단위의 컨소시엄을 구성하는 경우도 있다. cgm은 전국 단위의 컨소시엄으로 유로펀드 프로젝트, 국제 프로젝트 등 대형 사업만 참여한다. 컨소시엄은 사업에 따라 생멸하지 않고, 지속적으로 유지되는 것이 특징이다. 컨소시엄을 유지하기 위한 인력 구성은 규모별로 다양하나 대부분 비용 절감을 위해 작은 규모로 운영한다. cgm의 경우는 7명으로 구성되어 교육·연구, 홍보, 행정, 거버넌스, 증명·인증, 국제관계, 기타 협력 업무를 각각 담당하고 있다. 필요에 따라 전문 인력을 두기도 하는데 이 경우 외부 인사를 영입하거나 네트워크 내 다른 협동조합의 전문가와 계약하는 방법으로 운용한다.

cgm에 가입한 조합은 모두 콘프코프라티베(confcooperative) 소속은 아니다. 약 70%는 콘프코프라티베(confcooperative) 소속 사회적협동조합이지만 나머지 30%는 다른 연맹 소속 조합도 참여하고 있다. 컨소시엄 참여 여부는 각 조직이 필요에 따라 판단해 결정한다.

> "뿌리(cgm)의 주인은 협동조합의 멤버다. 그래서 우리는 항상 역피라미드로 표현한다." —안토니오 베네데티(Antonio Benedetti)

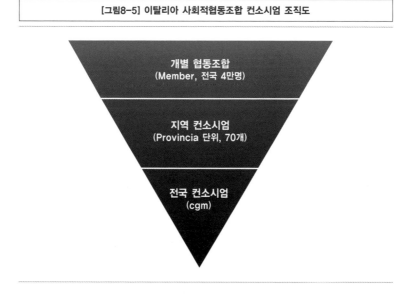

[그림8-5] 이탈리아 사회적협동조합 컨소시엄 조직도

개별 협동조합
(Member, 전국 4만명)

지역 컨소시엄
(Provincia 단위, 70개)

전국 컨소시엄
(cgm)

가장 위에는 전국 4만명의 개별 협동조합 조합원(member)이 있다. 프로빈치아(provincia) 단위에 70개의 지역 컨소시엄이 그 아래 위치하면서 각각의 행정을 담당한다. 가장 아래인 '뿌리'에는 전국 컨소시엄인 cgm이 자리하고 있다. 지역 단위 컨소시엄 네트워크가 전국 단위 컨소시엄 cgm이다.

최고 의사 결정 기구는 70명으로 구성된 총회이다. 총회는 69개 컨소시엄 대표와 cgm 회장이 구성원으로 참여한다. 연2회 예결산과 새로운 멤버와의 파트너십 등의 내용을 주로 다룬다. 이외에도 69개 컨소시엄별 총회와 지역 사무실인 폴리가 11개[4] 운영되고 있고, 이 사회도 일상적인 사업 결정을 위해 운영되고 있다. 갈등이나 분쟁이 발생했을 경우에는 지역-중앙(컨설턴트로 이루어진 위원회)-총회-회장(이사회) 순으로 조정을 한다. 이 과정을 통해서도 갈등이나 분쟁이 조정되지 않으면 최종적으로 협회를 탈퇴하는 방법으로 갈등을 조정한다. 이탈리아에서 사회적협동조합이 발전하게 된 요인은 여러가지가 있겠지만 cgm의 구성원이 꼽은 주된 요인은 의사 결정의 투명성이다. 모든 구성원들이 결정에 참여하고 이 과정이 투명하게 운영되도록 하는 협동조합의 원칙 때문에 구성원들은 조직을 신뢰하게 되고, 이 신뢰를 바탕으로 조직은 성장하는 선순환이 일어나고, 이를 기반으로 전문성을 갖추고 오늘날까지 발전하게 되었다.

운영 자금은 참여 조직의 회비와 수수료로 충당한다. 회비는 컨소시엄에 참여하는 모든 협동조합이 연 매출의 0.08%[5]를 납부한다. 컨소시엄 운영자금 200만 유로 중 회비는 60만 유로로 약 30%이다. 나머지 140만 유로는 서비스, 비즈니스 업무, 조합 컨설팅 등의 수수료

---

4 이탈리아는 20개 지역이지만 작은 곳은 합병 운영하여 11개가 운영되고 있다.
5 회비는 최저 4,000유로에서 최대 24,000유로로 구간이 정해져 있다.

수입으로 충당한다. 장기적으로 회비 수입의 비율은 줄이고, 사업에 참여하는 기업 수를 확대해 운영과 수익에 따른 수수료를 늘리는 방안을 고민하고 있다.

cgm의 조직은 금융, 복지, 일자리, 대외협력 등 네 가지로 전문화되어 있다. 첫 번째는 일반 금융시장 진입이 어려운 사회적기업들의 성장을 지원하고 있는 금융 분야이다. 이는 cgm파이낸스(CGM FINANCE)가 맡고 있다. 두 번째는 웰페어이탈리아(WELFARE ITALIA)가 맡고 있는 복지 분야이다. 치과 서비스, 재활 서비스, 심리치료와 정신과, 지역 사회 의학을 주로 담당하고 있다. 세 번째는 '모든 사람의 일자리를 위해'라는 모토로 일하고 있는 쿠퍼잡(cooper job)과 메스티에리(mestieri)가 있다. 마지막으로 종교계와 협력하는 카리스(charis)가 있다.

CGM FINANCE

cgm 파이낸스는 사회적협동조합의 발전을 지원하는 컨소시엄 금융 시스템으로 일반 금융시장 진입이 어려운 사회적기업의 발전을 지원한다. 주요 업무는 예금, 대출지원, 컨설팅이다. 예금을 통해 확보한 유동성은 신용시장에 접근하기 어렵거나 유동성이 낮은 회원을 지원하는데 사용한다. 신용대출 및 비영리 금융기관의 대출을 통해 유동성을 확보하려는 회원들에게는 계약은행과 협의해 유리한 조건으로 이용할 수 있도록 대출 지원 업무를 수행하며, 마지막으로 재정관리, 재무평가, 구조조정 운영지원, 분석 및 혼합 금융상품 선택 등의 컨설팅을 회원들에게 제공한다.

 웰페어이탈리아는 삶의 모든 단계에서 웰빙(well-being) 증진을 목표로 완전한 서비스 개발을 위해 노력하고 있다. 주로 치과센터가 운영되고 있는데 금융기관이 출자하고, 컨소시엄이 소유하며, 지역의 사회적기업이 운영하는 방식이다. 근무하는 의료인은 조합원 여부를 묻지 않는다. 저변을 넓혀가기 위해 제한을 두지 않았다. 서비스의 통일된 기준은 있지만 지역마다 필요한 서비스와 진료 과목이 다르기 때문에 지역 상황에 따라 다르게 운영되는 것이 특징이다.

 쿠퍼잡(cooper job)과 메스티에리(mestieri)는 노동 취약계층에게 고용 서비스를 제공한다. 제공되는 서비스는 기업, 행정기관, 구직자로 크게 구분된다. 먼저 기업에는 구인, 인턴십, 장애인 관련 의무 이행, 재취업, 인적 자원관리, 기업복지, 기업의 사회적 책임, 기술 인증 등의 서비스가 제공되고, 행정기관에는 직업소개, 간호 서비스, 협업 및 비즈니스 인큐베이터, 지역개발 프로그램 등의 서비스가 제공된다. 마지막으로 구직자에게는 전문 오리엔테이션, 구직지원, 코칭, 인턴십, 창업지원, 가족 간병인 검색 지원 등의 서비스가 제공된다.

 카리스(charis)는 종교계와 협동한다. 신부와 수녀의 고령화에 따라 다양한 협동을 상상하고 수행한다. 종교계

에서 소유한 부동산 관리, 종교인을 대상으로 하는 복지 프로그램 제공, 종교 단체에서 진행하던 서비스의 위탁 운영 등이 있다.

cgm을 통한 사회적협동조합들의 사업 성과

2015년 cgm에서 발표한 '사회보고서'에 따르면, cgm에 소속된 사회적협동조합들이 cgm을 통한 활동에 힘입어 의료 및 돌봄, 교육, 일자리, 이주민 및 난민 보호, 주거, 에너지, 관광 및 문화, 외식, 농업 분야에서 1년 동안 적지 않은 사회적 임팩트를 발휘하고 있는 것으로 나타났다. 우선 의료 및 돌봄 분야에서 미성년자 공동가정, 쉼터, 장애인 주간보호센터, 가정지원서비스, 의료센터관리 등 well-being 증진을 위한 다양한 서비스를 제공한다. 연 10만 명에게 돌봄서비스를 제공하고, 13만 명에게 전문 의료서비스, 산업의학 등 의료지원을 제공한다. 서비스 이용자 수는 노인(29%), 취약 계층(29%), 장애인(20%), 장애청소년(17%), 정신질환자(5%) 순으로 보고되었다.

다음으로 교육 분야에서 어린이, 미성년자, 청년, 학교, 여가 시간과 스포츠(유치원, 오락실, 청년센터, 통합학교) 등 가정의 다양한 욕구와 서비스를 제공한다. 한 해 500개의 보육원과 1만 8,000명의 3세 미만 아이들, 1만 2,500명의 장애 아이들, 특수교육이 필요한 2,200명의 학생들, 5만 명이 넘는 청소년과 청년들에게 교육 서비스를 제공했다.

취약 계층의 일자리 제공을 통한 사회통합 분야에서 선발, 오리엔테이션, 배치, 교육훈련, 취약 계층(장기실업자, 장애인, 정신질환자, 전과자) 고용 등 기업, 행정기관, 개인을 위한 통합일자리 서비스를 제공한다. 5,600명 취약 계층 노동자가 서비스를 이용했고, 9만 명이 인턴십, 트레이닝, 노동관계연구, 직업지도와 같은 일자리 서비스를 제공받았다. 그리고 cgm은 이주민과 난민을 통합하는 서비스와 프로젝트를 수행한다. 한 해 동안 1만 8,000명의 이주민, 망명 신청자, 난민을 맞이했다. 220개의 웰컴센터, 170개의 전용 주택 단지를 운영하고, 난민 및 망명 신청자 보호 시스템 100케이스를 수행했다 (SPRAR[6] project).

주거 분야에서는 도시 통합 프로젝트 등을 추진해 500개 이상의 주택과 4,400개의 침상을 보급했고, 에너지 분야에서는 에너지 효율 및 신재생 에너지 분야의 전문협동조합 25개를 통해 태양에너지의 개발과 에너지 효율 및 그린에너지 생산을 위한 시스템 구축을 위해 노력하고 있다. 관광 및 문화 분야에서 100개 이상의 협동조합들이 90개의 라이브러리, 50개 이상의 관광 사이트와 관광단지 내 2,700개의 침상을 관리하고 있다. 마지막으로 외식 및 농업 분야에서 4,000여 곳의 레스토랑 중 지역 전통 음식점(레스토랑) 100개를 관리하고 있으며, 50개의 협동조합이 사회적 농업(social agriculture) 분야에 종사하면서 교육 농장의 전통적인 경작 관리에 가치를 부여하고 있다.

6 난민 및 보호시설 구호 시스템.

시사점

cgm을 중심으로 이탈리아 사회적협동조합 컨소시엄 모델을 개괄적으로 살펴보았는데 cgm에 참여한 개별 조합들의 관점에서 cgm의 참여를 통하여 해결한 문제점들을 살펴보고 이를 통하여 해당 조합들이 어떻게 성장하였으며, 사회적 임팩트를 높였는지를 살펴보지는 못하였다. 이러한 과제는 다음으로 미룰 수밖에 없다.

2012년 협동조합기본법이 제정된 이후 지난 6년 간 우리나라는 협동조합과 사회적협동조합의 양적인 성장세를 보였다. 하지만 늘어난 수만큼 실제 운영이 잘 되고 있다고 보기는 어렵다. 멘토링, 컨설팅, 협동조합 간 협동 등 사회적 경제 조직들이 안정적으로 자리잡기 위해 다양한 상생 방안을 제시하고 있지만, 원칙적이고 일반적인 조언과 조합활동(또는 조직활동-교육, 소모임, 행사 등) 수준에서의 협동에 머물고 있을 뿐 사업적(비즈니스) 협동의 사례는 드물었다.

이런 상황에서 우리가 컨소시엄을 통해 기대할 수 있는 것은 크게 두 가지다.

하나는 개별 조합이 갖는 비즈니스 측면의 이점이다. 합병과 컨소시엄의 가장 큰 차이점은 조직의 정체성(특성)이다. 합병은 두 개 이상의 조직이 하나가 되는 것이다. 다시 말해 하나의 정체성(철학)을 갖는다. 반면, 컨소시엄은 겉으로는 두 개 이상의 조직이 하나의 조직으로 모아져 하나의 조직으로 보이지만 각 조직의 정체성이 사라지지 않는다. 인력(직원, 조합원, 고객 등), 사업 노하우 등 각 조직의 특성이 모아지기 때문에 합병에 비해 상대적으로 다양성을 유지할 수 있다. 이런 특성을 살려 동종 협동조합 간 컨소시엄을 구성할 경우 각각의 부족한 부분을 서로 보완하면서 규모화를 모색할 수도 있고, 이종 조합 간 컨소시엄을 구성할 경우에는 각 조합의 기존 고객들이 갖고 있는 미해결 욕구를 컨소시엄에 참여한 조합이 해결하여 고객들에게는 통합 서비스를 제공하고 참여한 조합은 새로운 시장 및 고객층을 발굴할 수 있다. 이는 최근 여러 분야에서 논의되고 있는 플랫폼 비즈니스의 장점과 유사하다.

두 번째는 컨소시엄에 후발 사회적협동조합이 참여함으로써 선배 사회적협동조합의 시장, 인적 자원, 비즈니스 노하우 등을 공유함으로써 후발 조합의 성공률을 높이는 것을 기대할 수 있다. 실제 현장을 통해 선배 조합들이 신생 조합들을 인큐베이팅하는 것이다.

컨소시엄, 네트워크, 협동은 함께한다는 것을 기본으로 한다. 함께하는 것은 그 자체로 많은 비용을 수반한다. 그럼에도 불구하고 '함께하는 것을 신뢰하는가?'라는 질문에 cgm은 다음과 같이 답한다.

1. 협동은 우리의 역사이다.
2. 협동은 주도권을 잡고 있다.
3. 협동은 자유의 한 형태이다.
4. 협동하는 것은 부를 생산하는 것이다.
5. 협동은 공동의 도전에 직면하는 것이다.
6. 협동은 필요에 귀 기울이고 그것을 자원으로 바꾸는 것이다.
7. 협동은 창조적인 공간이다.
8. 협동은 울타리 밖으로 나오는 것이다.

9. 협동은 변화하는 방법을 알고 있다.

10. 협동은 미래에 대한 생각이다.

—cgm의 십계

[참고문헌]

· CGM 홈페이지 http://www.cgm.coop
· CGM 2015 Bilancio Sociale(사회보고서)
· CGM 2009 Consorzi di Comunita(지역사회 컨소시엄)
· Toby Johnson, Roger Spear, 『사회적기업의 국가별 정책과 선략』(*Social enterprise international literature review*), 조영복·곽선화·류정란 옮김, 사회적기업연구원, 2010.
· 유효선·김생수, 「사회적기업의 개념과 유형에 관한 고찰」, 『한국행정과 정책연구』 제10권 1호, 2012.

독일의 사회주택협동조합
브레머호헤(Bremer Höhe)

빅터 후버(Victor Aimé Huber)의 숨결이 살아 있는 곳
브레머호헤(Breme Höhe)

　　브레머호헤 협동조합은 베를린 프렌츠라우어 베르크(Prenzlauer Berg) 쇤하우저 59가(Schönhauser Alles 59)에 위치하고 있다. 'Breme'는 독일의 대표적 항구도시 브레멘(Bremen)을 뜻한다.[1] 베를린에 위치한 주택협동조합이 왜 북서쪽으로 407km나 떨어진 다른 도시의 이름을 내세우고 있을까. 2000년에 설립된 브레머호헤 협동조합의 시작은 사실 1849년 프로이센 왕국 시절로 거슬러 올라간다. 여기엔 초기 독일

---

[1] 참고로, 'Höhe'는 영어의 height로 높이, 최고라는 의미다. 우리도 아파트 건물 이름으로 많이 사용한다.

협동조합 운동을 이끈 빅터 후버의 이야기가 담겨 있다.

흔히들 독일 협동조합을 이끈 운동가로 프리드리히 라이파이젠(Friedrich Wilhelm Raiffeisen)과 프란츠 슐체델리치(Franz Hermann Schulze-Delitzsch)를 떠올리기 쉽지만, 주택협동조합의 경우엔 여기서 소개할 후버가 선구자다. 후버는 19세기 독일의 주요한 사회 개혁가 중 한 명이다. 정치 사상가, 여행 작가, 역사학자 그리고 협동조합 운동가로 한 시대를 살아간 그의 발자취는 지금도 독일 사회 곳곳에 남아 있다. 후버는 당대 최고의 작가인 아버지 페르디낭드 후버(Ludwig Ferdinand Huber)와 역시 작가로 활동한 어머니 테레세 후버(Therese Huber) 사이에서 1800년 3월 10일 독일 남부 슈투트가르트(Stuttgart)에서 태어났다. 그는 여느 지식인과 마찬가지로 유럽 전역에 널리 퍼진 혁명의 분위기 속에서 성장했다. 그러다 1821년 여행길에서 만난 스코틀랜드의 기독교인들로 인해 인생의 전환점을 맞는다. 노예제 폐지에 앞장서고 노동자들의 궁핍한 삶을 해결하기 위해 보여준 헌신적 자세, 그리고 자유주의자들에게서 찾아 볼 수 없었던 그들의 경건함에 감동하게 된다. 그가 주장한 '기독교적 보수주의'라는 사회 교리는 이 때 확립된 것이다.[2] 1844년 영국 로치데일의 성공은 후버를 실천적 사회 개혁가로 이끌었다. 특히 후버는 공장 노동자들의 열악한 주거 환경을 개선하기 위한 방안을 고민한다. 로버트 오언(Robert Owen), 샤를 푸리에(François Marie Charles Fourier) 등 당시 여타의 협동조합 운동가와 후버의 차이점은 그가 가정 생활의 중요성을 강조했다는 점이다. 기독교적 가정 생활이 심각한 노동자 소외를 해결하고, 이는 곧 사회 구현의 출발점이 된다고 생각했다. 건전한 가정이 건전한 사회를 구성한다고 확신했기 때문이다. 1849년 이러한 그의 철학을 실현하기 위해 15가구가 지낼 6개의 오두막집 건설을 계획한다. 이 야심찬 프로젝트에 2,000라이히스탈러(reichstaler: 옛 독일 화폐 단위)라는 자신의 막대한 자본을 투자했고, 그의 장인 히에로니무스 클루키스트(Hieronymus Klugkist)도 5,500라이히스탈러를 지원했다. 독일 주택협동조합 선구자의 이상이 담긴 이 오두막집이 바로 '브레머호헤'다. 브레멘은 장인 히에로니무스 클루키스트의 출신지로, 후버가 상당한 자금을 지원한 장인에게 경의를 표하기 위해 붙인 이름인 것이다. 후버의 오두막집 브레머호헤는 1889년 역사 속으로 사라졌지만, 바로 그 자리에 들어선 아파트에 살고 있는 거주민들이 백여 년의 시간을 뛰어 넘어 브레머호헤를 다시 꺼내 들었다. 자신의 주거권을 지키기 위해 임차인에서 소유권자가 되어야 했고, 거주민들이 택한 방식은 다름 아닌 협동조합이다. 1849년 후버의 '브레머호헤'

---

2 유은상, 『19세기 독일의 사회적 보수주의』, 대학촌, 1989.

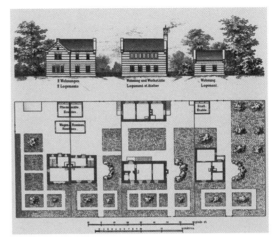

빅터 후버(1865)　　　　　　　　후버의 오두막집 도안

가 2000년 시민들의 '브레머호헤'로 그렇게 다시 우리들 곁으로 돌아왔다.

우리네 삶의 역사를 담고 있는 공간

1870년대부터 베를린은 본격적인 아파트 시대를 맞는다. 브레머호헤도 이러한 열풍을 피하지 못했다. 지금의 한적한 아파트의 모습으로 갖춰진 때가 1913년이다. 비록 후버의 오두막집은 사라졌지만, 그곳에 위치한 아파트도 알고 보면 백 년이 넘는 역사를 갖고 있는 것이다. 하나 하나씩 들어서기 시작해 지금의 큰 아파트 단지를 이루다 보니, 시기별 당시 유행한 건축 양식을 볼 수 있다. 브레머호헤가 일상의 역사를 고스란히 담아내고 있는 것이다. 브레머호헤가 위치한 프렌츠라우어 베르크는 전후 옛 소련의 점령 지역이어서 1949년 동독으로 편입되어진다. 이는 브레머호헤가 국유 재산(Volkseigentum)이 되었음을 의미한다.

그러다 1989년 베를린 장벽이 무너지고, 동독은 시장 경제 질서를 수용하기 위한 여러 조치들을 취한다. 그 중 대표적인 것이 1990년 7월 6일에 제정된 지방자치단체재산법(kommunalvermögenagesetz)이다.[3] 국가 소유에서 지방자치 단체로 소유권이 이전되고, 구체적 관리는 별도 설립된 지방자치 단체 산하의 주택 관리 기업이 담당한다. 소유권과 동시에 채무 또한 지방자치단체로 이전되어 지자체의 재정 상태에 따라 준 공공 임대의 입지는 언제든지 흔들리게 되었다. 실제로 1990년대 초 40만 호 이상이던 30% 수준의 베를린 공공 임대 주택이 2000년대가 되어서는 절반 수준인 15%로 떨어진다.[4] 더욱이 무분별한 도시 개발이 유행처럼 번져나갔다. 고풍스러운 낡은 건물을 싼 가격에 매입해 호화 아파트로 탈바꿈하는 임대 사업은 큰손들에겐 고수익을 보장하는 매력적인 투자처다. 지난 20여 년간 주민 60%가 이곳을 떠났다. 대신 그 자리를 화려한 여피족(고소득 전문직에 종사하는 젊은 도시 거주자)이 채우기 시작했다. 어느 정도 이상의 임대료

---

3 김성욱, 「구 동독 주택정책과 사유화지원제도에 관한 고찰」, 『집합건물법학』 제12권, 2013.

4 M.B. Aalbers, A. Holm, "Privatising social housing in Europe : the cases of Amsterdam and Berlin", *Urban trends in Berlin and Amsterdam*, pp.12-23, (Berliner geographische Arbeiten ; No.110), 2008.

를 감당할 수 있는 사람들만의 거주지로 바뀌어 갔다. 1999년 10월의 끝자락에 브레머호헤 앞으로도 우울한 소식이 날아왔다.

협동조합은 사회적 산물이다

1999년 11월 17일 토마스 맨 학교(Thomas Mann School) 강당에 350여 세대가 모였다. 이 지역 주택관리협회(WiP) 담당자 프리드랜드(Friedland)는 브레머호헤를 매각할 수밖에 없다며 거주민들을 설득했다. 낡은 건물 관리에 들어가는 막대한 비용을 감당하기에 역부족이라는 것이다. 누군가는 값싸게 나온 변두리 지역으로의 이사를 고민하기 시작했고, 누군가는 더욱 격렬한 항의를 표해야 한다고 외쳤다. 그 중에는 협동조합 설립이라는 또 하나의 선택지도 있었다. 브레머호헤는 한동안 베를린 자치구의회 BVV(Bezirksverordnetenv ersammlung)의 주요한 의제였다. 12월 2일 녹색당은 WiP에게 즉각 매각 절차를 멈추라고 요구했고, 매각이 불가피하다면 그것은 임차인에게 우선적으로 기회가 돌아가야 함을 피력했다. 또한 녹색당을 비롯한 대다수 자치구 의원들은 임차인들이 평방미터당 850마르크의 구매 비용을 지불해야 하는 것에 회의적이었다. 현실적으로 가능하지 않다는 것을 잘 알고 있었기 때문이다. 임차인들의 주거권을 보장해주어야 하는 사회적 책임과 늘어나는 부채에 허덕이는 WiP의 요구 사이에서 고민은 깊어갔다. 의회에서도 여러 해결 방법 중 협동조합이라는 방식이 타개책으로 논의되었다.

2000년 1월 27일 '브레머호헤' 협동조합이 설립되었다. 총 51명의 발기인 중 43명은 이 곳의 기존 임차인이었고, 나머지 8명은 서포터(supporter)라는 신분으로 명단에 올랐다. 이들은 베를린 자치구 의원, 시민운동가, 지역 명망가 등이었다. 브레머호헤가 단지 거주민들만의 협동조합이 아님을 보여주는 단적인 예다. 협동조합 설립으로 4월 30일까지의 우선 매수권을 보장받았다. 한 고비는 넘겼지만, 이는 곧 석 달 남짓한 기간만이 남아 있음을 의미했다. 3월 1일 이번에는 사민당이 나섰다. 시민들이 주도한 브레머호헤 설립에 환영을 표하며, 건물 매각과 리모델링이 가능하도록 실질적 지원이 제공되어야 함을 설파했다. 특히 인내 자본의 필요성에 목소리를 높였다. 현재 브레머호헤 감독이사회 일원이기도 한 클라우스 마인드럽(Klaus Mindrup)은 당시 사민당 의원 자격으로 거주민들의 입장을 대변하는 데 앞장섰다. 정부 보조금의 종류와 규모, 지원 조건상의 임대료 상한선, 큰 틀에서의 전체 자금 조달 방안이 자치구 의회에서 의결되었다. 조합원의 힘만으로는 브레머호헤 협동조합이 탄생할 수 없었다. 공적 재정 지원, 정치적 협조, 시민사회의 참여가 함께 만들어낸 베를린 사회의 산물인 것이다.

4월 20일 브레머호헤 이사회는 매입 계약서에 서명했다. 하지만 여전히 건물 매입비 2,700만 마르크(약 1,380만 유로)를 약속한 서류는 어디에도 없었다. 의회 의결이라는 사회적 합의는 분명 든든한 버팀목이었지만, 그것을 구체적 현실로 옮기는 것은 또 다른 이야기였다. 베를린투자은행 IBB(Investitionsbank Berlin)와 주립보증위원회(Landes-bürgschaftsauss chusses) 이사회 결정을 기다려야 했다. 4월 25일 주립보

협동조합 설립 논의를 위한 주거인 모임(1999년 토마스 맨 학교)

브레머호헤에 관한 당시 신문기사(1999년)

증위원회는 보증을 약속했고, 우선 매수권 효력 기한 이틀 전인 4월 28일 매입 대금 1,290만 유로가 베를린 투자은행으로부터 들어왔다. 3% 저금리라는 혜택도 주어졌다. 매입이 성공적으로 이뤄졌지만 축하할 시간은 없었다. 이제 120여 명이 된 조합원 모두가 기업가적인 책임을 맡아야 했고, 기념물 보호로 지정된 건축 단지가 축구장 세

배 크기의 평지에 수십 년간 방치된 채 놓여 있었다. 여기에 주택 리모델링, 유지 보수, 행정 처리 등에 관한 비용은 별도였다.

조합원의 헌신적 노력이 자조를 가능케 하다

브레머호헤 앞에 기다리고 있는 다음 과제는 건물 리모델링 공사다. 각 계단 구역당 공사 기간은 길어야 14~15주 정도이며 3년 안에 모두 끝내야 한다. 담당 기관인 슈테른(S.T.E.R.N)의 비용 평가에 따라 제곱 미터당 1,600유로를 초과하면 안 되었다. 3년 이내라는 기한과 1,600유로라는 비용 상한선은 마치 '바이블'과 같았다.

매월 14일 저녁 8시부터 12시까지 사람들이 모였다. 어김없이 질문으로 시작해서 어김없이 질문으로 끝난다. 건축사는 어디가 좋을까? 견본 아파트 설비는 순조로운가? 우리가 협동조합의 이점을 임차인들에게 어떻게 납득시킬 수 있을까? 베를린투자은행을 설득하려면 무엇이 필요한가? 가스 공급 압력을 높이겠다는 베를린 도시가스(GASAG)를 설득할 수 있을까? 모든 관계 기관들과의 상호 신뢰와 건설적인 협력은 조합원의 적극적인 참여와 지속적인 노력으로 가능하다. 시간 압박과 지난한 비용 조달이라는 장애물을 뛰어넘고 성공으로 가는 길은 다름 아닌 조합원에게 있는 것이다. 2000년 12월부터 2001년 4월까지 부흐홀쩌 스트라세(Buchholzer Straße) 21번가에 견본주택 공사가 시작되었다. 그 뒤 본격적인 리모델링이 뒤따랐다. 2001년 5월 그나이스트 스트라세(Gneist Straße), 2001년 11월 그라이펜하게너 스트라세(Greifenhagener Straße), 2002년 4월 쉰하우저(Schön-hauser Alles), 2003년 3월 파펠알레(Pappelallee)로 이어졌다.

자금 마련의 험난한 여정

'바이블'을 따르기 위해서는 또한 대략 5,000만 마르크(약 2,500만 유로)가 필요했다. 이사회는 비어 있는 주택을 손봄으로써 빠른 시일 내에 공실을 줄이려 했다. 2001년 4월 초, 견본 주택 공사는 마무리에 들어가고 본격적인 리모델링 착공 한 달 전이었지만, 리모델링에 필요한 단 한 푼의 대출금을 받지 못했다. 우선 조합 자산으로 급한 비용들을 처리해 나갔다. 그 동안 조합원은 대략 220명으로 늘어났고, 대부분이 출자금 1만 마르크(5000유로)를 내놓았다. 조합원 대다수는 출자금 1만 마르크 중 8,000마르크를 베를린투자은행 대출로 충당했다. 그러던 중, 4월 20일 일단 첫 대출금 9만 6,000마르크가 협동조합으로 지급되었다. 정부 보조금의 경우엔 여러 가지 의무 사항을 지켜야 했다. 쉰하우저 공사 후 대략 100만 마르크의 비용이 초과되었다는 것을 알았지만 이미 공사하기로 한 28개의 발코니 수를 줄일 수 없었다. 이를 설치하지 않으면 정부 보조금이 박탈되기 때문이다. 베를린 시는 베를린투자은행을 앞세워 협동조합 자금 조달 사업을 새로운 발전 모델로 삼으려 했으며, 당시 도시개발부 국장 피터 슈트리더(Peter Strieder)는 '협동조합의 새로운 천 년'이 시작되었다고 공표했다. 브레머호헤와 같은 신생 협동조합으로서는 그야말로 행운이었다.

하지만 베를린투자은행의 구조 조정, 금융 위기, 은행 스캔들과 특히 2001년 10월 사민당-기민당 대연정의 끝은 브레머호헤를 와해 직전으로 몰고 갔다. 2002년 3월 베를린투자은행은 그나이스트 스트라세의 주택 15%가 비어 있다며 추가 대출 승인을 불허했고, 이에 세입자 자문 기관이 모든 리모델링 주택이 임대되었음을 통보했다고 전했다. 그로부터 이틀 후, 베를린투자은행은 새로운 주장을 폈다. 주립 보증을 검토한 결과 2000년 4월 맺은 WiP와의 매입 계약은 효력이 없다며, 보증 없이는 대출은 안 된다는 입장을 며칠 간 고수했다. 브레머호헤는 베를린투자은행의 주장을 반박하기 위해 연방 정부 교통건설주택부 소속 임원 2명에게 도움을 요청했고, 심지어 볼프강 티에르제(Wolfgang Thierse, 1998-2005년 재직) 대통령이 베를린투자은행에 서한을 보내주기도 했다. 하지만 아직 험난한 여정은 끝나지 않았다. 베를린 주 정부가 300만 유로의 특별 보조금을 지원해 줘야 추가적인 대출이 가능하다는 것이다. 주 정부는 이미 1,100만 유로 보조금과 760만 유로의 담보를 제공해 주었기 때문에 추가적 보조금을 제공해 줄지는 미지수였다. 또한 독일재건은행 KfW(Kreditanstalt für Wiederaufbau)이 그라이펜하게너 스트라세 공사에 대한 추가적인 자금 조달을 거부했다.

협동조합은 파산 직전에 있었고 또다시 정치적 개입이 필요했다. 베를린 주 정부의 특별 보조금이 추가 승인되었고, 이후 연이어 꽉 막혔던 물꼬가 트였다. 또한 국가 투자 보조금이 공사 비용의 15%에서 22%로 늘어나게 되었고, 대출 이자도 초기 산정된 것보다 낮

아졌다. 수많은 우여곡절 끝에 3년간의 리모델링 공사는 대단원의
막을 내렸다.

[표9-1] 브레머호헤 건설 비용[5]			
건물매입 비용		**리모델링 비용**	
베를린투자은행(IBB) 대출	26,500,000 DM (약 1,290만 유로)	베를린투자은행(IBB) 대출	10,191,000 DM
		독일재건은행(KfW) 대출	24,675,000 DM
초기 출자금	500,000 DM	베를린 주 정부 보조금	10,147,000 DM
		국가 투자 보조금	5,705,000 DM
총액	27,000,000 DM (약 1,380만 유로)	총액	50,718,000 DM (약 2,500만 유로)

오직 하나의 길

브레머호헤의 여정에는 400여 가족, 15개 기관, 20여 개 건축회사
가 참여했다. 그리고 아낌없는 정치적 재정적 지원을 한 베를린 주
정부, 저금리 대출을 승인해준 금융기관, 인내심을 보여준 건축회사
들, 발빠른 대처에 앞장 선 세입자 자문 기관 등 모든 이들이 소중한
파트너였다. 또한 협동조합 이사회는 위기 관리를 위해 많은 대화와
미팅에 참여했으며, 그 중 베를린투자은행의 만남만 어림잡아 족히
200번 이상이었다. 조합원들도 책임 있는 자금 지급 태도를 보여줬

---

5 Breme Höhe, "10 Jahre. Wohnungsbaugenossenschaft 'Bremer Höhe' eG. Festschrift."(2010)을
　기반으로 현지 및 이메일 인터뷰 문답 정리.

다. 하지만 이러한 모든 여건들이 이루어질 수 있었던 이유는 오직 하나, 이 길만이 가능하다는 확신이었다. 이 여정에는 다른 대안이 있을 수 없었다. 다른 대안에 흔들리는 모습을 보였다면, 많은 파트너들에게 불확실성과 좌절감을 주어 오늘날의 브레머호헤는 존재하지 않았을 것이다. 특히 재정 지원 및 자금 조달 과정에서 심리적으로나 육체적으로 견디기 힘든 불협화음, 반박, 방해에 부딪쳤지만 브레머호헤는 파트너들에게 평정심을 유지하고 안정감 있는 모습을 보이려 노력했다. 자신들이 처음 계획하고 결정한 대로, 자신들의 템포에 맞춰 시간과 범위에 맞게 실행에 옮겼다. 이러한 확신에 찬 믿음이 모든 파트너들의 협조를 이끌어 낸 원동력이었다.

브레머호헤의 연대 정신, 베를린 전역으로 나아가다

리비히스트라세(Liebigstraße) 15번가의 낡은 건물에는 9세대가 살고 있었다. 그들은 베를린 장벽이 무너진 이후 상대적으로 온전한 아파트를 찾아 정착했다. 계단은 무너져 내리고 아주 근접한 내부 구조로 인해 사소한 분쟁은 끊이지 않았다. 이러던 와중에 90년대 중반 이곳 주택협회(WBF)는 새로운 주인이 나타난다는 말만 남기곤, 건물에 관한 그 어떤 것도 완전히 무시했다. 조그마한 것도 고쳐주지 않았고 나가라는 말만 되풀이했다. 불확실한 상황에 사람들은 떠나기 시작했고 커뮤니티는 급속도로 깨졌다. 브레머호헤와 같은 상황이다. 거주민들은 공공 지원 프로그램에 기대를 걸었지만 고작 몇 주라는 시간은 자체적으로 소유권자가 되기에 불가능해 기존의 주택협동조합의 일원이 되기로 결정했다. 하지만 적절한 주택협동조합을 찾는 것도 쉽지 않았다. 리비히스트라세 사람들의 이상과 너무나도 달랐기 때문이다. 이들은 영화감독, 컴퓨터 프로그래머 등 대다수가 창의적 활동에 종사하는 사람들이라 그들의 생활상을 이해해줄 수 있는 넉넉한 울타리가 필요했다. 누군가가 브레머호헤를 추천했고, 울프 하이트만과의 첫 통화 이후 매우 짧은 시간에 모든 것이 이루어졌다. 2003년 브레머 협동조합의 구성원이 된 것이다.

브레머호헤가 제안한 프로젝트 절차는 순조로왔고 건축가와의 콜라보레이션은 환상적이었다. 몇몇은 협동조합 멤버가 되길 원하지 않아 떠났고, 몇몇은 리모델링 과정에서 브레머호헤로 아주 옮겼다. 그리고 어떤 이들은 2004년 여름 새롭게 변모한 리비히스트라세로 다시 돌아왔다. 리비히스트라세는 자치권을 부여 받았다. 브레머호헤 협동조합이라는 큰 틀 안에서 누릴 수 있는 안정감만큼이나 그들의 개성을 담을 수 있는 자유로움 또한 이곳 사람들에게는 놓칠 수 없는 요소였다. 지난 몇 년 동안 9세대에서 3명의 아이가 태어났다. 미래 세대의 안락한 보금자리 역할을 톡톡히 해내고 있는 셈이다. 2003년 여기 리비히스트라세(Liebigstraße)를 시작으로, 2004년 보르니츠(Bornitzstraße)와 루셰스트라세(Ruschestraße), 2006년 카즐러스트라세(Katzlerstraße), 2008년 바겐부르크(Wagenburg), 2009년 호브레츠펠더(Hobrechtsfelde)가 연이어 브레머호헤의 식구가 되었다. 프렌츠라우어 베르크의 400여 세대를 포함해 베를린 전역의 6개 지역 총 700여 세대의 터전으로 브레머호헤 '협동조합'은 성장했다.

[표9-1] 브레머호헤 위치와 규모		
Bremer Höhe	460아파트/상가18	34,500㎡ (10,436.25평)
Liebigstraße	9아파트	850㎡ (257.125평)
Bornitz-/Ruschestraße	75아파트	6,400㎡ (1936평)
Katzlerstraße	21아파트/상가1	2,100㎡ (635.25평)
Wagenburg	13아파트	자료 없음
Hobrechtsfelde	86아파트/상가1	6,100㎡ (1845.25평)
Rigaer Straße	콘서트홀	2,400㎡ (726평)

사회적 산물로 탄생한 브레머호헤, 사회적 산물을 남기다

브레머호헤는 주택협동조합의 성공 사례로 베를린에 알려졌다. 브레머호헤의 경영 이사회 멤버이자 법률 고문인 울프 하이트만은 브레머호헤의 성공을 바탕으로 베를린 전역의 주택 협동조합 설립에 기여하고 있다. 그는 로스쿨에서 법을 전공한 도시 운동가로 대학 시절부터 무분별한 도시 개발을 반대하는 시민 활동에 앞장서다 1992년 협동조합 섹터에 발을 들였고, 2000년부터는 브레머호헤와 함께 하고 있다. 호브레츠펠더의 사람들도 협동조합 설립을 위해 울프 하이트만의 도움을 필요로 했다. 아쉽게도 호브레츠펠더는 자기 자본의 한계로 협동조합 설립을 포기하고, 대신 2009년 브레머호혜의 인수 제안을 받아들였다. 비록 자체적인 협동조합 설립은 포기했으나, 브레머호혜라는 기존의 안정적인 협동조합의 구성원이 되어 이윤 극대화에만 관심 있는 낯선 투자자들로부터 자신들의 주거권을 지킬 수 있었다. 브레머호혜는 베를린 사회가 만들어낸 산물이다. 하지만 이제 브레머호혜가 또 다른 산물의 탄생에 기여하는 베를린 사회의 밑거름이 되어 주고 있다.

"주택 협동조합의 규모는 700세대 정도가 적당하다고 생각해요. 더 규모가 커지면 의사 결정 합의에 어려움이 있고, 관리 비용도 상당하거든요. 우리가 감당할 수 있는 규모는 이 정도인 것 같아요. 앞으로의 우리의 행보는 브레머호혜와 같은 협동조합이 베를린 곳곳에 생겨나도록 돕는 거죠."

울프 하이트만은 브레머호혜의 미래를 이렇게 말했다. 4년여의 브레머호혜의 우열곡절은 그들만의 노련한 경험으로 끝나지 않는다. 이것은 새로운 조합원들의 것이기도 하고, 베를린 사회의 것이기도 하다. 나아가 브레머호혜의 스토리를 듣고 있는 지금 우리의 경험이 되기도 한다.

브레머호헤가 가진 경쟁력

"집을 이용해 돈을 벌고자 하는 관심이 없어요. 독일에서는 빌린 집을 다른 이에게 빌려주는 것이 가능한데 이곳 사람들은 하지 않아요. 집을 본래의 목적인 주거로 생각하죠. 우리가 살아가는 공간으로요." 주택 협동조합이 가지는 장점은 명확하다. 조합원 편익을 최우선으로 설정함으로써 발생하는 많은 것들이다. 전반적으로 임차료가 낮아진다. 이윤 극대화가 목적이 아니기 때문이다. 계약이 만료될 때 다른 곳으로 옮겨야 하는 부담감이 없다. 조합원 개개인이 공동 소유자이기 때문이다. 자신의 선호도를 즉각적으로 표명할 수 있다. 운영상의 의사 결정에 참여할 수 있는 길이 언제나 열려 있기 때문이다. 브레머호헤의 조합원은 1만 마르크, 즉 5,000유로의 출자금을 자기 자본으로 투입해야 한다. 월 임차료는 1m²당 5.80유로다. 베를린 아파트의 평균 월 임차료가 1m²당 10유로 정도인 것과 비교해보면 거의 절반에 가깝다. 하지만 이에 앞서 WBS(Wohnberechtigungsschein)라는 자격을 갖춰야 한다.

WBS(Wohnberechtigungsschein)[6]

사회주택촉진에관한법률(WoFG. Wohnraumförderungsgesetz), 사회주택목적의보호를위한법률(WoBindG. Wohnungsbindungsgesetz)에 기반한다. 사실 독일은 사회주택이라는 단어를 잘 사용하지 않고, 다만 민간소유의 주택이지만 공공임대주택에 준하는 수준의 임대료나 임대기간, 입주 대상자를 관리하는 주택을 사회주택이라는 개념으로 간주한다.[7] 특히 브레머호헤처럼 상당한 공적 자금이 지원된 경우가 전형적인 사례다. 독일 국적자, EU 시민권자, 그 외 최소 1년 이상의 체류 허가자를 대상으로 소득 수준, 양육권 유무, 결혼 유무 등을 종합해 WBS의 자격을 부여한다. 브레머호헤 조합원은 WBS 요건을 갖춘 사람들로 채워진다.

브레머호헤의 700여 주택은 공실이 거의 없다. 이는 조합원의 높은 만족도를 반증하며, 생애별 맞춤 서비스 제공이라는 주요한 원칙이 있기에 가능하다. 브레머호헤는 최소 29m²(8.77평)부터 최대 160m²(48.4평)까지 다양한 규모의 주택을 구비하고 있다. 1인 가구에서 대가족까지 달라진 가족 구성과 생활 여건에 따라 브레머호헤 내 다른 주택으로 이동한다. 이미 조합원 70% 이상이 이러한 이유로 조합 내 타 주택으로 옮겨간 경험이 있다. 단순히 높은 만족도가 아니라 지속적인 만족도를 충족시켜 주기 위한 이곳만의 경쟁력이다. 또한 익숙한 환경에서 친근한 이웃과 계속 인연을 맺어가며 살아갈 수 있다. 베를린을 떠나야 하는 경우에도 브레머호헤 멤버십을 유지하는 경우가 많다. 출자금 5,000유로(1만 마르크) 중 1,000유로를 예치금으로 두면 가능하다.

6 http://www.berlin.de/ba-mitte/politik-und-verwaltung/aemter/amt-fuer-buergerdienste/buerge-raemter/bereich-wohnen/wohnungsbindung/artikel.244065.php, https://www.bremer-hoehe.de/advanced_search_result.php?MODsid=1urnp455dnu3i20t3bobet 6q12&keywords=wbs

7 박은철·김수경·오근상, 「사회주택 활성화 쟁점과 정책 과제」, 서울연구원, 2017.

재정 기여도

브레머호헤의 700여 세대가 조달한 출자금은 총 350만 유로다. 다시 말하면, 조합원의 재정 기여도는 4%에 불과하다. 나머지는 각종 지원금과 대출금이다. 보통 바젤협약에 따르면 조합의 재정 자립도가 20-25% 정도여야 하지만, 브레머호헤의 경우 공익성과 외부로부터의 재정 충당 가능성 등을 증명함으로써 협동조합 설립이 가능했다. 조합원 자금 기여도가 낮은 것은 협동조합 입장에서는 단점이지만, 역으로 생각하면 가난한 임차인이 공동 소유권자가 되도록 사회가 지원을 아끼지 않았음을 뜻하기도 한다. 조합설립법에 따라 시는 분기별로 공익 사업을 지원해줘야 하는 의무를 이행해야 하는데, 운좋게도 이러한 혜택을 종종 누릴 수 있었다. 하지만 낮은 재정자립도는 안정적 운영을 위협하는 커다란 리스크 요인이다. 브레머호헤도 이런 점을 잘 알고 있기에 여러 각도로 극복 방안을 고민하고 있다.

2010년부터 브레머호헤는 멤버론(member loan)이라는 자본 조달 방식을 도입했다. 3년에서 10년 정도 기한의 은행권보다 낮은 이자율로 조합원 차입을 실시하고 있다. 조합에 필요한 자금을 조합 내에서 충당하는 것이다. 법률가, 은행가, 사업가 등 사회 지도층으로 성장한 이들은 팍팍한 자신들에게 안락한 보금자리를 제공해준 브레머호헤를 잊지 않았다. 가난했던 조합원이 시간이 흘러 협동조합을 돕는 것이다. 이 멤버론의 규모는 100만 유로, 우리 돈으로 12억 7,000만 원 정도다.

[표2] 조합원 자금 출처		
출자금	가구당 10,000마르크(5,000유로) (632만원)	
임대료(월)	1㎡당 5.80유로	
	최소 29㎡(8.77평)	– 최대 160㎡(48.4평)
	168.2유로(약 21만원)	– 928유로(약 117만원)
	비교) 평균 베를린 아파트 1㎡당 10유로 정도	

갈등 조정을 통해 '나'에서 '우리'로

　함께 살아간다는 것은 결코 낭만적이지 않다. 협동조합 설립이 결정되었을 때, 토비스 두취케의 가장 큰 고민은 다름 아닌 '대중' 속으로 들어가야 한다는 것이었다. 내성적인 음악가에게 사람들과 많은 것들을 함께 한다는 것은 쉬운 일이 아니었다. 공사를 진행하기 위해서는 그곳에 살고 있는 400여 가구와 주택 현대화 사업에 대한 합의서를 체결해야 했는데, 몇몇은 높은 비용이 필요하거나 아주 까다로운 요청을 했다. 예를 들면, 어떤 이는 90cm 넓이의 욕조를 요구했고, 일부는 공사를 허용하지 않겠다는 완강한 태도를 보여, 길고 힘든 법적 소송으로 이어질 뻔 했다. 또한 오랜 임차인 2명이 갑자기 이사회로 찾아와 협동조합이 노인과 장애인에게 얼마나 친화적인 기준을 두고 있는지 따져 물었다. 자금 압박에 시달리는 협동조합으로서는 예상치 못한 상황에 난감했지만, 더 나은 장애인 서비스를 제공해야 한다는 취지에 공감해 휠체어 사용에 적합한 건축 개조를 약속했다. 노인을 위한 주택이 되어야 한다는 것도 마찬가지다. '협동조합은 고립된 도시의 노년층의 행복에 기여해야 한다.'라는 문구가 브레머호헤의 새로운 원칙으로 덧붙여졌다. 처음 희망한 요구 수준보다는 못 미치지만 임차인들도 이사회의 결정을 수용했다.

'공동' 소유한다는 것은 때로는 '나'만의 희망 사항을 양보해야 함을 의미한다. 협동조합은 다양한 조합원의 선호를 최대한 담아내기 위해 노력해야 한다. 정기적으로 총회, 이사회, 위원회가 열리고, 그 속에서 사람들의 자유로운 목소리가 오간다. 하지만 현실적으로 모든 선호가 실현될 수 없다. 하지만 협동조합의 조합원이라는 것은 '나'이기도 하지만 '우리'이기도 하다. 여기에서 중요한 사실은 '우리'라는 이름하에 모인 사람들의 궁극적 목적이 동일하다는 것이다. 바로 안락한 보금자리다. '나'만의 욕조는 포기해도 '우리'의 보금자리는 포기하지 않아도 된다. 이것이 협동조합이다.

2007년 총회에서 조정위원회를 설립하기로 결정했다. 법률적 수단 없이 조합원들의 갈등을 해결하기 위해서다. 단 한 명의 문제 제기에도 위원회는 열린다. 매년 평균 한두 개 정도의 안건이 조정위원회에 붙여진다. 위원회는 자발적으로 임하는 봉사직이며 총회에서 선출된 최소 3명의 조합원으로 구성된다. '조정위원회'라는 단어를 기입한 봉인된 봉투를 사무실로 제출하거나 이메일로 직접 전달한다. 위원회 외의 사람들은 안건에 접근할 수 없으며 이사회라고 예외가 아니다. 내용은 철저히 비공개이며, 조정위원회의 타협안이 갈등 당사자들에게 제시된다. 이 결정을 따를지는 당사자 각자의 몫이지만 대부분은 조정위원회의 타협안을 수용하려고 노력한다. 조합원들 간의 원만한 관계에서 발생하는 사회적 자본(social capital)이 협

| 총회 장면 | 고양이 관리를 위한 게시판 부착물 |

동조합의 커다란 자산임을 고려할 때, 조정위원회의 중재 역할은 협동조합 성공의 관건인 것이다. 총회는 1년에 한두 번 열리고 전체 조합원 중 10% 정도가 참석한다. 총회의 결과는 홈페이지에 공지되고 각 가정에 우편으로 발송된다. 참고로 최근 총회의 최대 쟁점은 '고양이가 정원을 마음껏 돌아다니게 해야 하나'였다. 냥이들에게 미안하지만 그들의 자유를 허하지 않는 것으로 결론이 났다.

함께 살아가기, 함께 연대하기

브레머호헤 정원 한쪽에는 철마다 새빨간 체리가 탐스럽게 열린다. 붉은 벽돌이 가득한 브레머호헤와 참 잘 어울린다. 이 아름다운 체리나무는 이니셔티브 펀드(initiative fund)가 만들어낸 결과물이다. 협동조합은 조합원의 참여도를 높이고 조합원들 간의 돈독한 우애를 다지기 위한 방안을 고심했다. 2006년 총회에서 등장한 아이디어가 바로 조합원의 자발적 프로그램 기금인 이니셔티브 펀드다. 상반기, 하반기 1년에 두 번 조합원은 이니셔티브 프로그램을 위한 공모 신청서를 제출한다. 프로그램의 목적, 의미, 예상되는 비용 등 세부적인 내용을 담아 심사위원단의 마음을 사로잡아야 한다. 2년마다 총회에서 선출되는 심사위원단은 최소 7명에서 최대 15명으로 구성되며 최소 정족수는 4명이다. 역시나 다수결의 원칙을 따른다. 체리나무도 어느 조합원의 아이디어와 심사위원단의 결정으로 브레머호헤의 식구가 되었다. 아이들을 위한 놀이터 보수, 어르신들의 소풍날을 위한 버스 대절, 가구 만드는 동호회를 위한 재료 구입 등도 이니셔티브 펀드가 있어 가능했다. 협동조합의 연대와 상호를 위한 재정적 지원인 것이다. 현재 이니셔티브를 위한 기금은 1,800유로(228만원) 정도다. 전체 조합의 자산에 비해서는 너무나 적은 돈이지만 협동조합을 협동조합답게 만드는 중요한 요소 중 하나다.

브레머호헤는 매 여름마다 축제를 연다. 이 곳 조합원들뿐만 아니라 조합원 친구들도 함께하는 마을 축제다. 바비큐 파티, 콘서트, 줄다리기 등 다양한 행사가 가득하다. 특히 축제 기간 동안 열리는 토너먼트 축구 경기가 단연 최고 인기다. 소위 'FC Bremer Höhe'의 각종 에피소드가 한 해의 이야깃거리가 된다. 다른 협동조합과 함께하는 자전거 투어도 빼놓을 수 없다. 조합원이 계획한 연수 프로그램의 일환으로 뮌헨(München) 등 다른 도시로 협동조합 탐방을 떠나고 이 인연을 계기로 다른 도시에서 브레머호헤를 방문하기도 한다.

베를린에서는 2년 전부터 난민 문제가 매우 심각하다고 한다. 조합원들도 난민을 위해 할 수 있는 일들을 고민한 결과, 12주택을 시

자전거 투어

함께 시간을 보내는 조합원들

리아 학생과 그 가족들에게 제공하고 있다. 매달 첫 번째 금요일 오후 공동 공간인 'Bremer Höhle'에서 아랍어, 이란어로 된 영화를 상영한다. 또한 전통 요리를 나누어 먹으며 친목을 다지는 네트워킹 행사를 열고, 때로는 강당을 난민들을 위한 임시 숙소로 제공하기도 했다. 브레머호헤는 자신들의 이야기를 멋지게 기록하는 노력도 게을리 하지 않는다. 2007년 '프렌츠라우어 베르크의 역사를 담은 베를린의 브레머호헤'(Die Breme Höhe in Berlin Ein Kiez im Prenzlauer Berg)와 2010년 10주년 축하 기념 간행물인 '주택 협동조합 브레머호헤의 지난 10년'(10 Jahre Wohnungsbaugenossenschaft Breme Höhe eG Festschrift)을 출간했다.

공공임대 임차인에서 협동조합 조합원으로

브레머호헤 협동조합의 6개 지역 아파트들은 거의 공공임대주택이었다. 그러다 변화된 정치적 상황과 주 정부의 채무 관리법(Altschuldenhilfegesetz)에 근거해 사적 투자자의 매각 대상이 된다. 브레머호헤는 공공임대의 무분별한 민영화에 대한 반작용으로 탄생했고, 이는 주 정부가 소유한 임대 아파트가 조합원들이 소유한 협동조합 주택으로 전환됨을 의미한다. 주거인의 관점에서 보면 임대 아파트의 임차인에서 협동조합 주택의 주인이 된 것이다.

공공임대와 협동조합, 어느 쪽이 매력적인가. 공공임대주택의 임차인은 자신의 재정 상태를 시 정부에 증명하기만 하면 되지만, 협동조합의 소유권자는 1만 마르크(5,000유로)라는 자본을 조달해야 한다. 공공임대주택의 임차인은 천장에서 물이 새면 시 정부에 보수를 요청하고 기다리기만 하면 되지만, 협동조합의 소유권자는 총회에서 문제를 공론화하고 필요한 조치를 직접 취해야 한다. 하지만, 공공임대주택에서 협동조합주택으로의 전혀 다른 주거 형태를 몸소 경험한 브레머호헤 사람들은 어떻게 생각할까.

"어려운 질문이네요. 제 생각엔 협동조합의 장점이 훨씬 많아요. 스스로 조직되었기 때문에 모두가 자발적인 자세로 임해요. 자신이 소유한 집에 대한 애착을 갖고 있고 이것이 많은 것을 가능하게 하죠."

울프 하이트만은 협동조합의 좋은 면들을 강조했다. 공공임대주택의 큰 단점 중 하나가 건물은 쉽게 노후화되고, 주변은 쉽게 황폐화된다는 것이다. 브레머호헤의 식구가 된 리비히스트라세, 카즐러스트라세, 바겐부르크도 이러한 경우다. 공공임대 주택은 정치적 변화에 보다 민감하게 반응하고, 구체적 실행 절차가 복잡해 때로는 아주 더디다. 천장 수리는 최악의 경우에 비가 퍼붓는 장마철이 지나서야 가능할지도 모를 일이다. 하지만 협동조합 주택이라면 어떨까. 이웃 할머니가 비가 새는 방에서 주무시도록 놔둘 수는 없는 노릇이다. 거주민들의 앞에 놓인 장애물을 발빠르게 대처하는 '유연함'을 가지고 있다. 체리나무가 가득한 정원을 갖고 싶다면, 다른 조합원의 동의를 얻기만 하면 나의 바람이 이니셔티브 펀드로 실현된다. 거주민들의 삶을 풍부하게 하는 '다채로움'을 가지고 있다. 공포의 거리라는 의미의 'Die Straße des Grauens'로 불리는 카즐러스트라세는 브레머호헤의 구성원이 된 후 가장 드라마틱한 변모를 이뤄냈다. 개성있는 모습으로 재단장한 후, 녹지 공간이 펼쳐진 글라이스드라이에크 공원(Gleisdreieckpark)으로 이어지며 예술인이 탐내는 엣지 있는 주거 공간이 되었다.

　최근 들어 협동조합이 가진 유연함, 다채로움을 공공임대주택 사업이 활용하려는 움직임이 보인다. 공공임대는 자본 조달 측면에서 아주 큰 장점을 갖고 있지만, 때로는 경직성으로 인해 상대적으로 거주민들의 편익을 충족시켜주는데 부족함이 있었다. 그리하여 공공주택이 입주자가 결성한 협동조합에 주택의 유지 관리를 위임하는 등 방식은 다르지만 긴밀한 파트너십을 만들어가는 추세가 강화되고 있다.

결국 시민이 주인일 때 가능하다

독일의 자가 소유 비율은 43%, 소규모 민간 임대는 37%, 공공임대(중앙정부,지방정부) 6.41%, 전문적 민간 임대 7.62%[8], 협동조합은 5.18%, 교회나 기타 기관은 0.78%이다.[9] EU 주요 15개국의 평균 자가 비율이 63%, 평균 공공임대 비율이 15%인 것을 감안할 때 민간 임대 비중이 높은 국가에 속한다.[10] 특히 베를린은 2016년 기준 15%만이 자가 소유이고 85%인 190만 호 중 160만 호가 임대주택이다.[11] 한국은 자가 소유가 57.7%, 무상 임대가 3.9%로 구성돼 있다.[12] 독일의 주택점유율은 유럽 국가들보다 한국과 유사한 형태를 띠고 있다. 우리나라와 비슷한 구조인데 독일과 우리는 주거권을 왜 다르게 체감하는 것일까. 브레머호혜의 설립 과정을 보면 알 수 있듯이 베를린 사회는 다방면의 지원책을 제공한다. 공적 자본 투입, 금융 혜택, 주거 안정을 보장하는 규제 등 독일의 주택협동조합은 이러한 공적 지원의 바탕 위에서 설립 및 유지가 가능했다. 이러한 공적 지원을 가능케 한 것은 무엇이었나? 베를린 자치구의회의 의결을 이

---

8 여기서의 전문적 민간 임대는 금융기관, 보험회사, 부동산펀드, 비영리조직 민간 건설회사 등을 의미한다.

9 Bundesrepublik Deutschland, "Gebäude und Wohnungen sowie Wohnverhältnisse der Haushalte", Zensus 2011 ; Christian Lieberknecht, "The Housing Market in Germany", 2016. 재인용.

10 김수현, 「독일의 자가소유율이 낮은 이유 주택체제론 관점의 검토」, 『주택연구』 제21권 3호, 2013.

11 Berliner Mietfibel 2016, Senatsverwaltung für Stadtentwicklung und Umwelt.

12 국토부, 「2017년도 주거실태조사」.

늘어 내고, 심지어 대통령의 서한도 활용했다. 즉, 브레머호헤 사람들은 그들이 시민임을 잊지 않았다. 사람답게 살 권리를 스스로 찾기 위해 노력했다. 결국 브레머호헤를 만든 원동력은 다름 아닌 시민들에게 있다.

[참고문헌]

· 유은상, 『19세기 독일의 사회적 보수주의』, 대학촌, 1989.
· 강세진 · 진남영 · 이상열, 「국외 주택협동조합 운영구조의 유형화에 관한 연구」, 『國土計劃』 제49권 2호, 2014.
· 김성욱, 「구 동독 주택정책과 사유화지원제도에 관한 고찰」, 『집합건물법학』 제12권, 2013.
· 김수현, 「독일의 자가소유율이 낮은 이유 : 주택체제론(housing regime) 관점의 검토」, 『주택연구』 제21권 3호, 2013.
· 박은철 · 김수경 · 오근상, 「사회주택 활성화 쟁점과 정책 과제」, 서울연구원, 2017.
· 신진욱 · 이지은, 「독일의 사회적 시장경제와 주택체제 : 금융자본주의 시대의 독일 주택 정책과 제도」, 『한독사회과학논총』 제24권 1호, 2014. 3.
· Breme Höhe, *Die Breme Höhe in Berlin : Ein Kiez im Prenzlauer Berg*, 2007.
· Breme Höhe, "10 Jahre. Wohnungsbaugenossenschaft 'Bremer Höhe' eG. Festschrift", 2010.
· Thomas Adam, *Intercultural Transfers and the Making of the Modern World, 1800-2000 : Sources and Contexts*, New York : Palgrave, 2011.
· M.B. Aalbers, A. Holm, "Privatising social housing in Europe : the cases of Amsterdam and Berlin", *Urban trends in Berlin and Amsterdam*, pp.12-23, (Berliner geographische Arbeiten ; No.110), 2008.
· EU, *A Housing Europe Review*, 2015.
· Berlin Hyp AG and CBRE GmbH, Hosuing Market Report, 2015.
· http://www.bremer-hoehe.de/
· https://de.wikipedia.org/wiki/Bremer_Höhe
· https://de.wikipedia.org/wiki/Berlin-Prenzlauer_Berg
· https://de.wikipedia.org/wiki/Victor_Aimé_Huber
· https://de.wikipedia.org/wiki/Hieronymus_Klugkist
· http://www.holzmindener-baugenossenschaft.de/geschichtl.htm
· http://www.spiegel.de/international/germany/we-are-the-people-a-peaceful-revolution-in-leipzig-a654137.html
· https://www.theguardian.com/world/2011/jan/16/berlin-gentrification-yuppification-squat
· https://www.kfw.de/kfw.de.html
· https://www.berlin.de/
· https://www.ibb.de/en/business-development/phases-of-a-company/phases-of-a-company.html?gclid=CMK9iIrK2NUCFcgKKgod6p0L9Q
· http://www.businesslocationcenter.de/de
· http://www.stadtentwicklung.berlin.de/wohnen/mieterfibel/index.shtml
· http://terms.naver.com/entry.nhn?docId=985653&cid=43856&categoryId=43857
· https://www.berlin.de/ba-mitte/politik-und-verwaltung/aemter/amt-fuer-buergerdienste/buergeraemter/bereich-wohnen/wohnungsbindung/artikel.244065.php
· http://kostat.go.kr/portal/korea/index.action
· http://wwww.oecd.org

독일의 사회 혁신과 함께 성장한

사회적금융협동조합

GLS Bank(GLS Gemeinschaftsbank eG)

1974년 설립한 GLS Bank는 윤리적, 환경적 가치를 지향하고 사람과 사람 사이의 관계를 이으며 임팩트 있는 사회 혁신 모델을 지원하는 대안적인 금융협동조합이다. GLS Bank의 등장과 성과는 사회적 의미를 갖는 금융이라는 측면에서 다양하게 조명되어 왔으며, 국내에서도 잘 알려진 바 있다. 이 글에서는 그간 주로 소개되었던 GLS Bank의 사회적 의미와 함께 협동조합으로서의 혁신 및 성공 요인에 대해 주로 살펴보고자 한다. GLS Bank가 갖는 사회적 가치가 매우 큼에도 불구하고 협동조합의 사회적 가치가 그 협동조합의 자립과 성과를 전부 보장한다고 하기는 어려울 것이다. GLS Bank의 운영 방식과 특징이 어떻게 성과 창출에 기여하고 있는지 살펴봄으로써 협동조합으로서 약점을 극복하고 혁신을 만들어낸 과정을 알아보고자 한다. 특히 협동조합 및 사회적 경제 섹터를 위한 금융의 필요성이 더욱 대두되고 있는 이 시점에서 GLS Bank의 사례가 새로운 시사점이 되기를 기대한다.

신용협동조합의 선구자 독일에서
세계 최초의 사회적금융협동조합이 설립되다

잘 알려진 것처럼 독일은 신용협동조합이 가장 먼저 탄생한 국가이다. 라이파이젠(Raiffeisen) 신용협동조합 모델은 독일뿐만 아니라 많은 나라로 퍼져나갔으며 복제 가능한 성공적인 모델이었다. 라이파이젠 모델은 기본적으로 빈곤한 지역에서 가난한 사람들이 담보나 신용 부족으로 은행으로부터 필요한 자금을 대출받지 못하는 경우에 일정한 종자돈의 확보, 연대와 무한 책임, 민주주의와 형평의 원리 등에 기초하여 가난한 조합원 간에 자금의 상호 융통을 선순환적으로 실현시키는 조직 모형이다. 이 신용협동조합 모델은 많은 나라에서 가난한 사람들이 고리대금업자로부터 벗어나도록 하는데 커다란 기여를 하였다.

독일의 금융 시장은 저당이나 보증 등 특수 목적의 은행을 제외하면 크게 세 축으로 나눌 수 있다. 독일 연방금융법에는 상업은행과 공공금융기관, 그리고 신용협동조합은행(이하 '신협')을 독일 금융 시스템의 3대 축으로 명시하고 있다. 이 중 19세기 초부터 시작된 신협은 경제적으로 취약한 소규모 상공인들과 농민들을 위한 서민 금융으로 발달해왔다.

2013년 기준 독일 전체 인구인 8,000만 명의 1/5에 가까운 1,500만 명의 조합원을 보유하고 있는 신협은 중산층 및 서민들이 주로 이용하는 금융이다[1]. 독일 전체 신협 조합원 중 60%가 급여 생활자이며, 또한 농민의 80%가 신협의 조합원으로 참여하고 있다.[2] 독일 전체 은행 자산 규모의 10% 정도를 차지하는 신협은 이윤 추구보다 조합원들의 자산 형성의 촉진을 주요한 목적으로 두며 주로 지역 주민들을 대상으로 다양한 금융 서비스를 제공한다.

GLS Bank는 기존의 독일 금융 시장과 다른 매우 특별한 금융이다. 세계협동조합연맹(ICA)의 법률 자문을 역임한 독일의 대표적인 협동조합 학자 한스 뮌크너(Hans-H. Münkner) 전 마르부르크(Malburg) 대학 교수는 GLS Bank와 상업은행의 차이를 윤리적 기준(ethical filter)이라고 설명한다. "대출 및 투자사업의 기준을 윤리적인, 그리고 사회생태적인 사업과 기업에 두는 GLS Bank는 보통 전체 투자액의 0.5% 안팎의 지분을 윤리적 사업에 투자하는 시중은행과 크게 대비된다. 협동조합 은행 중에서도 이렇게 윤리적 투자를 하는 은행은 많지 않으며, GLS Bank의 고유한 특징"이라는 것이다. 독일 금융의 한 축을 담당하는 라이파이젠은행(Raiffeisenbank)이나 시민은행(Volks-banken)이 협동조합 금융으로 활발하게 운영되고 있지만, 조합원의 금융 필요를 충족하는 것과는 다르게 사회적 공익적인 프로젝트와

---

1 정남기, 「독일 조합은행의 발전 과정과 의미」, 『한국경영학회 통합학술발표논문집』, 한국경영학회, 2014.
2 김영철, 「독일의 저축은행과 라이파이젠 협동조합」, 『사회과학과 정책연구』 제17권, 서울대학교 사회과학연구원, 1995.

기업에 자금 조달을 통해 사회 혁신을 촉진시키는 전문적인 금융기관의 필요로 GLS Bank는 시작되었다. 이러한 고유한 사명과 운영 목적은 GLS Bank를 다른 금융기관과 구분하여 사회적 금융기관으로 지칭할 수 있게 하며, 네덜란드의 트리오도스 뱅크, 영국의 채리티 뱅크, 이탈리아의 뱅크 에티카 등이 대부분 비영리 조직 형태의 사회적 금융기관임에 비하여 GLS뱅크는 협동조합 조직 형태를 취한다는 점에서 독특하다.[3]

GLS Bank(Gemeinschaftsbank eG)의 GLS는 'Gemeinschaftsbank für Leihen und Schenken(대부 및 기부를 위한 공동은행)'의 약칭으로, 1961년 사회적 공익 프로젝트를 위한 공익 신탁기관으로 설립되어 1974년 GLS Bank라는 명칭의 협동조합으로 전환하게 된다. 독일 최초의 사회적 생태적 대안 은행의 탄생이었다.

사회적금융협동조합, GLS Bank의 성장과 주요 성과

GLS Bank는 보훔(Bochum)에 본점을 두고 있으며, 베를린, 함부르크 등 총 7개 도시에서 지점을 운영한다. 2016년 12월 기준으로 GLS Bank의 조합원은 4만 6,313명이며, 전년도 대비해서 10.3% 증가한 수치이다. 은행 이용자 수는 21만 894명으로 전년 대비 9%가 증가한 수치이며, 총 자산 기준의 성장률에서도 최근 몇 년 간 지속적으

---

3 이종수·유병선 외, 『보노보 은행 : 착한 시장을 만드는 사회적 금융 이야기』, 부키, 2013.

GLS Bank 보훔 본점

로 연 10%대 이상을 보이는 등 높은 성장세를 보이고 있다. 2002년 독일 내 1,489개의 협동조합 은행 중 1,000위 이하의 순위였던 GLS Bank는 2015년에 이르러 1,045개의 협동조합은행 중 25위를 기록할 정도로 성장하였다.

한편, GLS Bank는 협동조합 은행으로서, 인간과 미래 지향적인 지속 가능성을 위해 활동하는 공동체이자 네트워크이기도 하다. GLS Bank의 조합원은 2004년 1만 3,145명에서 2016년에는 4만 6,313명으로 12년 만에 3.5배 이상 증가하였으며, 은행의 고객 수 또한 5배 이상 증가하는 등 계속적인 성장을 보이며, 비슷한 기간에 금융위기를 겪었던 다른 금융기관들과 달리 오히려 더욱 성장하고 발전하는 사회적금융의 성장 가능성을 보여주었다.

이러한 성장은 사회 혁신 프로젝트와 기업에 제공되는 금융 서비스의 확대로 이어졌다. GLS Bank가 선도적으로 금융시장을 바꿔놓은 대표적인 사례로 재생 에너지 개발 사업을 들 수 있는데 체르노빌 원자력발전소 사고 이후, 원자력 에너지에 대한 문제 의식과 함께 풍력발전소 사업이 시작될 때, 다른 금융기관들이 외면한 이 사업에 금융 서비스를 제공한 곳이 바로 GLS Bank였다. 현재 재생 에너지에 대한 GLS Bank의 대출 및 투자는 은행 대출 규모의 30% 이상을 차지하며, 다양한 프로젝트로 풍력·수력·태양광·바이오 등 다양한 재생 에너지 생산을 촉진하고 있다. 또한, 다양한 유기농산물·건강한 먹거리 생산을 위한 농장 운영 프로젝트, 더불어 살아가는 사회의 필요를 충족하기 위한 사회적 도전에 대한 미래 지향적인 해결책을 제시하는 금융 및 투자 모델을 개발하여 다양한 사회 혁신 아

구분	2004년	2015년	2016년
총자산	5억 379만 유로	41억 7,484만 유로	45억 9,664만 유로
자기자본	2,456만 유로	2억 9,866만 유로	3억 6,403만 유로
고객예금	4억 2,333만 유로	36억 1,759만 유로	39억 400만 유로
고객대출	2억 9,780만 유로	21억 2,943만 유로	24억 5,242만 유로
출자 금액	-	2억 3,136만 유로	2억 7,017만 유로
종사자 수	134명	527명	524명
조합원 수	13,145명	4만 1,982명	4만 6,313명
고객 수	42,000명	19만 3,000명	21만 894명

[표10-1] GLS Bank의 주요지표(2016)

자료: Geschichte und Modell der GLS Bank. 2017

이디어가 실현될 수 있도록 지원하고 있다. GLS Bank의 사회적 금융 부문에서의 시장 점유율은 30% 이상으로 높이 평가되고 있으며, 금융의 사회적 역할에 대한 다양한 도전 과제를 제시한다.

GLS Bank의 사업 운영 모델과 원칙

① '지속 가능성'과 '인간'을 위한 투자

협동조합 은행인 GLS Bank는 조합원의 출자금으로 은행의 자산을 형성하며, 겸업은행[4]으로써 조합원과 이용 고객의 예금을 통해 은행의 주요 운용 자본을 형성한다. GLS Bank는 이렇게 형성된 자본으로 사회 생태적 프로젝트 대출 및 투자 등에 자금을 운용하며, 금융 서비스로 사회 변화에 앞장서왔다. 이러한 과정에서 GLS Bank는 2012년 '독일 지속 가능한 기업상'을 수상하였으며, 2010년부터 2016년까지 7년 연속 '올해의 은행'으로 선정되며, 독일 금융시장에서 높은 평가와 영향력을 나타내고 있다.

GLS Bank의 운영에서 주목해야 할 부분으로 다른 협동조합 은행과도 구별되는 대출 및 투자 기준을 들 수 있다. GLS Bank는 재정적 안정성과 이익 창출을 최우선의 기준으로 하는 상업은행을 포함한

---

4 금융제도는 일반적으로 한 금융기관이 모든 금융 업무를 담당할 수 있는 독일, 프랑스 등의 겸업주의와 은행 업무와 증권 업무, 장단기 금융이 분업화된 영국, 미국의 분업주의 방식이 있다. 우리나라와 일본은 상업 은행주의를 기본으로 하는 영·미 방식을 도입하고 있어 은행 업무와 증권 업무가 구분되고 장단기 금융 업무도 엄격히 구분돼 있다. (출처 : 매일경제 경제용어사전)

전통적인 금융권과는 다른 사업 포트폴리오 선정 방식으로 재정적 안정성에 우선하여 프로젝트의 사회 혁신성과 필요성을 우선 검토한다. GLS Bank의 대출 및 투자 분야는 크게 신재생 에너지·식량·주거·교육과 문화·사회와 건강·지속 가능한 경제 사업 등 6개 분야로 구분할 수 있으며, 사회적으로 필요한 곳에 자금이 조달될 수 있도록 돕는다. GLS Bank는 돈이 사람들을 위해 존재하고, 보다 가치 있는 곳에 쓰일 수 있도록 금융 시장을 변화시키는데 기여하고 있는 것이다.

또한, GLS Bank는 원칙적으로 유가증권 거래를 하지 않으며, 유동성 및 투자 목적으로만 증권을 구입한다. 투기 거래를 지양하고, 사회 생태적 원칙에 의한 대출 및 투자를 주요하게 수행하기 위해서이다. 협동조합으로서 조합원의 금융 욕구를 충족하기 위해 자본을 늘려야 할 필요도 존재하지만 더욱 중요한 사회적 목적을 추구하기 위해 윤리적 투자의 원칙을 고수한다.

GLS Bank가 인간과 미래지향적 지속 가능성을 기본 원칙으로 사회 생태학적 기준에 부합하는 기업 및 프로젝트에만 투자 및 금융을 지원하는 것은 근본적으로 이를 통한 사회 변화를 추구하기 위함이다. 이러한 사회 혁신 프로젝트가 성공적으로 운영될 수 있도록, 사업 분야별 전문가의 컨설팅, 사업 지분 투자 및 무상 지원 등을 통해 프로젝트의 성장을 촉진한다. 이는 안정적인 자본의 운영을 통해 사회 혁신의 확산에 기여하는 그들만의 노하우인 것이다. 40년 이상 지속되어 온 GLS Bank의 고유한 특징은 다른 금융기관과 구별되며, GLS Bank가 강력한 사회 변화를 촉진하는 사회적금융·협동조합임을 확인할 수 있게 한다.

[표10-2] GLS Bank 투자 및 대출 원칙		
기본 원칙	긍정 기준	배제 기준

● 인간과 미래 지향적인 지속 가능성 추구
 	
● 사회생태학적 기준
	● 사회 생태학적 사업 분야
	  - 재생 가능 에너지원
	  - 식량, 농업 및 임원
	  - 주거, 사회&건강
	  - 교육 및 문화
	  - 금융 서비스 개발, 자원 절약
	  - 지속 가능한 경제
	
	● 지속 가능한 회사 경영
	  - 기업의 윤리성, 투명성 등
	  - 사회적 책임, 자원 절약
	  - 국제 관계 개선, 혁신적 제품
		● 갈등을 빚는 사업 분야
		  - 원자력, 석탄 에너지, 무기생산
		  - 살충제, 유전자 조작
		  - 클로로 유기물 제품
		  - 배아연구, 마약 제조
		
		● 갈등을 빚는 사업 관행
		  - 인권 침해, 고용 관리 침해
		  - 동물 실험, 환경 문제
		  - 경제 문제(탈세 등)

자료 : Anlage-und Finanzierungsgrundsätze

② 조합원이 직접 투자할 사회 혁신 프로젝트를 직접 선택

GLS Bank는 사회 혁신기업 및 프로젝트에 대출·투자·기부의 방식으로 지원한다. 그 자금은 조합원의 출자금 및 고객의 예금으로 마련되며 조합원 및 예금고객은 자신이 지원할 프로젝트를 선택해 예금이자를 무상 또는 저리로 낮출 수도 있다. GLS Bank는 자금이 필요한 사회 혁신 프로젝트와 자금을 의미 있게 사용하고자 하는 사람들을 연결하고자 노력한다. 이러한 운영의 전 과정을 GLS Bank는 투명하게 공개하여 이용자의 신뢰성을 높이고, 더불어 자금을 조직화하는 과정에서 사회적 결속력을 강화한다.

[표10-3] GLS Bank 사회적금융 대출 규모(2016년)			
연번	사업 분야	대출 금액	비율
1	신재생 에너지 프로젝트	8억 6790만 유로	35.0%
2	주거 프로젝트	5억 2040만 유로	21.0%
3	사회&건강 프로젝트	4억 3320만 유로	17.5%
4	교육&문화 프로젝트	3억 4080만 유로	13.8%
5	식량 프로젝트	1억 9130만 유로	7.7%
6	지속 가능한 경제 프로젝트	1억 2410만 유로	5.0%
합계		24억 7770만 유로	

자료: www.gls.de

GLS Bank의 소유권과 사회적 자본

GLS Bank의 조합원은 4만 6,313명(2016년 기준)이며, 출자금은 총 2억 7,017만 유로로 조직의 주요 자산이 된다. GLS Bank의 조합원 가입자 수는 매년 4,000명 이상 증가해 왔으며, GLS Bank의 1계좌 출자금은 100유로로 출자한 금액 내에서 유한 책임을 갖는다. GLS Bank의 조합원과 출자금은 조직의 핵심 자원으로 역할을 담당하며, GLS Bank가 해산하면 그동안 발생한 수익은 공익 목적으로 기부된다.

[표10-4] GLS Bank 조합원 가입 탈퇴 현황			
구분	조합원 수	출자좌 수	책임액(유로)
2015년 말	41,982	2,313,724	75,730,000
2016년 가입자	4,936	407,054	12,865,500
2016년 탈퇴자	605	18,807	747,700
2016년 말	46,313	2,701,871	87,844,800

자료: 2016년 GLS Bank 재정보고서

GLS Bank의 성공 요인

① 금융 수요의 효과적인 반영과 틈새 시장 공략에서의 차별화

GLS Bank의 주요한 성공 요인 중 하나는 사업 목적과 전략의 특별함이다. GLS Bank가 다양한 사회적 아이디어와 프로젝트의 구현을 목적으로 사업을 운영해온 배경에는 독일의 사회·문화적, 제도적 환경의 변화가 있었다. 독일은 1970년대 석유 파동과 80년대 체르노빌 원전 사고를 거치면서 재생 에너지에 대한 국민적 논의를 시작하였으며, 이에 2000년 세계 최초로 선진적인 재생 에너지법(EGG)을 제정하고 2050년까지의 구체적인 로드맵을 마련해 재생 에너지 확대를 모색한다. 이를 계기로 2000년대 이후로는 재생 에너지 분야의 협동조합과 비영리단체들이 급격히 증가했는데, 협동조합의 경우 2006년 8개에서 10년 후인 2016년 831개로 큰 폭으로 증가했다.[5] 독일에서 재생 에너지에 대한 관심이 급격히 증가하고 사회적인 필요

GLS Bank 금융지원
풍력발전소 프로젝트

출처: www.gls.de

가 집중되었을 때, 사회생태적 기준으로 대출과 투자 서비스를 제공하는 GLS Bank는 이러한 재생 에너지 분야 성장의 주요한 파트너로 함께 성장하였다. GLS Bank의 대출 분야 포트폴리오에서 재생 에너지 분야가 차지하는 비율은 약 30~35% 정도로 꽤 높은 비중이다. 사회적으로 필요가 집중되고 큰 성장세를 보이는 사업 분야에 효과적으로 투자하고 있음을 확인할 수 있다.

2000년대 후반 세계를 강타한 금융 위기에 따라 승자 독식과 냉혹한 경쟁으로 대표되는 자본주의 경제에 대한 문제 의식이 다시 한 번 크게 제기되었다. 이 과정에서 이익만을 쫓는 무분별한 자본 투자의 폐해에 대해 고민하기 시작했는데, 이와 함께 사회적 공헌에 기여하는 투자에 관심이 높아졌다. 이 시기는 GLS Bank가 더욱 비약적으로 성장을 기록한 시기와 일치하며, 사회적 금융을 향한 관심을 효율적으로 흡수하고 성공 요인으로 만들었다는 것을 확인할 수 있다. 기존 은행과 다른 사회적, 생태적 분야 및 마이크로크레딧이라는 틈새시장 공략에서 큰 성과를 낸 비결은 가치 중심적인 대안 은행에 대한 이러한 수요를 효과적으로 반영할 수 있었기 때문이다.

② 조합원의 참여와 책임감을 이끌어내는 협동조합 운영

협동조합의 규모가 확대됨에 따라 전체에 대한 개별 조합원의 기여도가 상대적으로 작아지는데 이는 조합원의 참여 욕구를 저하시

---

5 독일에너지협동조합연합회 사무처장 안드레아스 뷔그, 「독일 에너지 전환을 위한 재생 에너지 협동조합의 역할과 과제」, 에너지 전환을 위한 재생에너지 협동조합의 역할과 과제 집담회, 환경운동연합, 2017. 3. 27.

키기도 한다. 이로 인해 협동조합의 규모가 커질수록 조합원의 참여를 촉진시키는 다양한 요인이 요구된다. GLS Bank는 자금 투자처를 고객이 스스로 정함으로써 책임감과 가치를 느끼도록 하며 이를 통해 효과적으로 조합원의 지속적인 관심과 참여를 이끌어내고 있다.

GLS Bank는 협동조합으로서 조합원의 출자금과 고객의 예금, 조합원과 고객의 투자금 및 기부금 등으로 자본을 조달하며, 이를 통해 발생한 수익은 조합원과 고객에게 배당금으로 지급하지만, 이때 조합원과 고객은 자신의 배당금을 GLS Bank 재단에 기부하여 사회 생태적 프로젝트에 계속 투자하도록 선택할 수 있다. GLS Bank는 이렇게 조달된 자본금을 사회·생태적 기준에 따라 다양한 사회 혁신 프로젝트와 아이디어, 기업 등에 대출과 투자의 형태로 금융 서비스를 제공하여 성장을 돕는다. 대출을 받는 프로젝트 입장에서는 GLS Bank의 조합원이 예금한 돈을 투자할 때 이자율을 직접 정하거나 아예 기부할 수 있기 때문에 시장 이자율보다 낮은 금액에 돈을 빌릴 수 있다.

살펴본 것처럼, 투자자(조합원 외의 투자자도 있어 '투자자'로 칭한다)는 GLS Bank의 사업 분야 중 투자할 분야를 직접 결정하기도 하는데, 직접 의사 결정에 참여하고 보람을 느끼는 이러한 과정은 투자자로 하여금 관심과 함께 더욱 적극적으로 조합의 사업에 참여하게 한다. 즉, 예금자 자신이 자신의 돈을 어디에 투자할 것인가를 스스로 결정할 수 있도록 도와주는 시스템을 구축하였다는 점에서 획기적이다. 추진 성과를 투명하게 공개하는 노력은 공익성과 함께 투자자의 만족도를 높이는 데에도 중요한 조건이 된다. 조합원의 잠재적 필요를 발견하여 이를 사업으로 조직화하는 GLS Bank의 원칙은 협동조합의 중요한 성공 요인으로도 작용하고 있다.

이러한 방식은 궁극적으로 자금 중개를 통해 예금자와 대출자가 익명의 관계가 아닌 사람과 사람으로서 연결하고자 하는 GLS BANK의 철학을 바탕으로 한다.[6] GLS BANK가 일찍부터 예금자에게 맡긴 돈이 어디에 쓰였으면 좋겠는지를 묻고, 이자를 예금자의 자발적 선택에 따라 전부나 일부를 기부할 수 있는 예금 상품을 내놓은 것도 이런 배경에서이다. 이러한 투자 원칙은 조합원이 지속적으로 협동조합이 수행하는 가치(즉, 사회 혁신 프로젝트)에 대한 관심을 가지고 참여할 것을 요구한다. 협동조합이 성과를 창출하는데 있어 조합원의 관심과 참여가 중요하며, 이러한 관심과 참여는 사람과 사람 사이의 관계를 바탕으로 더욱 강력해진다. 투자자와 피투자자를 이어 돈이 필요한 곳으로 지원되도록 하고 사람 사이의 관계를 바탕으로 사회적 프로젝트를 확산하는 것이 공동체 금융으로서 GLS BANK의 특징이자 협동조합으로서 혁신 지점이다.

③ 전문성과 역량을 위한 꾸준한 노력

GLS Bank는 사회 혁신 투자와 공익 사업 지원 뿐 아니라 이용자의 자산 관리 사업과 기업 대출 등 시중 상업은행에서 제공하는 모든 서비스를 제공할 수 있다. 또한, 독일 정부가 지원하는 소액대출 사업(마이크로크레딧)의 파트너로써 사업을 위탁 운영하며, 전통적인

---

6 이종수·유병선 외, 『보노보 은행 : 착한 시장을 만드는 사회적 금융 이야기』, 부키, 2013.

은행업무와 사회적 금융 사업을 함께 수행하는 겸업은행으로써 전문성을 갖추고 있다.

GLS Bank가 제공하는 사회적 금융 서비스는 자금이 필요한 사회적 생태적 프로젝트와 투자자 및 투자금(또는 대출금)을 연결하는 과정에서, 프로젝트의 재정적 성과에 앞서 사업의 사회적 가치와 파급력, 실행 가능성 등을 평가하는 투자위원회를 운영하고 있다. 이는 금융 서비스의 제공과 함께 사업의 추진 단계별 모니터링과 사업 분야별 전문가의 컨설팅 제공을 통해 사업이 성공적으로 수행될 수 있도록 돕기 위함이다. 이러한 과정을 통해 GLS Bank는 투자 위험도가 높은 새로운 프로젝트의 대출과 투자에서도 낮은 대손율을 기록하고 있다. 이러한 GLS Bank의 전문성은 오늘 날 신뢰받는 은행으로서의 GLS의 브랜드 가치를 만들어냈으며, 더 많은 고객과 이용자가 GLS Bank를 이용하게 하는 성공 요인으로 작용한다.

전문성과 공신력을 갖추기 위한 규모의 성장도 주목할 필요가 있다. GLS Bank는 2003년에 환경 전문 은행인 Ökobank를, 2008년에 뮌헨의 협동조합 은행인 Integrabank를 인수하였다. Ökobank의 인수를 계기로 지로 통장과 자동 이체가 가능하게 되었다. 대부분의 협동조합은행이 지역 단위 농업을 기반으로 소규모의 사업을 운영하고 있을 때, GLS Bank는 먼저 기업들이 투자할 수 있는 조건과 전국 단위의 사업을 운영할 수 있는 조건을 갖추는 등 미래에 투자한 것이다. 이러한 성장은 상업은행이 제공하는 모든 서비스를 제공할 수 있게 하였으며, 기업의 투자와 정부사업의 위탁을 유치하는 계기가 되었다.

또한, 설립 초기인 1977년부터 전문 금융인을 양성하는 교육과정 (3년 과정)을 운영하며 양질의 금융 서비스를 제공하는데 필요한 인재 육성을 위해 노력하고 있다. 우수한 인재 육성의 중요성을 강조하기 때문이다. 현재의 CEO인 토마스 요르베르크도 GLS Bank의 초창기 금융업 종사자 직업 교육 연수생으로 시작하여 GLS Bank에서 성장 해온 인물이다.

금융의 변화, 새로운 도전

GLS Bank는 사회 혁신의 실현을 목적으로 운영되는 사회적 금융 협동조합으로서 조합원이 공동으로 소유하고 운영하는 조직 구조를 가진다. 조합원의 출자금이 주요한 자기자본으로써 GLS Bank의 대출, 투자 등 사회 혁신 사업의 근간이 되며, 조직이 안정적으로 사업을 수행할 수 있게 하는 기반이 된다. 반면, 시민자산의 형성 경험이 부족한 한국에서는 시민사회를 기반으로 설립되고 성장해온 GLS Bank의 성공적인 사회적금융 협동조합의 사례는 아직 가깝지 않은 이야기로 생각되기 쉽다.

독일의 제도적 사회적 환경이 협동조합과 공익적 활동에 상당히 우호적이며, 체계적으로 갖춰져 있음은 널리 알려진 사실이다. 독일의 협동조합이 성장하고 발전해 올 수 있었던 배경에는 사회 변화에 대한 시민들의 다양한 요구와 문제 의식, 그리고 이를 해결하기 위해 협력하며 스스로 노력해 온 선구자들이 있었다. 오늘날 독일에서의 사회적 금융에 대한 높은 사회적 인식과 영향력도 GLS Bank와 같은 선구적인 조직이 있기에 가능한 일일 것이다. 한국의 제도적 사회적 환경이 독일과는 상당 부분 다르며, GLS Bank가 40년 이상 경험해 온 사회적 금융에 대한 협동의 경험을 우리 사회가 바로 적용하기에는 어려움이 있을 것이다. 하지만 GLS Bank가 추구하는 사명과 목적, 사업 방향성은 우리가 추구하는 그것과 다르지 않으며, 이 사업 모델이 가져온 유의미한 변화와 가능성은 우리에게 다양한 전략적 시사점을 주기에 충분하다. 한 단계 도약을 앞두고 있는 한국의 사회적 경제에 있어 사회 혁신을 위한 금융, 단기간의 이익 회수보다 중장기적인 사회적 목적의 추구를 위한 금융, 시민을 기반으로 한 금융의 필요성이 제기되고 있는 지금, 새로운 변화를 위한 시도가 요구되고 있다.

넓고 강력한 네트워크 연합회

협동조합을 살리는 130년 전통의 협동조합 연합 조직, 레가꿉(Legacoop)

지역민의 삶 속에 깃든 트렌티노협동조합연맹(Cooperazione Trentina)

강력한 감사연합회 보유한 독일의 협동조합총연맹 DGRV

협동조합을 살리는 130년 전통의

협동조합 연합 조직

레가꿉(Legacoop)

들어가며 : 레가꿉(Legacoop)에서 협동조합 간 협동의 모습을 보다

협동조합이 그 가치와 원칙에 충실하면서 시장경제 내에서 경쟁력을 확보하고 나아가 지속 가능한 발전을 도모하기 위해서는 협동조합 간 연대가 반드시 필요하다. 협동조합의 7원칙 중 하나가 '협동조합 간 협동'인 것도 연대가 협동조합의 가치와 지속성에 핵심 요소라는 것을 보여주고 있다. '협동조합 간 협동'의 대표적 형태가 바로 연합 조직의 구성인데, 연합 조직은 동종 업종에 종사하는 협동조합들의 연합회가 대부분이며 이러한 동종 협동조합의 연합회들이 모두 모여 이종협동조합연합회 간 총연합회를 결성한 경우는 드물다.

이종협동조합 간 총연합회를 결성하여 운영하고 있는 나라는 독일, 스페인몬드라곤, 캐나다 퀘벡, 이탈리아가 대표적이며, 이중 이탈리아의 3대 협동조합총연합회 중에서 레가꿉(Legacoop)총연맹에 대한 분석을 통하여 우리나라 협동조합 연합 조직의 발전 방향성에 대한 시사점을 얻고자 한다.

이탈리아에서 가장 오래된 협동조합 연합 조직 레가꿉

레가꿉(Legacoop : Lega Nazionale delle Cooperativee Mutue)은 1886년에 설립되어 130년의 역사를 가진, 이탈리아에서 가장 오래된 협동조합 연합 조직이다.

2014년 현재 1차산업에서부터 제조업, 서비스업에 이르기까지 거

레가꿉 홈페이지

의 전 산업 분야에 걸친 1만 5,000개 협동조합이 가입해 있으며, 총 조합원 934만 명, 직원 수 50여만 명, 매출 789억 유로 규모의 거대 연합 조직이다.

레가꿉은 주로 건설-공업-엔지니어링, 그리고 서비스의 2대 부문을 중심으로 발전해왔으며 산하 업역별 하위 연합회가 다수 포진하고 있다. 대표적인 산업별 연합회로는 건설-공업-엔지니어링 분야의 리더 기업을 다수 포함하는 ANCPL(생산-노동 협동조합 연합회), 급식, 레스토랑, 운송, 물류, 교통, 건물관리, 환경, 리사이클링 등을 포함하는 ANCST(서비스여행협동조합 연합회)가 있다.

레가꿉에 소속된 하위 조직과 그 세부 내용은 다음 표와 같다

[표11-1] 레가꿉 영역별 산하조직 현황				
조직	영역	매출(2014 est.)/백만유로	종업원 수	조합원 수
LEGACOOP AGRO-ALMENTARE	농업	9,024	24,920	200,000
LEGA PESCA	어업	300	4,190	10,450
ANCPL	생산-노동	9,742	41,300	23,800
ANCS	서비스	8,140	167,300	113,500
LEBACOOP SOCIALI	사회적협동조합	4.018	122,000	132,974
LEGACOOP TURISMO	관광	460	1,750	2,500
ANCC-COOP	소비자협동조합	12,421	54,591	8,425,064
ANCD-CONAD	소매유통	11,730	47,000	2,722
ANCAb	주택	711	1,390	380,000
	문회	95	4,900	9,050
Mediacoop	커뮤니케이션	90	700	40,000
	기타	26,174	33,955	6,000

출처: Legacoop status 2015

다양한 성격의 협동조합 총연맹 조직

레가꿉을 이해하기 위해서는 먼저 이탈리아의 협동조합 연합 조직 성격을 살펴볼 필요가 있다. 대부분의 나라에서 협농조합 산 협동이 소비자협동조합연합회, 농업협동조합연합회, 신용협동조합연합회 등 주로 동종 부문에 한정되어 발전해온 것에 비해, 이탈리아는 전통적으로 동종 부문에서의 조합 간 수평적인 네트워크인 연합회뿐만 아니라 가치 사슬로 묶어진 수직적 네트워크, 그리고 네트워크의 네트워크까지 매우 다양한 형태의 협동조합 간 협동이 실현되어 왔다.

이 중 가장 최상위에 놓인 것이 레가꿉과 같은 네트워크의 네트워크, 즉 정치적 종교적으로 동질적인 지향을 지닌 조합 및 연합회들이 회원으로 가입하는 협동조합총연맹 조직이다. 이탈리아에는 법으로 승인된 5개 협동조합 총연맹이 있으며, 그중 대표적인 곳이

[표11-2] 이탈리아 협동조합 총연맹 산하 협동조합 현황(2009년 기준)

	기업 수	매출액 (10억 유로)	조합원 수	직접 고용 직원 수
Legacoop	15,500	57	8,550,000	486,000
Confcooperative	20,300	61	2,878,000	535,000
AGCI	6,900	7	388,000	71,000
UNCI	7,820	2	150,000	70,000
Unicoop	1,000	0.2	5,000	10,000
위에 속하지 않는 조합	15,475	1.5	90,000	100,000
합계	66,995	128.7	12,061,000	1,272,000

출처: 이경수 (2016-1)

Legacoop, Conf-Cooperative, AGCI(Associazione Generale Cooperative Italiane)

이다. Legacoop는 탈종교·혁신·사회주의 성향, Conf-cooperative는 가톨릭계, AGCI는 중도·리베랄계로 서로 조직 기반은 다르지만 영리 지상주의를 비판하는 가치관과 사상을 공유하고 있다.

과거에는 각각 총연맹의 중심축으로서 정당이 존재하고, 그 정치적 경향도 두드러졌지만 현재는 거의 불식되었다. 그 연장선상에서 레가꿉, ConfCooperative(CCI/ 가톨릭진영), AGCII(중도진영) 세 총연맹은 2011년 1월 L'Alleanza delle Cooperative Italiane(Alliance of Italian Cooperatives)를 결성하면서 이탈리아 전체 협동조합 섹터의 90%를 차지하게 되었고 이를 통해 대정부 교섭 및 입법 활동, EU 내 관계 구축 등 공동 보조를 강화하고 있다. 이들은 권역별 통합, 총연맹의회 구성 등의 단계를 거쳐 이탈리아 협동조합을 대표하는 단일 연합 조직체 구성을 최종 목표로 통합을 진행하고 있다.

협동조합의 연대와 육성 촉진이 목적

레가꿉은 협동조합의 연합 조직으로서 협동조합의 정체성을 지키고, 외부에 협동조합을 대변하며, 협동과 상호부조(공제)의 발전, 회원 조직의 경제적 연대적인 관계를 촉진하는 것을 그 설립 취지로 하고 있으며, 구체적으로는 다음과 같은 목적을 추구하고 있다.

· 협동조합의 가치, 문화, 실무의 보급 촉진

· 협동조합 및 참여 조직의 기업가적 성장 촉진과 사회내 인지도 제고
· 의사 결정에서의 이해 관계자의 참여 확보
· 사회 및 경제 쟁점 해결에 대한 레가꿉 및 관련 조합, 기관의 지속적인 공헌 확보
· 차별화된 역량 강화를 위한 협동조합 간 관계 구축의 촉진과 권장
· (특히 저개발국에서의) 협동조합의 국제적 확산에 공헌

  이러한 레가꿉의 지향점과 정신, 추구 가치는 1995년에 공표한 가치헌장에 매우 잘 나타나 있다. 이를 요약하면, 사람 중심, 다원적 문화, 연대, 자율성이라는 기본 가치를 기반으로 하며, 정의감과 책임감, 협동 능력을 갖춘 조합원이 투명하고 공정하며 민주적인 원칙하

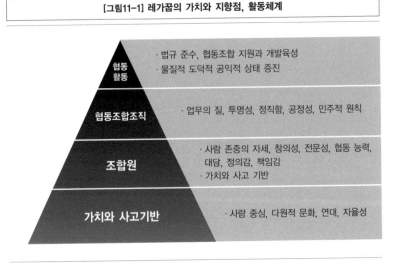

[그림11-1] 레가꿉의 가치와 지향점, 활동체계

협동
활동
· 법규 준수, 협동조합 지원과 개발육성
· 물질적 도덕적 공익적 상태 증진

협동조합조직
· 업무의 질, 투명성, 정직함, 공정성, 민주적 원칙

조합원
· 사람 존중의 자세, 창의성, 전문성, 협동 능력, 대담, 정의감, 책임감
· 가치와 사고 기반

가치와 사고기반
· 사람 중심, 다원적 문화, 연대, 자율성

에서 조직 운영을 함으로써 협동조합의 연대와 육성을 촉진하는 활동을 추구한다는 것이다.

수많은 역경 극복과 전환을 통해 성장해온 레가꿉

레가꿉의 출발점은 1886년 전국 7만 조합원과 248개 조합을 대표하는 100명의 대의원이 밀라노에 모여서 구성한 이탈리아 협동사회연맹(La Federazione delle Società Cooperative Italiane , The Federation of Italian Co-operative Society)이다. 이 조직은 1887년 협동조합전국연맹(la Federazione nazionale delle cooperative, the National Federation of Cooperatives)을 출범시켰으며, 1893년에는 이를 이탈리아협동조합연합(레가 나치오랄레, Lega nazionale delle cooperative italiane, National League of Cooperatives)으로 개칭하였다. 초기에는 강한 상호 연대 정신하에서 가톨릭, 사회주의, 공화주의 성향의 협동조합을 모두 포괄하면서 이탈리아협동조합을 대표하였으나, 1919년 가톨릭계 협동조합이 탈퇴해 이탈리아협동조합연맹(Confcooperative)을 창립하였다. 1925년에는 레가 나치오날레가 반국가 단체라는 오명하에 파시스트에 의해 해산당하면서 4천개 협동조합이 파괴되었고 3천개 협동조합이 파시스트들의 연맹인 엔테 나치오날레의 가맹을 강요받기도 하였다.

2차 대전 후 1945년 9월, Lega(Lega nazionale delle cooperative e mutue, 전국협동조합/공제조합연맹)가 재건되었으며, 이후 협동조합의 두 번째 부흥기를 맞이하게 된다. 전후의 어려운 경제 여건이 서로 협동하지 않을 수 없는 환경을 만들었으며, 이탈리아적 사회주의와 카톨릭의 정신이 작용하여 제2 도약의 기반이 만들어졌다. 1970년대에는 성장한 협동조합들이 합쳐지면서 더 큰 협동조합들이 생겨나게 되었고, 1980년대에는 오일쇼크 경제 위기로 노동자들이 자신의 자금을 투자해서 협동조합을 인수하는 Worker Buyout들이 다수 생겨나기도 하였다. 1996년에 창립 110주년을 맞이하면서 Lega는 레가꿉이라는 현재의 명칭을 정식 명칭으로 정하게 되었다.

전후 재건된 레가꿉이 지금의 모습으로까지 성장하게 된 전환기는 두 번 있었다. 그 첫 번째는 1960년대 그 당시 공식 노선이었던 '협동조합 공화국의 건설론'을 벗어나 혼합 경제를 지지하면서 그 속에서 협동조합이 큰 역할을 수행할 수 있다는 제3섹터론(the 3rd Sector Theory)을 제시하고 1970년대 이를 기반으로 개혁을 단행한 시기이다. 혼합 경제를 인정하고 협동조합이 국가와의 협력을 통해 이탈리아 사회의 구조적 문제 해결에 기여하는 행위자로 인식됨으로써 중앙정부-지방정부와 우호적인 환경이 조성되었다. 이를 바탕으로 레가꿉은 대기업의 횡포에서 스스로를 보호하려는 모든 세력에 문호를 개방하고 협동조합의 경영 능력을 강화하는 한편, 소매자영업자, 문화, 보건의료, 관광, 수산업, 운송 등 새로운 분야를 조직함으로써 경제적 사회적 기초가 더욱 탄탄해지는 계기가 되었다.

또 한 차례 변화의 계기는 1980년대인데 신흥 개발도상국과의 격심한 경쟁, EEC(유럽경제공동체) 유럽시장 통합으로 인해 협동조합이 글로벌 경쟁에 직면하게 되었을 때이다. 레가꿉은 단일 시장으로 전환하는 유럽 지역의 여러 협동조합 부문과 연대를 발전시키는 한편,

국내 협동조합 내부의 차원에서는 글로벌 기업과 경쟁에서 이길 수 있도록 통합과 합병을 통해 강력하고 규모 있는 협동조합을 만들어 가는 노선을 채택하였고 이에 어울리게 전국 조직의 구조와 사업 조직을 완전히 개혁하였다. 생협 부문은 1956년 3,300단협 7,000매장에서 1991년 431단협, 1,281매장으로 변화했고 최근에는 전국의 9개 단협이 총 매출의 90%를 차지하는 정도의 규모화를 실현했다. 거의 모든 분야의 협동조합들이 경영 전략의 재구축을 통해서 현재로 이어지는 경쟁력을 확보하게 된 것이다.

지역별 조직 및 산업별 부문 조직으로 구성

레가꿉은 로마에 본부를 두고 있으며, 지역별 조직(광역(Regional)) 및 기초지자체별(Local/도, 시)) 자치적 성격의 산업별 부문 조직(Sector Associations)의 두 조직체계를 기본 축으로 하고 있다.

본부에는 약 20~30명의 직원이 근무하면서 전국 차원에서 공통으로 이루어지는 사업과 프로그램의 기획 및 지원, 조정, 그리고 중앙정부와의 협력 및 국가 단위의 정책 이슈를 수행하고 있다.

지역별 조직은 주 혹은 도, 시별로 구성되어 있으며 단위당 5~10명의 직원이 근무하고 있다. 지역별 조직은 각 지역별 이슈와 문제에 대응하는 사업과 프로그램을 운영하며 지자체와의 협력 강화 및 지역 정치 환경 속에서 협동조합의 보호와 지원 활동에 주력하고 있다. 구체적으로는 지역 내 타 기구·조직·노동조합·협회에 대해 지역 단위에서의 협동조합의 대표 역할을 수행하며, 지역 단위에서의 협동조합 설립 촉진, 협동조합의 문화 확산, 각 지역 내에서의 레가꿉 조직과 운영 형태 승인, 지역 단위에서 규제나 관리 감독 기구와의 관계 촉진 및 관계 관리, 인적 자원 육성을 위한 정책 촉진과 실행 등을 수행한다.

산업별 부문 조직은 소비자협동조합, 농업 및 농식품 협동조합, 소매업자 협동조합, 생산자협동조합, 언론출판미디어 협동조합, 여행 및 관광 협동조합, 주택협동조합, 사회적협동조합 등 10개 부문별 조직으로 구성되어 각 산업 영역별 이슈 대응과 관련 사업을 지역별 조직과 독립적으로 전개하고 있다. 구체적으로는 관련 산업 정책과 지원·규제를 담당하는 국가 차원의 기구와의 관계 증진, 산업 조직에 속한 협동조합 및 기관 회원을 대표하고 지역 조직과의 협력과 조정 역할을 수행한다. (*산업별 부문 조직의 각 조직별 세부적인 내용은 이경수(2016-2)의 16쪽-22쪽 참조)

[그림11-2] 레가꿉의 산업별 부문 조직

협동조합 생태계를 위해 폭넓은 기능 수행

레가꿉은 중앙 조직 단위 혹은 광역-기초 지역 조직 단위에서 협동조합 생태계와 소속 조합의 발전을 위해 아래와 같은 다양한 사업과 활동을 전개하고 있다.

① 협동조합의 이상과 가치, 문화를 증진시키는 다양한 활동
― 중앙정부 및 지방정부 차원에서 정당과 조합, 정부 부서를 대상으로 협동조합의 필요성을 알리고 활성화를 위한 로비 활동 수행
― 협동조합의 사회적 유용성을 입증하는 사회 책임 사업 실행 확산 정책의 기안 및 채택 촉진
― 협동조합의 이익을 위한 법적, 관리적 이니셔티브를 촉진하고 지원
― 협동조합과 관련 조직들 간의 관계 증진, 호혜성에 바탕을 둔 영역내 조화와 통합을 위한 조직 체계의 채택, 소속 조직 간의 분쟁 조정
― 협동조합과 그 역사에 관한 연구조사, 정보, 교육훈련, 문서화 및 보존

② 회원 협동조합에 대한 감독
― 산하 협동조합이 협동조합의 정체성과 가치를 지키는 동시에 이탈리아 법제를 준수하도록 감독 : 광역 및 지역 조직에서 주로 이러한 역할을 수행하며 연차보고서와 회계 내용을 점검하

고 노동협약 준수 여부 점검

③ 새로운 조합 설립 장려 및 지원

- 협동조합 사업 아이템들을 제공하고 법적 설립 요건들을 갖추도록 지원
- 주로 광역 및 지역 조직에서 조합 설립에 필요한 기본 사업방향과 사업계획, 동업자 물색, 자본 마련과 같은 구체적인 사항 지원
- 새로운 조합 설립을 지원하기 위해 젊은 협동조합가를 대상으로 한 교육이나 네트워크 구축을 위한 프로그램(예: Generazioni) 운영

④ 소속 조합의 경쟁력 강화를 위한 지원

- 기존 조합의 경쟁력 강화를 위한 다양한 지원 및 특화 프로그램 운영: 지역 중소 협동조합이 글로벌 경제 내에서 대기업에 대항할 수 있는 경쟁력을 갖출 수 있도록 지원하는 Rete Regional Dei Servizi 프로그램, 협동조합 운동의 혁신과 국제적 성장을 위한 컨설팅과 교육훈련 서비스를 지원하는 Innovacoop 프로그램 등
- 중앙 조직 차원에서 AGCI, Conf와 공동 출자하여 설립한 비영리기구 Fon.coop를 통해 지역 및 부문 조직, 개별 조합을 대상으로 다양한 교육과 훈련 기금 지원

⑤ 협동조합 간 컨소시엄 지원 : 협력을 통한 규모 확대 및 경쟁력 강화

- 단일 협동조합만으로는 수행하기 어려운 외부 사업이나 프로젝트를 위해, 연관된 여러 협동조합이 협동하여 사업을 진행하

는 컨소시엄 구축 지원

— 5개 협동조합이 컨소시엄을 구성하여 노년층 대상 대규모 사회 서비스를 전개하는 INRETE, 혁신적인 보육을 전개하는 협동조합 컨소시움 KARABAK 등

⑥ 협동조합 지원 금융 역할

— 상호기금, 금융컨소시엄, 투자은행 등 다양한 형태로 협동조합에 필요한 금융을 지원

— 쿱펀드(Coopfund) : 가장 대표적인 지원금융으로써 법적으로 모든 협동조합들이 수익의 3%를 적립하도록 의무화되어 있는 협동기금. 이 기금을 통해 새로운 협동조합의 설립이나 기존 협동조합 발전에 필요한 자금을 지원

— CCFS(consorzio Cooperativo Finanziario per lo Sviluppo, 발전을 위한 금융협동조합 컨소시엄) : 자체 금융 컨소시엄 운영. 1970년대에 내부적 필요성에 의해 설립된 FINCOOPER를 1986년 합병하여 구성된 CCFS는 개발을 위한 협동조합 금융 컨소시엄으로써 회원 협동조합에게 유리한 보증을 제공하고, 대출, 담보대출, 선금 등을 제공.

— 협동조합 영역을 위한 투자은행으로써 FINEC 운영

⑦ 지역 사회 기여 및 지역 주민 대상 교육

— 전국 단위 혹은 지역 단위에서 지역 사회에 기여하는 다양한 활동 전개 : 지역 내 서로 다른 인종 간 문화 통합을 주제로 한 행사, 마피아-조직범죄와의 전쟁에 관한 이니셔티브, 협동조합 간에 공동으로 진행하는 문화워크숍, 의료협동조합-전문가협

한신대 연수단의 레가꼽 볼로냐 방문

동조합-공제조합 간 네트워크 구축으로 지역 복지 실현 등의
활동 등

―또한 지역 주민들이 협동조합을 자연스럽게 이용하게끔 다양
한 계층을 대상으로 협동조합 교육 실시: 지역 내 학생들에게
협동조합 문화를 이해시키고 실제 협동조합 경영을 체험하게
하는 Bellacoopia 프로그램 등

⑧ **연구 및 정책 제안, 국제교류**

―협동조합을 경제적인 측면에서 강화할 수 있는 연구, 일반기업
과 차이에 관한 연구 수행

―사회정치 차원에서 법적, 정치적인 압력의 행사, 정책 제안, 그

리고 국제협동조합연맹에 가입하여 국제 교류 수행

⑨ **회원 조직을 위한 복지 서비스**

— 회원조직에게 보험, 신용제공, 교육훈련, 숙박, 통신, 교통 등
  의 서비스를 저렴한 가격으로 이용할 수 있게 하는 복지 서비
  스 제공

지역 단위에서도 지역에 적합한 프로그램이 풍부

전국 단위 차원의 공통적인 활동과 더불어 각 지역 단위 차원에서
도 다양한 프로그램과 활동들이 이루어지고 있다. 한신대 사회 혁신
경영대학원 연수단이 레가꿉 지역 조직 중에서 가장 앞서나가고 있
는 레가꿉 에밀리아로마냐의 볼로냐 본부를 방문했을 때 여기서 진
행되는 다음과 같은 프로그램들에 대해 설명을 들었다.

① **rete regionale Bellacoopia (Bellacoopia Regional Network)**

— Bellacoopia는 에밀리아로마냐 지역에서 다음 세대를 이끌어갈
  젊은이들에게 협동조합의 가치와 문화를 확산시키기 위해 전
  략적으로 전개되고 있는 활동으로써 2008년에 지역 내 8개 도
  시의 참여로 시작

— 이 프로그램의 목적은 젊은 세대 특히 고등학생에게 협동조합
  이 추구하는 호혜와 연대의 가치를 이해시키고 협동조합의 사
  업과 비즈니스 모델에 대한 경험을 제공하는 것임. 이를 위해

팀 단위의 고등학생들에게 1년에 걸친 경연대회 과정에 참여하면서 창업 아이디어 토론, 게임을 통한 가상 협동조합 설립과 운영 체험, 관련 협동조합 방문 등 협동조합 창업 및 운영 체험을 제공함.

― 매년 9월 프로그램 공고가 게시되면 각 고등학교에서 참여팀이 구성되고 튜터가 배정되며, 다음 해 4월까지 협동조합의 비즈니스 모델, 원리, 가치에 대한 교육, 비즈니스 아이디어 개발 워크숍, 사업계획 발표를 위한 지도, 관련 전문가와의 만남 주선, 현장 방문 등이 튜터 지도로 진행됨. 이 과정에서 학생들은 협동조합의 가치 이해, 사업 아이디어 개발, 사업 형태와 비즈니스 모델 선택, 시장 분석과 사업계획 수립 등을 수행함.

Bellacopia 최종 경연대회 모습

― 이듬해 4월 경에 각 팀별로 완성된 최종 사업계획서 내용이 제출되어 1차 평가가 이루어지면 각 지역별 3개 팀이 선발되며, 이들은 5월에 진행되는 전체 대회에 참여하여 최종 경연을 진행함.

― 2015년에만 39개 학교 75개 프로그램, 1,114명의 학생이 참여하였으며, 2001년 이후 지금까지 누적으로 981개 프로젝트에 16,715명이 참여

② Innovacoop

—Innovacoop은 레가꿉 에밀리아로마냐 시스템 내의 개별 회사로써 혁신과 국제화 촉진을 통해 지역 내 협동조합의 성장을 돕는 조직

—기술 혁신, 조직 및 관리 혁신, 글로벌 시장으로의 진출을 위한 활동을 지원함으로써 협동조합 자원과 역량을 향상시키고 시장 경쟁력을 강화하여 협동조합의 성장을 지원 : 해외 진출 경험이 없는 중소협동조합이 해외 시장을 개척할 수 있도록 해외 국가 정보 분석, 시장 접근 전략 자문, 해외 박람회 참가 지원과 필요 준비 지원 등 글로벌화를 지원하는 프로젝트를 개발하고 실행하며, 생산 및 서비스 과정에서 필요한 혁신과 기술 이전을 위한 연구개발 설계와 실행, 이와 관련된 재무적 세무적 인센티브 접근성 촉진 등의 업무 제공

③ 기타 프로젝트

—이외에도 레가꿉 에밀리아로마냐는 은퇴한 협동조합 경영자들이 신규 협동조합 스타트업을 자원봉사 형태로 돕는 Senior-Coop 프로그램, 주택협동조합과 협력하여 이민자에게 주거를 제공하는 프로젝트, 공공 부문 노동자의 건강과 안전을 위한 연구를 수행하는 활동, 농업 부문에서 환경 지향 농업용수 관리 및 절약을 추구하는 AQUA 프로젝트 등을 수행

레가꿉의 의사 결정 구조[1]

레가꿉의 최상위 의사 결정 조직은 전국총회(Congresso Nazionale)로 각 지역 및 산업별 대표로 선출된 대의원으로 구성되며 매 4년마다 열린다. 전국총회에서는 총회 문서를 승인하고 레가의 전반 활동 방향을 결정하며, 관리위원회(Direzione), 수탁이사회(Board of Trustees), 그리고 감사위원회(Board of Auditors)와 같은 전국 단위의 기구 구성원을 선출한다. 전국 총회가 열리지 않는 중간 시기에는 전국대의원총회(Assemblea Nazionale dei Delegati)가 운영되며 경영이사회가 마련한 프로그램을 평가하고, 계획을 비준한다. 관리위원회(Direzione)는 대의원총회 결정 사항을 실행하고 레가를 대표하는 회장과 부회장을 선출하는 한편, 주요 사업 및 활동의 승인과 실행 모니터링, 전국총회 소집, 예산 및 재정계획 승인 등의 기능을 수행한다.

회장단(Presidenza)은 레가꿉을 대표하는 실질 집행기구로서 조직운영에 필요한 기본 활동 수행, 관리위원회에서 승인된 사업과 활동의 실행, 지역과 산업조직 내 각종 활동의 조정 등의 역할을 수행한다. 과거에는 연합 조직 최고 임원을 정당에서 추천받아 임명하는 등 정당과 협동조합이 밀접한 관계였으나, 1991년 사회적 협동조합법이 만들어지면서 회장 선출이 정당 추천이 아닌 산하 협동조합의 의지로 선출되어 정치로부터 독립을 쟁취하게 되었다.

---

1 레가꿉의 거버넌스와 의사결정 구조 세부적인 내용은 이경수(2016-2)의 16~19쪽을 참조하였음.

레가꿉의 성과 및 당면 과제

레가꿉은 앞에서 언급한 역할과 기능 수행을 통해 협동조합 생태계에서 필요로 하는 핵심 자원인 자금, 인력·교육, 지식과 정보를 공동으로 확보하고 이를 상호 공유할 수 있도록 함으로써 협동조합이 보다 안정적으로 운영되고 지속적으로 성장할 수 있는 기반을 만들어주고 있다. 레가꿉이 이탈리아 협동조합 생태계에서 기여한 성과를 크게 다음 세 가지로 정리할 수 있다.

첫째, 협동조합 생태계에 필요한 핵심 자원의 공급 역할이다. 특히 협동조합의 존속과 성장을 위해 필요한 재무 자금 확보 측면에서 레가꿉은 회원 조직에게 다양한 형태의 자금 지원을 하고 있다. 이러한 자금 지원을 수행함에 있어서 총연맹이 자금 지원 역할을 맡게 되면 새로운 분야에서 등장한 신규협동조합이나 수요가 높지만 자원이 매우 부족한 분야의 협동조합에 대하여 전략적으로 자원을 투입할 수 있다는 장점이 있다. 즉, 부문간 칸막이를 제거하는 것이 가능하다.

이탈리아에서 1992년 법 제정을 통해 창설된 협동조합 기금 꿉펀드(coopfund)는 협동조합의 상호 부조를 단위 협동조합이나 지역 내 수준에서 벗어나 사회 전체의 연대로 확장함으로써 협동조합 발전에 큰 기여를 하였다. 각 연합회가 소속 회원 조직으로부터 징수하는 기금으로 운영되는 꿉펀드는 평균 5~7년 동안의 장기 대출을 통해 단기적인 경영 손실도 감수하며 장기적인 성과를 참을성 있게 기다리는 '인내자본(resilient capital)' 성격을 가진다. 그러나 레가꿉은 협동조합 펀드 제도화 이전에 이미 일찍이 1970년대에 연합 조직 내에 상호지원 기금으로 핀코페르(FINCOOPER)를 설립하여 협동조합 간 합병과 컨소시엄 촉진을 도모하였으며 1986년 CCFS에 합병되면서 레가꿉은 금고로써 금융중개협동조합 조직의 역할을 이어가고 있다. 또한 레가꿉은 이탈리아 최대 국영신용기관 IMI와 공동으로 1987년 피넥(FINEC) 투자은행을 설립하여 협동조합에 대한 벤처캐피탈, 장기 투자, 시장 분석 및 리스크 분석 서비스 등을 지원하고 있기도 하다.

둘째, 소속 협동조합 간의 협동을 통해서 강력한 시너지 효과를 창출하는 데 기여하고 있다. 농업협동조합이 출하한 원료로 식품가공협동조합에서 가공 식품을 생산하며 이는 다시 생협연합회 매장을 통해 판매되는 등 가치 사슬 간 수직적 통합 효과를 추구한다. 원재료 구매, 인력 교육, 보유 금융 자산의 운용 등에서도 이탈리아 내 소속 조직, 나아가서 전 유럽 지역의 협동조합과 연계하여 필요한 '규모의 경제'를 실현하기 때문에 글로벌 기업과의 경쟁에서도 유리한 위치를 차지할 수 있게 된다.

협동조합 간 협동의 가장 대표적인 형태가 바로 사업 컨소시엄이라고 할 수 있다. 이는 주로 턴키 방식의 사업 입찰에 참여할 필요에 대응하기 위해 형성되는 보완적 네트워크라고 할 수 있다. 예를 들면 씨크랫트(Ciclat)는 여러 개별 서비스협동조합들의 컨소시엄으로써, 병원에 대해 청소, 쓰레기 처리, 건물유지관리, 콜센터, 캐터링 서비스 등을 통합적으로 담당하는 사업연합체이다. 사업 컨소시엄은 개발 조합 단위의 작은 규모를 유지하면서도 필요에 따라 유연하게 대규모 사업 입찰에 공동으로 응찰하여 시너지를 발휘함으로써 규모의 경제 혹은 범위의 경제를 실현할 수 있도록 하는 협동조합 간 협동 전략으로 이탈리아 협동조합의 중요한 성공 요인 중의 하나로 분석되고 있다. 레가꿉은 연합 조직 내에서 이러한 컨소시엄의 구성과 운영을 적극 지원하고 있다.

셋째, 소속 조합의 글로벌화 및 사회적 경제의 글로벌화에 크게 기여하였다. 레가꿉은 지역 기반과 세계화를 대립적으로 이해하기보다는 철저하게 세계화에 대응할 수 있는 경영과 전략을 갖추어 협동조합 사업을 발전시킴으로써 지역 경제 발전을 도모한다는 자세를 취하고 있다. 이를 위해 각 개별 조합의 글로벌화를 적극 지원하는 다양한 프로그램을 운영하고 있으며, 또한 레가꿉 전체 차원에서도 유럽 시장 통합에 적극적으로 대응하면서도 세계시장 내에서 시장과 윤리가 어우러진 사회적 경제를 건설하는 역할을 적극 수행해 왔다.

레가꿉 에밀리아로마냐 볼로냐 본부 방문 시 한신대 연수단을 맞아 현황을 설명해주었던 담당자는 현재 레가꿉이 당면하고 있는 주요 과제로 젊은 층의 실업 문제 해결과 산업구조 변화에의 대응을 이야기하였다.

앞 부분에서 서술되었던 레가꿉의 역할과 기능에서 신규 협동조합의 창업 촉진 및 기존 협동조합의 글로벌화·규모화 지원이 매우 높은 우선 순위로 두어지고 있는 것도 젊은 층의 실업 문제 해결과 연관된 것이라고 할 수 있다.

또한 경제 환경 및 산업구조 변화에 따라 기존 협동조합의 경쟁력

약화와 신규 영역에서의 협동조합 창업의 필요성 또한 매우 중요한 과제로 인식되고 있었다. 실제로 경제 환경 악화 및 저성장 경제로 이탈리아의 인프라 투자가 축소되면서 80%의 건설협동조합이 파산하였고 옛날 방식의 건축협동조합은 이제 존립하기 어려운 상황이라고 한다. 따라서 살아남은 건설협동조합을 최근의 환경 변화에 맞추어 재편하는 다양한 시도가 이루어졌는데, 그 대표적인 것이 사회적 협동조합과 건설협동조합을 엮어 만들어 낸 소셜하우징이다. 소셜하우징은 중하류층이 원하는 저렴한 가격대의 집을 지어 구입 혹은 임대할 수 있도록 하는 것인데, 기존 주택협동조합은 집이 필요한 사람들이 협동조합을 만들어 자신의 집을 짓는 것인데 비해 소셜하우징은 사회적협동조합과 건설협동조합이 협력(주거+사회 서비스 융합)해서 구입-임대-주거-돌봄서비스를 전체적으로 저렴한 가격으로 제공하는 새로운 형태라고 할 수 있다.

**이종협동조합 간 총연맹의 구축으로 전체 협동조합 섹터의
균형적인 발전을 도모**

협동조합은 그 특성상 지역 기반으로 설립되고 운영되는 경우가 대다수이므로 고객 밀착성이 높고 풍부한 지역 내 관계 자산을 보유하고 있다는 강점을 가지고 있다. 하지만 지역 한정성으로 인해 구조적으로 조직 규모가 작을 수밖에 없으며, 이는 필연적으로 낮은 운영 효율성과 경쟁 우위 열세를 가져오게 된다. 이를 극복하기 위해

서는 규모화를 통한 규모의 경제를 달성해야 하지만 실질적으로 필요한 규모에 도달하기가 쉽지 않으며, 규모를 키워나가는 과정에서 지역 및 협동조합이 가지는 고유의 특성을 잃기 쉽고, 관료화되면서 작은 조직으로서의 유연성을 상실하는 문제도 야기될 수 있다. 이탈리아 레가 소속의 노동자협동조합이나 사회적협동조합 중 이미 대규모로 성장한 조합도 있지만 아직 많은 조합들은 중소 규모의 수준을 유지하고 있다. 이를 해결하는 대안으로서 선택된 것이 바로 자원의 공유 혹은 공동화를 통한 규모의 경제 달성이라고 할 수 있다.

또한 이종협동조합 간 협동을 통하여 새로운 사업의 진출을 도모하고 새로운 분야에 새로운 형태의 협동조합의 설립을 촉진하며, 사회 전체 차원에서 전략적 투자를 추진할 수 있다. 이탈리아 레가연맹은 그러한 이종협동조합들의 총연맹의 모범적인 사례를 보여준

다고 할 수 있다. 실제로 레가꿉은 이러한 기능 수행을 통해 협동조합 사업 연합체인 컨소시엄 구성을 지원함으로써 개별 협동조합이 확보하기 어려운 역량들을 확보하고 자신이 속한 업의 경계를 넘어선 복합적인 사업 영역에의 진출, 글로벌 시장에의 진출을 가능하도록 해주고 있다. 이러한 점에서 레가총연맹의 사례는 부문별 협동조합연합회의 전통이 강한 한국에서 부문의 장벽을 허물어 전체가 협동할 때 어떠한 성과를 낼 수 있는지를 잘 보여준다고 할 수 있다.

[참고자료]

· 김태열·김현경·우미숙·전홍규, 『협동조합 도시 볼로냐를 가다』, 그물코, 2010.
· 유정규, 「이탈리아 사회적 경제와 협동조합」, 지역재단 내부 학습모임 자료. 2013. 11.
· 이경수, 「이탈리아 협동조합의 역사 : 이탈리아 소비자협동조합 탐구 1」, 아이쿱 해외협동조합 연구동향 2016-03, 아이쿱협동조합연구소.
· 이경수, 「이탈리아 레가 역사와 지역·부문 조직 : 이탈리아 소비자협동조합 탐구 2」, 아이쿱 해외협동조합 연구동향 2016-04, 아이쿱협동조합연구소.
· 이경수, 「이탈리아 레가 거버넌스와 주요 활동 : 이탈리아 소비자협동조합 탐구 3」, 아이쿱해외협동조합연구동향 2016-05, 아이쿱협동조합연구소.
· 이성수, 『사회적 협동조합 : 협동조합운동의 새로운 지평』, 한국협동조합연구소 출판부, 2000.
· 정원각, 「유럽 협동조합의 이해(몬드라곤과 레가를 중심으로)」, 생협아카데미 교육자료, 2009. 4.
· 한살림 볼로냐 연수단, 〈협동조합의 도시, 볼로냐를 찾아서〉, 프레시안 연작 기획, 2010. 8~2010. 10.
· Statuto Legacoop Nazionale (approvato al 39° Congresso il giorno 18 dicembre 2014)
· National Legacoop Statute (approved at the 39th Congress on 18 December 2014)
· 菅野正純, 「社會的協同組合」がひらく新たな地平(사회적협동조합이 여는 새로운 지평), 協同의 発見, 2006. 1.
· 프랑카 구글리에메띠(Franca Guglielmetti), "Legacoop Bologna", 2013년 서울 국제 사회적경제 포럼(GSEF) 발표 자료.
· "이탈리아 협동조합운동의 역사와 성과 : Legacoop Bologna(레가코프 볼로냐)를 중심으로" (출처 : 블로그 <On That July Afternoon>, http://ozuyasujirou.tistory.com/54)

지역민의 삶 속에 깃든
트렌티노협동조합연맹

들어가며 : 협동조합의 기본원칙에 충실하고 지역의 '사람'에 집중하는 트렌티노 연맹

　요즘은 사회적 경제 분야에서 '협동조합 생태계 구축'이라는 말이 낯설지 않다. 지역에서도 협동조합 조직을 발견하는 것은 그리 어렵지 않게 되었다. 업종 역시 소비자 생활협동조합에 국한되어 있던 과거와 달리 의료나 돌봄 등의 사회적 협동조합이나 노동자 협동조합도 어렵지 않게 찾아볼 수 있다. 반면 그 수에 비해 우리나라 협동조합의 수명은 길지 않다. 협동조합이 성공하기 위해서는 사회적 신뢰수준이 높아야 하고 협동조합이 기업으로써 시장의 실패를 해결함과 동시에 다른 자본주의적 기업들과 경쟁을 하는 상황을 잘 극복해야 하는데 이를 소규모의 협동조합에서 해결하기는 쉽지 않기 때문이다. 이는 협동조합의 외형을 쉽게 따라 할 수는 있지만, 협동조합의 단일한 개별 조직 형태로 사업과 운동을 균형 있게 유지하며 지속 가능한 조직으로 유지하는 것은 어렵다는 반증이다. 따라서 지역에 있는 서로 다른 협동조합이 서로 협력하고 연대한다면 지역의 협동조합 생태계를 구축하는데 한 발 더 나갈 수 있을 것이다.

그러나 현재 한국의 현실을 보면 다른 성격의 조직에 신뢰를 바탕으로 한 협력을 기대하기는 쉽지 않은 일이다. 한국의 조직과 조직 간의 협동 협력의 경험이 많지 않았던 역사적인 특징도 있겠지만 지역에서 모방할 만한 적절한 선례를 찾아보기 어렵기 때문일 수도 있다.

한국의 협동조합 실태와 달리 이탈리아는 협동조합들이 동종 간뿐만 아니라 이종 간의 협력을 통하여 다양한 협동조합의 생성과 기존 협동조합의 사업 확대를 통하여 질 좋은 일자리의 창출, 지역 복지에의 기여, 환경 보전 등 다양한 협동조합의 성과를 이루어내고 있다.[1] 이탈리아 트렌티노 지역은 이탈리아의 다른 지역과 같이 다종 다양한 협동조합들이 협동조합총연맹에 가입되어 있을 뿐만 아니라 이러한 협동조합총연맹이 '트렌티노협동조합연맹Cooperazione Trentina'(이하 트렌티노연맹)[2]이라는 하나의 조직으로 통일되어 있다. 이는 이탈리아의 여타 지역과는 구별되는 트렌티노만의 고유한 특징이다. 다양한 형태의 이종 간 협동조합의 협력을 통해 트렌티노 지역 전체가 거

---

1 장종익, 「이탈리아 협동조합 섹터의 현황과 특징」, 2017.
2 www.cooperazionetrentina.it (트렌티노연맹 홈페이지에 접속하면 현재의 활동을 살펴볼 수 있다. 2018. 7. 24. 캡처)

트렌티노협동조합연맹 홈페이지(www.cooperazionetrentina.it)

대한 협동조합의 모습을 갖추고 있다고 해도 과언이 아니다. 연맹을
통해 독특하고 혁신적인 컨소시엄 방식을 적용해 협동조합을 운영
하고 협동조합의 발전을 넘어 지역의 성장 및 지역 주민의 삶의 질
또한 긍정적으로 변화시키고 있다.

우리가 트렌티노에 주목하는 두 번째 이유는 이 지역이 이탈리아
에서 가장 빈곤한 지역이었는데 협동조합을 통하여 경제적으로 문
화적으로 잘 사는 지역으로 전환되었다는 점이다. 트렌티노는 유럽
의 모든 지역에 비하여 협동조합에 가입되어 있는 인구 비율이 높다.
트렌티노의 인구 50만 명 중 27만 명이 협동조합의 조합원으로 협동
조합 인구가 50%가 넘는다.[3] 트렌티노는 주민 대부분이 협동조합의

조합원으로서 자신의 삶에서 협동조합이 중요한 위치를 차지한다고 말한다. 그도 그럴 것이 트렌티노에는 소비자생활협동조합, 농업협동조합, 노동자·사회·서비스·주거협동조합, 신용협동조합, 사회적 협동조합 등의 다양한 협동조합이 존재한다. 그리고 이를 통해 개인의 삶 전반에 걸쳐 협동조합을 통해 인간의 활동이 이루어진다. 실제로 트렌티노의 주민 중 80.61%가 '협동조합이 자신의 생활에서 중요하다'라는 통계가 있다.[4] 그들은 협동조합을 통해 "함께 일하면 큰일을 할 수 있다."는 믿음을 갖고 있다. 한 개인의 삶에 미치는 협동조합의 가치는 무궁무진하고 트렌티노연맹으로부터 도출된 결과가 이를 증명한다.

트렌티노의 주요 산업은 관광과 농업이다. 이에 따라 트렌티노의 관광 사업에 관여하는 협동조합이 다수 존재한다.[5] 예를 들어 트렌티노의 멜린다 사과 협동조합은 이탈리아의 수입을 증대하고 방문객 유치에 큰 도움을 주고 있다. 2016년 트렌티노의 GDP는 유럽 평균의 30% 이상으로 트렌티노 지역 주민들은 '삶에 대한 행복감' 부분에서 이탈리아의 다른 지역보다 높은 만족감을 나타냈다. 이는 지역에서 제대로 작동한 협동조합이 모여 협동조합 생태계를 이루어 나타난 긍정적인 효과라고 할 수 있다.

---

3 Gianluca Salvatori, "The flexibility of the cooperative model as a development tool : the case of an Italian region", Euricse workingpaper n.025/12, 2012. pp.3.

4 Cooperazione Trentina 'enterprises of people with the community at heart', 2016.

5 농업에 관여하는 협동조합 중 대표적으로 멜린다 사과의 사례가 있다. 지역 특산물인 멜린다 사과는 중국에 이어 세계 수출량 2위를 고수하고 지역 농·특산물을 생산부터 가공까지 연결하며 협동조합을 통해 저렴한 가격으로 유통하는 성공적인 협동조합이다.

[그림12-1] 지역별 협동조합이 개인에게 미치는 만족도

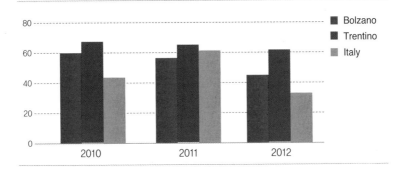

트렌티노 협동조합의 조합원은 자신의 삶에서 협동조합이 미치는 영향이 크다고 생각하며 조합에 대한 만족감이 높다. 트렌티노연맹의 임원들은 하나같이 협동조합의 긍정적인 역할이 협동조합 운동 초기 로렌조 신부의 철학인 사회적 실천 협력에 기인한다고 보고 있다. 트렌티노연맹에 속한 협동조합은 5개 대륙에 400만 유로를 수출하는 사업적인 성과를 이루었고 지역의 일자리를 창출하는 역할로서 영구적 고용 인원이 2만 명에 달한다. 연맹 내의 보유 자금도 3억 7천만 유로로 상당한 재산을 축적하고 있다.

트렌티노연맹의 성과는 단순히 협동조합의 수익성에 국한된 것도 아니고 가치에만 치중해서 얻어진 것도 아니다. 트렌티노연맹은 협동조합의 원칙과 가치를 지키는 기본에 충실할 뿐만 아니라 급속하게 변하는 시장 환경에 대처하기 위해 자체 역량을 강화하려는 세부적인 노력을 꾀하며 이를 트렌티노 주민을 통해 구현해 내는 활동을 한다. 이것이 바로 트렌티노연맹에 주목하는 또 다른 이유다.

역경 속에서 피어난 트렌티노협동조합

: 빈곤으로부터의 탈출 – '무한 연대 책임과 개인적 자유'

트렌티노에는 이미 1895년에 50개의 협력 기업이 존재했고 이들과 함께 로렌조 신부가 최초의 회장으로 추대되어 트렌티노연맹을 설립했다. 이후 트렌티노연맹은 1898년에 신용협동조합들을 연계 운영하는 2단계 컨소시엄인 SAIT(Industrial and agricultural union of Trento)에 의해 가족협동조합(cooperativa familiare)을 위한 중앙 창고가 되었고 1899년에는 유통협동조합으로 발전했다. 그러나 1922년 이탈리아에는 파시즘이 출현했고 이 영향으로 협동조합은 자율성을 상실하며 두 번째 위기를 맞게 된다. 그러나 수 년간의 갈등 이후 협동조합 운동은 주로 경제 재건과 관련된 지속적인 노동자협동조합의 활동으로 힘을 얻게 된다. 1890년에서 1898년까지 트렌티노에는 총 170개 이상의 협동조합이 생성되고 약 2만 명 이상의 조합원이 발생했다.

2000년 트렌티노연맹과 레가연맹은 연합을 하는데 이는 트렌티노 지역에 협력의 가치를 높이는 계기가 되었다. 2007년 협동의 가치와 원칙을 승인한 트렌티노연맹은 협동조합의 위상을 높이기도 했다. UN에서 국제 협력의 해로 선언한 2012년 트렌티노연맹은 국제협동조합의 날 행사에 참가했다.

1950~1960년대 두 번의 위기 이후에는 지역의 가족·지역커뮤니티 단위의 내적 발달 요소에 집중하였다. 1980년 소규모 지역 비즈니스는 협동조합을 통해 견고한 변화를 추구하며 트렌티노의 '지역 브랜드'를 창출했다. 특히 트렌티노연맹은 어려운 위기 때마다 연대,

상호, 자유, 민주주의 가치를 실천하려고 노력했다. 트렌티노 협동조합의 역사를 통해 그들이 겪은 역경은 협동과 연대의 가치를 이끌어내는 긍정적 작용을 한 것을 알 수 있다. 현재 트렌티노에는 21개의 2단계 컨소시엄과 트렌티노 협동조합 연맹 1개가 있다. 세 번의 큰 위기를 겪은 트렌티노연맹은 존재 상실의 어려움이 있었으나 여전히 연맹은 트렌티노 협동조합에 있어 가장 강력하고 중요한 존재이다.

협동조합 간의 협동을 이어주는 트렌티노연맹
−하나의 우산을 쓴 협동조합들의 연합, 컨소시엄

트렌티노연맹의 가치는 '연대, 상호, 자유, 민주주의'이다. 이는 자조, 자기 책임, 민주, 평등, 형평성, 연대의 협동조합 가치와 일맥상통하고 트렌티노연맹이 국제협동조합 연맹에 의해 채택된 '협동조합의 정체성 선언'을 인지하고 있다는 사실을 말해준다. 트렌티노연맹은 2007년 협동조합과 협회 및 연맹의 법령을 근간으로 하여 회원들과 지역 사회의 윤리적 행동을 지원하는 도구로써 협동의 가치를 설계하였다.

트렌티노연맹 내 사회적 협동조합연합회 회장은 협동조합과 컨소시엄을 '하나의 우산을 함께 쓰고 있는 공동체'라고 표현했다. 즉 트렌티노연맹의 다양한 지원 아래 컨소시엄의 형태를 띤 여러 개의 협동조합이 모여 상호 협력하고 있다는 것이다. 이에 따라 트렌티노연맹의 역할이 부문별로 구분되어 있고 건물도 각 부문별로 구성되어 있다. 연맹은 각 부문을 층별로 나눠 협동조합을 지원하고 있다.

신용협동조합(The Casse Rurali)

신용협동조합은 이탈리아에서 가장 낮은 이자율을 적용하고 있다. 과도한 관료주의 대신 적은 고객을 대상으로 하기 때문에 최선의 조건에서 은행 업무를 볼 수 있다. 트렌티노 신용협동조합의 컨소시엄인 중앙은행의 지원으로 규모가 가장 작은 은행도 규모가 큰 은행과 비슷한 서비스를 제공한다.[6]

소매협동조합(Famiglia Cooperativa)

협동조합 매장은 1993년부터 Coop Italia의 회원이었던 컨소시엄 싸이트(SAIT)가 맡아서 큰 상점에서부터 외곽의 가장 작은 상점에 이르기까지 확장하는 작업을 해왔다. 그 결과 현재 소매협동조합의 시장 점유율은 40%를 달성했다.[7]

농업협동조합(Le Cooperative Agricole)

농업협동조합은 주로 고부가 가치 작물을 취급한다. 농업협동조

---

6 신용협동조합은 지역 사회에 기여하기 위해 스포츠, 문화, 사회, 교육 부분에 매년 20만 유로를 기부하고 있고 회원을 위해 금융과 신용뿐만 아니라 기술관련 지식도 지원하고 있다. 중앙은행은 회원 은행에 유리한 금융, 신용 및 기술 지원을 제공 하고, 모든 은행에서 고급 소프트웨어 시스템을 이용할 수 있다.

7 소비자협동조합 200개는 지역에서 소비자 협동조합 매장 외의 다른 슈퍼마켓을 찾을 수 없다. 주민의 대부분이 협동조합 매장을 통해 생필품을 구매하고 있고 매장을 통해 얻는 수익은 1년에 약 8천만 유로 정도이다.

합에서 취급하는 것은 와인, 치즈, 과일, 채소, 육류 등으로 식료품 전반을 취급하고 트렌티노 지역의 전체 판매율 중 90%를 농업협동조합이 차지한다. 특히 농업협동조합을 통해 수확한 멜린다 사과는 DOP[8]를 수상할 만큼 그 품질도 최상이다.[9]

노동 · 서비스 · 주거 협동조합(Cooperative di Lavoro, servizi, abitazioni)

트렌티노연맹의 혁신의 예는 노동시장의 협력에서도 찾아볼 수 있다. 1980년 초유의 실업 위기로부터 새로운 고용을 창출해야 했던 트렌티노는 지방자치와 협동조합의 운동을 통한 관광 개선 활동을 위해 협동조합을 설립하였다. 실업문제 해결을 위해 1990년 '특별 고용 프로젝트'에 합의하고 실행했다. 트렌티노의 노동자들은 산이나 강의 보도 수리 및 복원, 박물관 및 도서관의 관리 등에 고용되었다. 트렌티노의 사회적 협력은 협동을 통해 환경을 보호하고 지역의 관광 진흥에 힘쓰는 모델이다.[10]

주거협동조합은 대부분 하우스 쿱 컨소시엄으로 구성된다. 트렌티노의 약 3천 가정이 주거협동조합이 지은 집에 거주하고 시장보

---

8 이탈리아 식품에서 최고 등급에 부여되는 DOP는 Denominazione di Origine Protetta(영어 Protected Designation of Origin)의 약자입니다. 용어 자체에서도 짐작 할 수 있듯, 이것은 DOP를 취득한 제품은 지정된 지역/지방(그 식품이 기원이 된 지역)에서 재배된 원료로 만들어지고 그 곳에서 포장까지 완성된 제품임을 증명합니다. (출처 : "이탈리아의 DOP 식품이란 무엇이며 어떻게 구분하는가?", 블로그 <My life is all about Love and Being healthy>)

9 트렌티노의 기장 잘 알려는 브랜드로는 Melinda, La Trentina, Serene star, Cavit, Mezzacorona, La Vis, Sant'Orsola, Trentingrana-Formaggi Trentini가 있다.

10 Gianluca Salvatori, "The flexibility of the cooperative model as a development tool : the case of an Italian region", Euricse workingpaper n.025/12, 2012. pp.11.

다 유리한 가격으로 자신의 집을 소유한다. 주거협동조합은 건물의 질을 높이고 환경을 존중하는 건축을 한다.[11] 노동·서비스·주거 협동조합의 주요 목표는 회원들에게 일자리를 제공하고 지역에 서비스를 제공하는 것이다.

사회적 협동조합(Cooperative Sociali)[12]

트렌티노 지역의 사회적 협동조합은 1,200명 어린이를 위해 유아원 시설을 갖추고 있고 7,000여 명의 고령자 및 여성을 돌보는 시스템을 운영한다. 사회적 협동조합은 소외 계층에게 복지 서비스를 제공하거나 직업 훈련을 통해 일자리를 제공한다. 사회적 협동조합의 서비스 혜택을 제공받는 사람은 노인, 신체적 또는 정신적으로 장애가 있는 사람, 지원이 필요한 청소년, 중독에 시달리는 사람들, 실직자 및 기타 사회적 약자이다.

트렌티노연맹의 조직 구조와 활동

트렌티노의 협동조합 생태계 구성을 살펴보면 1단계는 협동조합 가족(Cooperazione Famiglia)인 단일 점포, 2단계는 지역 컨소시엄이 있으

---

11 대표적인 노동자협동조합 컨소시엄은 더 컨소르지오 라보로 앰비엔테(The Consorzio lavoro ambiente(CLA)이다.
12 사회적 협동조합을 대표하는 컨소시엄은 콘솔리다(Consolida)이다. 1988년 사회 및 보건 의료, 사회적 약자에 대한 교육 서비스 재통합이라는 관련 법률이 제정되어 증가하는 사회적 서비스에 대한 요구를 사회적 협력을 통해 사회통합으로 해결하는 계기가 되었다.

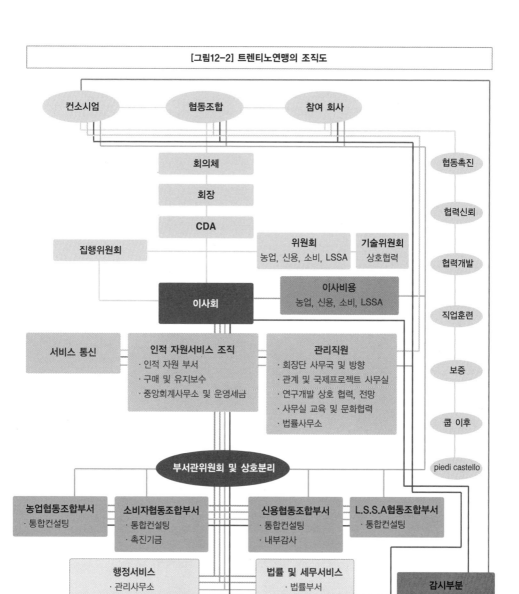

[그림12-2] 트렌티노연맹의 조직도

컨소시엄

협동조합

참여 회사

회의체

회장

CDA

집행위원회

위원회
농업, 신용, 소비, LSSA

기술위원회
상호협력

이사회

이사비용
농업, 신용, 소비, LSSA

협동촉진

협력신뢰

협력개발

직업훈련

보증

쿱 이후

piedi castello

서비스 통신

인적 자원서비스 조직
· 인적 자원 부서
· 구매 및 유지보수
· 중앙회계사무소 및 운영세금

관리직원
· 회장단 사무국 및 방향
· 관계 및 국제프로젝트 사무실
· 연구개발 상호 협력, 전망
· 사무실 교육 및 문화협력
· 법률사무소

부서관위원회 및 상호분리

농업협동조합부서
·통합컨설팅

소비자협동조합부서
·통합컨설팅
·촉진기금

신용협동조합부서
·통합컨설팅
·내부감사

L.S.S.A협동조합부서
·통합컨설팅

행정서비스
·관리사무소
·IT사무소
·노동과 임금
·사무국 회원

법률 및 세무서비스
· 법률부서
· 세무서

감시부분
· 회계감사
· 협동조합의 법정감사

며 컨소시엄은 최대 구매 그룹인 Coop Italia로 조성되어 있다. 트렌티노연맹에 속한 협동조합은 성공을 거듭해왔는데 농업은행 네트워크는 신용 경색을 겪지 않은 유일한 금융기관이다. 이 농업은행 네트워크는 신용 부문에서 지역 시장 점유율이 60% 이상을 차지할 성도로 규모가 크다. 농업은행은 트렌티노에만 46개가 있고, 이 농업은행 1개소를 이용하는 주민은 평균 1,500명 정도이다. 트렌티노연맹에 속한 협동조합의 시장 점유율은 농업 부문에서 90%, 신용부문에서 60%, 소매 부문에서 40%를 차지한다.

트렌티노연맹의 큰 특징은 컨소시엄 모델을 구축하고 있다는 것이다. 컨소시엄의 구조는 트렌티노연맹에 가입한 각각의 단일 부문 협동조합과 이러한 단위 협동조합을 연맹과 연결해주는 2단계 전문적인 컨소시엄이 있는 형태이다.[13] 농업협동조합과 다양한 사회적 협동조합도 컨소시엄의 형태를 이루고 있는데 이 모델은 여러 가지 이점을 가지고 있다.

첫째, 서로 다른 두 개의 협동조합이 만나 새로운 시장에서 새로운 것을 만들어 내고 높은 수준의 단계에서 폭넓은 분야의 일을 할 수 있도록 한다. 큰 규모의 조직보다 작은 규모의 조직이 급변하는 환경에 신속하게 적응할 수 있고 변화에 대처하는 능력이 용이하기 때문에 작은 단위의 협동조합이 모여 협력하는 형태인 컨소시엄 모델은 트렌티노 협동조합 발전에 큰 효과를 가져왔다.

---

13 조직은 단일관리(각 부문)와 전문적인 컨소시엄의 두 단계로 나뉘어져 있다. 트렌티노의 컨소시엄 모델은 리투아니아 나라 전체에서 모방을 할 만큼 효율적이고 성공적인 모델이다.(그림 법인 조직도 참조)

둘째, 컨소시엄에 속한 각 협동조합의 조합원 리더들은 네트워크 조직을 구축하고 교육이나 사업체 운영을 쉽게 할 수 있도록 서로 도와주는 커뮤니티를 운영한다. 네트워크 조직은 조합원 리더들이 자신이 속한 협동조합에서 쌓은 경험을 이용해 다른 협동조합으로의 전환이나 이동이 가능하도록 도와준다. 그리고 이러한 장점은 내부에서 자연스럽게 조합원 리더들의 인력풀을 형성할 수 있도록 한다.

셋째, 서로 다른 업종의 연합이 모여 경쟁과 협력을 한다. 물론 동일 업종 간 또는 이질적인 업종 간에 갈등이 발생하기도 하지만 실제로 각 단위협동조합 입장에서 발생하는 이익이 더 많다. 단위협동조합에서 감당할 수 없는 손실이나 어려움이 발생했을 때 2단계 컨소시엄 더 나아가 연맹으로부터 실제적인 도움을 받을 수 있기 때문이다.[14]

컨소시엄을 연결해주고 지원하는 역할로 존재하는 트렌티노연맹은 컨소시엄에 속해 있는 협동조합을 다양한 측면에서 도와준다. 컨소시엄에 가입하기 위한 특별한 자격이나 기준은 따로 필요 없고 가입과 탈퇴 역시 자유로우나 가입하기 위한 심사 과정을 거친다. 이는 간혹 가입 후 혜택만을 취하려는 협동조합이 있어서 그것을 선별하기 위한 과정이다. 심사 내용에는 컨소시엄에 가입하려는 협동조합의 총회 횟수, 이사회 횟수 등을 살펴 조직의 진위 여부를 따지는 절차를 거친다.[15] 트렌티노연맹은 가입한 협동조합을 위해 내부에 커

---

14 연맹에서 제시한 자료에서 컨소시엄에 속한 협동조합의 성장이 더 빠르다는 통계를 통해서 연맹의 존재 이유를 알 수 있다.

뮤니케이션 담당 부서를 두고 수시로 의사 소통을 통해 정보 공유를 하고 갈등이 발생했을 때 그들을 '설득(persuasione)'하는 과정을 거친다. 소비자에게도 동종 간 부당 경쟁을 하는 것은 부정적인 인식을 줄 수 있기 때문에 다른 협동조합과의 과도한 경쟁보다는 협력을 장려하고 각 협동조합 내부의 질을 높이는 것에 비중을 둔다.

트렌티노연맹의 활동은 첫째, 협동조합의 권리를 옹호해주고 둘째, 협동조합의 재정 및 법률 자문을 제공한다. 법적인 컨설팅과 전략에 대해 지원하는 서비스를 통해 궁극적으로 협동조합의 성장에 도움을 준다.[16] 셋째, 감사를 통해 조율 및 통합을 하는 것으로 소속 협동조합의 회계가 잘 되고 있는지를 감독 감시한다. 넷째, 협동조합의 대차대조표를 공개하고 상호 협력을 도모한다. 협상을 통해 공동 요금을 설정하여 저렴한 가격으로 지원을 하고 컨소시엄을 통해 새로운 노동과 환경의 시장 상황에 대처할 수 있도록 컨설팅한다.[17] 다섯째, 협력사의 교육 및 특별한 이니셔티브를 통해서 청년층의 협력을 촉진하는 활동을 한다. 지역에 있는 초등학교부터 고등학교까지의 학생을 대상으로 협동조합에 대한 교육 프로그램을 운영한다.[18]

---

15 이 절차는 가입 후 협동조합으로 제대로 작동하도록 하고 협동조합 간 선의의 경쟁과 협력을 유도하기 위한 최소한의 기준이다.

16 트렌티노연맹은 법적으로 1년에 이익금의 3%를 다른 어려운 협동조합을 돕기 위해 펀드로 조성하고 있다.

17 예를 들면, 트렌티노연맹에서 농작물 컨소시엄을 통해 상품에 대한 적절한 가격을 책정함으로서 협동조합에게 혜택이 돌아가도록 하고 있다.

18 'ACS(As-socuzione Cooperativa Scolastica)'라는 프로그램으로 지역에 있는 100여 개의 학교에서 모인 학생들이 모의 협동조합을 만들고 실제로 사업을 계획하고 기획하는 활동을 하도록 도와준다.

트렌티노연맹은 부문별로 다양한 방식으로 협력을 적용해왔기 때문에 다양한 상황에서 공동적이고 통합된 접근 방식을 제공하는 역량을 갖추고 있다. 컨소시엄은 조정과 운영에 대한 책임을 지고 행정, 법률 및 마케팅을 제공한다. 필요 시 국가 및 국제 기관과의 관계에서 매개자로서도 작동한다. 조직의 가장 최 상위층에 있는 연맹은 협동조합 각 부문에 리더십을 발휘하여 시스템을 개발하고 협업 프로세스를 촉진하며 관리, 법률, 감독 및 감사 서비스를 제공한다.

트렌티노연맹의 내부 규정 및 혜택

트렌티노연맹의 자본 조달은 연맹에 가입한 각 협동조합으로부터 축적한다. 총 매출액 중 3%를 기금으로 적립해 재산을 축적하고 있고 이 보유된 자금은 협동조합의 생성·유지·지원을 위해 사용되고 있다. 각 협동조합은 트렌티노연맹에 매년 2~3%의 회비를 내야 하는데 이 회비는 '프로모 쿱(Promo Coop)'이라는 제3의 기금 관리 기관을 통해 관리되고 있다. 이 기금은 새로운 협동조합을 설립할 때, 자금이 필요한 협동조합이 대출을 받을 때 보증 역할을 한다. 트렌티노연맹은 협동조합의 원활한 운영을 위해 협동조합을 관리하고 통제하며 필요한 것들을 지원한다.

트렌티노연맹은 멤버십 카드 제도를 실시하고 있는데 해당 협동조합에 가입한 회원이라면 누구나 협동조합의 상품을 이용할 수 있도록 해준다. '협동조합 카드(Carta in Cooperazione)'라는 협동조합 멤버

십카드는 회원들이 신용협동조합, 농업협동조합, 웰 페어 섹터의 협동조합 내에 포함된 슈퍼마켓과 직접적으로 연결될 수 있도록 해주며 조합원은 이를 통해 많은 기회를 얻을 수 있다.

트렌티노 자치의 법과 제도 및 트렌티노연맹의 활동은 협동조합의 지속적인 발전을 도와준다. 특히 자치법은 협동조합의 법인세와 부가가치세는 물론이고 고용 보험금이나 후원 기부금에 붙는 세금을 감면해주는 등의 혜택을 제공한다. 또한 취약 계층을 고용하는 사회적 협동조합에는 창업 자금과 지원금을 투자해준다.

한국에 주는 시사점

트렌티노연맹은 지역과 긴밀한 협력 관계를 유지하면서 새로운 위기와 환경에 대응하는 전통적인 방법을 초월한 협력 능력, 연대와 상호성 및 호혜성을 갖추고 있다. 위기를 겪긴 했으나 지금까지 성공을 거둔 트렌티노연맹은 앞으로 내부 역량 강화라는 과제가 남아 있다. 시장에서 생존하기 위해 좀 더 세밀하고 강력하게 내부 역량을 강화해야 하고 다양한 환경에 맞는 방안을 모색하여 협동조합 간 부족한 협력을 이끌어내는 노력을 끊임없이 해야 한다. 트렌티노는 지난 120년의 역사에서 세 번의 위기를 겪었다. 과거와 같이 지금도 위기 상황에 직면해 있다고 인식한 리더들은 이러한 위기를 극복하기 위한 해결책이 필요하다는 것을 인지하고 있다.

"트렌티노연맹은 지금까지 120년 간의 역사에서 세 번의 큰 위기를 겪었습니다. 그때마다 '우리는 할 수 있다.'는 마음으로 임했고, 그 마음으로 위기를 잘 넘길 수 있었습니다. 특히 '함께 하면 큰일을 이룰 수 있다.'는 생각은 위기 때마다 긍정적인 힘을 발휘할 수 있었습니다. 올해(2017.1) 트렌티노연맹은 또 한 번의 위기를 겪는 중입니다. 물론 구체적이고 실제적인 작업을 수행하겠지만, 과거와 마찬가지로 함께 할 수 있다는 마음으로 지금의 위기를 극복하기 위해 노력할 겁니다."[19]

19 도리가티(Michele Dorigatti) 씨와 사무총장인 델라세가(Carlo Dellasega) 트렌티노연맹 임원 인터뷰, 2016. 1.

트렌티노연맹은 초기 선구자들의 가치와 신념에 따라 단일 협동조합의 성공에 초점을 맞추기보다는 협동조합들 간의 협력을 이끌어내는데 주력했다. 트렌티노연맹의 독특한 협력 방식을 통해 지금의 모습이 된 것이다. 이를 통해 우리는 다음과 같은 시사점을 도출할 수 있다.

첫째, 외부의 힘에만 의존하는 것이 아니라 내부의 역량에 집중해야 한다.

둘째, 새로운 시대에 필요한 다양한 접근과 시스템 혁신의 노력을 기울여야 한다.

셋째, 안정을 추구하기 위한 동종 간의 결성뿐만 아니라 다양한 부문과 경험을 통합하는 이종 간 협동조합의 결성과 운영을 시도해야 한다.

넷째, 배타적이지 않은 협동조합 간 협동을 위해 부문별 리더 간의 긴밀한 관계 구축을 일상화해야 한다.

다섯째, 공동의 목적과 가치를 확인하고 교육하되 각 부문의 높은 자율성을 보장하는 민주적인 방식을 채택해야 한다. 이는 유대감을 강화시키고 소속감을 형성하는데 기여할 수 있다.

여섯째, 협동조합의 발전을 위해 끊임없이 원칙에 충실한 혁신을 추구한다. 원칙을 지키기 위해 협동조합의 교육은 가장 중요하다. 트렌티노연맹은 어렸을 때부터 협동에 대한 교육을 제공하고 교육을 통해 정보를 제공한다. 협동을 실제로 경험하게 하고 그 필요성을 심신에 자연스럽게 스며들도록 한다.

협동조합으로 성공하기 위해서는 단일한 협동조합의 성공이 아니라 호혜적인 협동조합 간 협력이 중요하다. 이는 규모의 문제가 아니라 협동조합을 운영하는 자세와 끊임없는 혁신적 노력의 산물이라는 것을 트렌티노연맹의 사례를 통해 알 수 있다. 새로운 시대와 다양한 상황에 대응하는 연맹의 발 빠른 시스템 혁신 의지, 지역 주민 및 소비자 회원의 필요와 요구에 귀 기울이고 그것에 기반을 두어 자생적으로 발생한 협동조합이 성장할 수 있도록 지원해 주는 구조, 동종 및 이종 간 협동조합의 협력을 연계하여 성장하고 발전할 수 있도록 도와주는 것이 트렌티노 연맹의 역할이다. 특히 이종 간 협동조합의 결성과 운영에 소극적인 한국의 협동조합연합회의 방향을 재설정할 수 있다. 협동조합이 일상인 트렌티노 지역 주민들과의 만남은 특정한 한 사람이 아닌 모두가 사람을 존중하고 배려하는 따뜻한 협동의 마음이 전제 되었을 때 지역의 협동조합 생태계가 잘 구축되고 지속 가능하다는 것을 확인하는 귀중한 시간이었다.

[참고문헌]

· 이경수, 「이탈리아 소비자 협동조합 탐구」, 아이쿱 해외협동조합 연구동향 2017-04, 아이쿱협동조합연구소.
· 장종익, 『협동조합 비즈니스 전략』, 동하, 2014.
· 장종익 「이탈리아 협동조합이 협합게 특징」, 미출간 인고, 2016.
· Gianluca Salvatori, "The flexibility of the cooperative model as a development tool : the case of an Italian region", Euricse workingpaper n.025/12, 2012.
· Edgar Parnell, *Reinventing the cooperative : enterprises for the 21st century*, Plunkett Foundation, 1995.

강력한 감사연합회 보유한
독일의 협동조합총연맹 DGRV

하나의 총연맹 조직으로 연대한 독일의 협동조합 섹터

태생상 지역을 출발점이자 근거로 해야 하는 협동조합은 단단한 지역 기반, 지역과의 긴밀한 연계가 커다란 장점으로 작용하기도 하지만, 반면 규모와 범위 확장의 한계를 가질 수밖에 없다. 따라서 협동조합은 연대와 협동을 통한 규모화, 전문화를 위해 자연스럽게 지역협동조합이 뭉쳐서 공동의 이익을 추구하는 연합회나 서로 다른 업종 간의 연결의 경제를 추구하는 컨소시엄이 발전하게 된다. 이런 점에서 협동조합의 역사는 바로 연합과 통합의 역사라고도 할 수 있다.

그러나 협동조합 생태계에서 연합 조직이 발전해 온 과정이나 역할, 기능은 문화적 배경, 제도 등의 차이로 인해 나라마다 서로 다른 모습을 보인다. 본 서의 앞 부분에서 이탈리아의 사례를 살펴보았듯이 이탈리아의 협동조합총연합회는 사상적 종교적으로 분리되어 5개의 총연합회가 설립되어 있는데 반하여 독일의 협동조합총연맹은 1972년 이후 하나로 유지되고 있다.

독일 협동조합 최상부 연합 조직인 DGRV는 1972년 설립되었으며, 정식 명칭은 '독일 협동조합·라이파이젠조합 연합회'(Deutscher Genossenschafts und Raiffeisenverband e.V = DGRV)이다. 1972년 이전까지

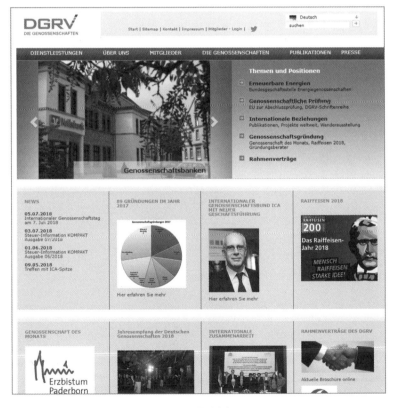

GGRV 홈페이지

독일 협동조합의 커다란 두 축이었던 농촌(농업) 신용협동조합 계열과 도시(상공업) 신용협동조합계열의 협력과 통합 움직임 속에서 탄생하게 된 DGRV는 농촌(농업) 신용협동조합 창시자이자 라이파이젠 은행 설립자인 프레드리히 빌헬름 라이파이젠(Friedrich Wilhelm Raiffeisen) 및 도시(상공업) 신용협동조합 창시자인 헤르만 슐체-델리취(Hermann Schulze-Delitzsch)의 철학과 가치, 전통을 이어받아 이를 대표하고 있다.

2015년 말 기준 전국 단위의 4개 영역별 연합회(BVR, DRV, ZGV, ZdK), 5개 지역별 감사연합회, 6개 전문감사협회, 22개 전국 전문기구, 34개 지역전문기구 등 128개 조직과 협동조합을 회원사로 가지고 있으면서 1천 8백만 명의 조합원이 참여하고 있는 독일협동조합 최대의 연합 조직이다. DGRV는 협동조합법(GenG)에서 정한 협동조합 감사(auditing)를 수행하는 한편, 협동조합 신규 설립 및 기존 조직 경영 지원 컨설팅 생태계 구축, 국내 및 전 세계 대상 협동조합 가치 확산 활동을 전개하고 있다.

지역 기반으로 출발하여 법제화 및 건전성 확보로 성장한 독일 협동조합

DGRV의 탄생 과정과 그 역할을 살펴보기 위해서는 먼저 독일협동조합의 출현 과정과 그 속에서의 연합 조직의 의미를 먼저 들여다보아야 한다.

독일에서 협동조합이 나타나기 시작한 것은 19세기 중반이다. 농촌 지역에서는 농민들에게 신용을 제공하는 라이파이젠 신용협동조합이 등장하여 전역으로 퍼져나갔고, 도시부에서는 영세 소상공인을 위한 대부조합이 슐체-델리치에 의해 운영되기 시작하였다.

조직된 자조를 통해 가난을 극복하고자 다목적 농업협동조합을 확산시켰던 라이파이젠은 기본적으로 조합의 활동 영역을 지역으로 제한함으로써 조합원 간의 밀접한 인적 관계를 유지하려 했으며, 이에 수반하여 발생하는 조합 규모의 한계를 협회를 통한 개별 협동조합에 대한 조언과 감사로 해결하고자 하였다.

마찬가지로 도시부에서 가난한 사람을 조직화하고 시장 내의 개인의 경제적 잠재력을 하나로 묶어내서 조합원들에게 실익을 제공하고자 했던 슐체-델리취는 1849년 구매협동조합 설립, 1850년 신용협동조합 설립을 시작으로 1858년에는 100여개 이상의 신용협동조합이 국민은행 Volksvbank라는 이름으로 설립되는 성과를 거두었다. 슐체-델리취는 협동조합의 주요 원칙으로서 자조, 자기 관리, 자기 책임을 강조하면서 협동조합 촉진자와 조언자로서의 역할을 수행할 협회를 조직하게 된다.

연합회의 조언과 지원을 통해 협동조합이 양적으로 크게 성장하였지만, 동시에 일부 부실 조합들이 경영상 문제로 위기를 맞이하는 사례 또한 늘어나게 되었다. 이에 대처하기 위해 1880년 정기 감사 제도가 도입되었고 1889년 협동조합법(GenG) 제정 시에는 협동조합을 위한 법적인 틀과 법정 정기 감사 제도가 포함되었다. 1934년에는 협동조합법이 수정되면서 모든 등록 협동조합이 협동조합 연합회에 반드시 가입하도록 되었고, 연합회에 의한 감사를 받도록 의무화 되었으며, 새로 협동조합을 설립하는 것도 연합회 산하 감사협회의 심사와 승인을 필요로 하도록 제도화되면서 독일의 협동조합의 건전성이 크게 향상되었고 그 이후 건실한 성장이 이루어지는 토대가 만들어졌다.

자조 원칙에 기반한 협동조합 지원 및 건전성 확보가 연합회의 역할

여기서 독일협동조합 생태계에서 모든 협동조합이 설립할 때 연합회의 심사를 통해 허가를 얻어야 하며, 정기적으로 의무 감사를 받아야 한다는 것이 어떤 의미인지 살펴볼 필요가 있다.

언뜻 생각하기에는 연합회가 이러한 허가권 및 심사권을 가지고 있으므로 하위 조직들을 통제하고 관리하기 위한 정점 조직이라고 생각할 수 있다. 그러나 실제로는 정반대의 목적과 지향점에서 독일의 연합회 구조가 만들어졌고 역할이 부여돼 있다.

독일 협동조합 생태계에서 협동조합 연합 조직이 이른 시점부터 결성되어 역할을 수행한 목적은 협동조합 활동을 지원하고 협동조합 건전성 확보를 위한 감사에 있어서 국가 개입을 방지하기 위한 것이었다. 기본적으로 연합회 운영은 회원의 자기 관리와 자기 책임을 전제로 하는데, 이는 국가 등 외부로부터의 압력을 막고 협동조합 간 협동을 보호 촉진하는 것을 의미한다. 만약 연합회 운영을 국가 지원에 의존한다면 자조 원칙에서 벗어날 뿐만 아니라 국가의 간섭을 끌어들여 연합회 자율성을 크게 해치게 되기 때문이다.

협동조합법 54조에 협동조합은 감사권을 가진 감사협회에 가입해야 한다고 명시하고 있지만 이는 협동조합에만 적용되는 특수한 입법 조치가 아니라, 모든 기업에 해당되는 일반적 규제 사항이다. 협동조합 연합회에 감사권을 부여하는 것은 특혜라기보다는 협동조합의 자조, 자기 관리, 자기 책임의 원칙을 더욱 구체적으로 구현하기 위한 법 정책적 배려이다. 의무 회원제 역시 협동조합 간 협동의 효용성 제고와 이를 현장에서 구현하기 위한 보충성 원리의 실현이라고 할 수 있다.

협동조합 연합회 설립, 조직, 운영 등에 관한 별도의 법률이 없고, 협동조합의 자율성을 해치는 어떤 사항도 법률로 규정된 바가 없다는 것 또한 바로 협동조합 연합회의 자율성을 보장해야 한다는 독일 협동조합 생태계의 접근 시각과 연합회의 역할을 보여주는 예라고 할 수 있다.

독일 협동조합 양대 생태계의 협력 관계 추구를 통해 DGRV가 탄생하다

라이파이젠에 의해 확산된 농업협동조합 계열과 슐체-델리취에 의해 조직화된 상공업 신용협동조합 계열 두 조직은 자조와 국가 지원에 대한 견해 차이에도 불구하고 공동으로 협동조합 확산과 정착을 위해 협동조합법 제정 등 다양한 협력을 추구하면서 각기 농촌의 농업과 도시 상공업 분야에서 협동조합 운동을 이끄는 견인차 역할을 해왔다. 또한 이 과정에서 두 조직 모두 지역조합의 한계를 극복하기 위해 상위 기능을 공유하는 연합 조직 즉, 연합회를 운영함으로써 규모의 한계를 극복하고자 하였다.

2차 세계대전이 종료된 후 1900년대 중반에 접어들면서 독일 도시와 농촌 지역의 환경이 비슷해지기 시작하였고, 금융기관 간의 경쟁이 심화되면서 독일 협동조합 생태계는 새로운 변화의 시기를 맞이하게 된다. 변화의 직접적인 계기가 된 사건은 1967년 신용 차입자 이자 고정제도 폐지로서 이로 인해 금융기관 간의 경쟁이 심화되었고 이를 극복하기 위해 협동조합의 규모를 키우려는 시도와 협동조합 은행의 위기로 인한 파산을 막기 위한 합병이 병렬적으로 진행되기 시작하였다.

중앙 단위에서 연방 단위 협회 결성이 진행되었고 기초 단위에서도 양대 계열의 신용협동조합들이 합병 대열에 참여하기 시작하였다. 또한 이러한 움직임은 지역 단위의 감사협회의 합병과 중앙 단위의 합병으로 확산되었다.

그 결과 1972년 전국 단위 차원에서 농업 분야 쪽의 독일 라이파이젠협회(DRV)와 독일협동조합협회(DGV)가 전국 단위협회의 현대화를 위한 협동 동의서에 서명함으로써 전국 규모의 새로운 협동조합은행(BVR)이 탄생되었다. 이때 BVR에는 DRV 내의 금융 분야만 통합되었으며 나머지 농업 경제 및 유통 분야는 DRV로 남게 되었고, 이와는 별도로 농업 이외의 재화 및 서비스를 취급하는 협동조합이 모여 XENTGENO(후에 ZGV로 개명)가 구성되었다. 이때 구성된 전국 단위의 3개 협회 즉 BVR, DRV, ZGV가 독일연방 최상층 조직인 DGRV의 회원이 됨으로써 1972년 DGRV가 세상에 모습을 드러내게 되었다.

DGRV 출범을 통해 100년 이상 지속되었던 독일협동조합 양대 줄기인 라이파이젠과 슐체-델리취의 이중 구조가 종식되었고, 독일협동조합 생태계는 과거 상호 경쟁 관계에서 장기적인 경쟁력 확보를 위해 협력 관계로 전환하는 계기를 마련하였다. 기초 단위 협동조합 및 조합원의 공동 이해가 DGRV 토대에서 보다 효과적으로 충족될 수 있게 되었고, 협동조합 간 인적 결속과 자금-물자의 통합이 이루어지는 출발점이 된 것이다.

DGRV는 그 출범과 동시에 1972년 2월 연방 재무부와 재무부 장관으로부터 GenG(협동조합법) 제4장 63조에 의거하여 감사를 할 수 있는 권리를 부여받았으며, 전체 협동조합 조직에 대한 최고 계층의 감사 기관이 되었다.

출범 이후 성장 과정에서 소비자협동조합 중앙협회 ZdK가 회원으로 가입하여 DGRV에 가세하였으며, 2001년에는 DGRV내에 전국 및 국제적 회계 분야를 담당하는 정책부서를 설립하는 등 꾸준한 성장을 보여왔다.

상향식 전문 지원 조직 성격이 강한 독일 연합 조직

DGRV의 성격과 위상을 이해하기 위해서는 독일협동조합 생태계 계층 구조가 어떻게 구성되어 있는지, 그리고 각 계층은 어떤 역할을 하고 있는지 살펴보는 것이 필요하다.

일반적으로 연합회와 같이 생태계 상층부에 구성되는 연합 조직의 기능은 규모나 전문성, 공정성 등의 차원에서 하위 조직 단위에서는 수행할 수 없는, 또는 수행해서는 안 되는 활동들(예를 들면 새로운 사업 개발, 해외 협력, 감사와 진단, 정책 제언, 정부 관계 등)을 수행하는 것이라고 할 수 있다. 독일 연합 조직은 1920년대까지는 협동조합 설립 촉진과 조언, 규범 정관 작성 지원, 신설 조합에의 경영·법률·이념의 조언, 협동조합 원칙 토론을 위한 포럼 제공 등과 같은 기본적인 역할이 중심이었으나, 그 이후는 기초 단위 조합의 건전성 진단 및 감사, 금융 보증 기구의 조정 등의 역할이 한층 중요해졌다.

기본적으로 독일협동조합의 연합 조직 성격은 하향식 지배 구조의 경제 단위가 아니라 밑에서부터 위로 향하는 상향식 계층 조직 형태이다. 즉, 지역 내 기초 단위 협동조합이 다룰 수 있는 규모를 넘어서는 거래나 업무, 다른 지역 혹은 국제적인 성격의 거래나 업무를 위해 상위 중앙 조직인 연합 조직의 지식과 역량을 활용하는 형태로서, 지역 내 기초 단위 조합들은 상위 조직과 연합회에 대해 자본을 투자하고 발언권을 가지고 있다. 따라서 독일 협동조합 연합 조직은 회원 기업의 독립성을 저해하는 그 어떤 종류의 관리 통제 체제를 가지고 있지 않다.

원래 협동조합의 최대 강점은 지역에 밀착하여 고객과의 친밀한 교섭-거래 관계를 가지는 것이다. 특히 탈 공업 사회에서는 중앙 본부에 의해 지휘 관리되지 않는 지역의 표준화되지 않은 지식이 중요해진다. 따라서 협동조합 생태계의 중심이 지역 기초 단위조합이고,

이들이 분권화된 독자의 의사 결정으로 고객과 조합원의 요청에 세심하게 대응하면서 협력 관계에 있는 상위 연합 조직이 제공하는 다양한 서비스를 잘 활용하는 구조를 만들어냄으로써, 독일의 성공적인 협동조합 생태계 구축이 가능하였다고 할 수 있다.

협동조합연합은 서로 비슷한 업무를 하는 협동조합이 서로 협력해야 하는 상황이 발생할 수 있으며, 따라서 내부에서의 충돌을 피하는 규칙이 필요하고 조합원 간의 효율적인 분업을 꾀하여야 한다. 이를 위해 다음과 같은 지역 원칙, 보완성 원칙, 분권 원칙이 적용된다.

① **지역 원칙**(Regionalprinzip) : 동일수준에서의 연합 내부 조합 간 경쟁을 배제하기 위해 협동조합은 지역 지방의 정해진 사업 영역 내로 그 사업 활동이 제한되어야 한다. 사업 영역의 중복을 피하여야 한다.

② **보충성 원칙**(Subsidiaritatsprinzip) : 지역과 중앙 간의 분업은 보충성 원리에 의해 행해진다. 기본적으로 지역의 협동조합이 가능한 한 모든 사업을 스스로 행해서 고객의 뒷바라지를 하는 것이 가장 먼저이며, 지역 협동조합이 효율적으로 수행하기 어려울 때, 중앙 조직이 이를 수행한다는 것을 의미한다. 즉, 중앙 조직과 특수 조직은 지역 내 기초 단위조합에 대해 보완적 역할을 하는 것에 지나지 않는다.

③ **분권 원칙**(Dezentralitatsprinzip) : 계층적 콘체른(Konzern) 경제와 달리, 협동조합 연합은 분권적으로 조직된다. 위에서부터 밑으로 눌러 내리는 것이 아니라 지역 단위 조직이 상위 조직의 공동 소유자로서 연합의 기본적인 업무 정책 방침을 정한다. 중앙 조직은 지역협동조

합의 공동의 자회사이다.

이러한 원칙을 구현하기 위해 독일 협동조합 시스템(=생태계)은 ① 지역 기초 단위조합 및 지역 협동조합 공동체 ② 지역 단위 협회 및 중앙 기업 ③ 전국 단위 협회라는 다층적 접근으로 구성되어 있다.

6개 부문 4개 계층으로 구성된 독일 협동조합 계층 체계

독일 협동조합은 DGRV에 소속된 금융, 농업, 소상공인, 소비자, 에너지의 5개 부문, 그리고 별도의 주택 및 주거 협동조합 부문 등 총 6개 부문으로 구성되어 있으며, 각 부문별 회원사 및 조합원 수는 아래와 같다(2015년말 시점).

협동조합은행(Cooperative Bank)
—1,021 회원 조합 / 조합원 1,830만 명

라이파이젠 협동조합/농업협동조합
—2,250 회원 조합 / 조합원 140만 명

소상공인 협동조합
—1,325 회원 조합 / 조합원 34만 명

에너지 협동조합
—854 회원 조합 / 조합원 16만 명

소비자 협동조합

―321 회원 조합 / 조합원 30만 명

주택 및 부동산 협동조합

―1,931 회원 조합 / 조합원 280만 명

이러한 독일 협동조합 생태계는 다음 그림에서 보듯 주요 6개 부문의 지역 기초 단위 조직, 이들을 대표하는 전국 단위 조직, 중간에서 지역 권역별로 감사를 수행하는 독립 감사 조직 및 기초 단위 조직을 지원하는 중앙 기업이라는 4개 계층으로 구성되어 있다.

전국 단위 조직

DGRV에 소속된 4개 협동조합 연합회(BVR, DRV, ZGV, ZdK) 및 GdW

지역(권역) 조직

―5개의 독립된 지역 권역 감사연합회 및 6개의 독립 전국 단위 전문 감사연합회

중앙 기업

―금융, 구매, 마케팅 등 직접적인 공동 사업 활동을 수행하는 중앙 기업

―2개 중앙은행 및 9개 전문 협동조합 기업(금융 부문), 6개 협동조합 중앙 기업(농업 분야), 7개 중앙 기업(상공인 협동조합 분야), 1개 중앙 기업(소비자 협동조합 분야)

기초 단위 조직

6개 부문별 지역 내 기초 단위 조합 및 기업

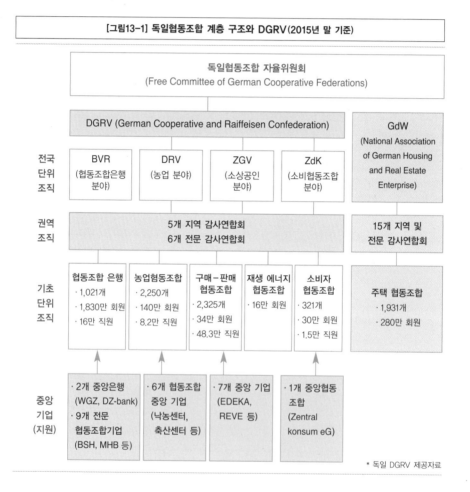

[그림13-1] 독일협동조합 계층 구조와 DGRV(2015년 말 기준)

독일협동조합 자율위원회
(Free Committee of German Cooperative Federations)

DGRV (German Cooperative and Raiffeisen Confederation)

GdW (National Association of German Housing and Real Estate Enterprise)

전국 단위 조직

| BVR (협동조합은행 분야) | DRV (농업 분야) | ZGV (소상공인 분야) | ZdK (소비협동조합 분야) |

권역 조직

5개 지역 감사연합회
6개 전문 감사연합회

15개 지역 및 전문 감사연합회

기초 단위 조직

협동조합 은행
· 1,021개
· 1,830만 회원
· 16만 직원

농업협동조합
· 2,250개
· 140만 회원
· 8.2만 직원

구매-판매 협동조합
· 2,325개
· 34만 회원
· 48.3만 직원

재생 에너지 협동조합
· 16만 회원

소비자 협동조합
· 321개
· 30만 회원
· 1.5만 직원

주택 협동조합
· 1,931개
· 280만 회원

중앙 기업 (지원)

· 2개 중앙은행 (WGZ, DZ-bank)
· 9개 전문 협동조합기업 (BSH, MHB 등)

· 6개 협동조합 중앙 기업 (낙농센터, 축산센터 등)

· 7개 중앙 기업 (EDEKA, REVE 등)

· 1개 중앙협동 조합 (Zentral konsum eG)

* 독일 DGRV 제공자료

여기서 전국 단위 조직 4개 분야의 최상층 조직이 바로 DGRV이며 그 주요 역할은 협동조합 제도 및 의무감사 제도의 조성과 진흥이다.

독일협동조합 생태계 최상층에 독일협동조합 자율위원회(Freier Ausschuss der deutschen Genossenschaftsverbände)가 존재하고 있기는 하지만 이 위원회는 자율기구이므로 책임과 의무를 부과하는 별도의 정관 내지 운영 규정은 없다. 자율위원회는 1916년에 창설되었으며, 현재 DGRV와 주택 및 부동산기업 연합협회(GdW)가 참여하고 있는데, 주요 과제는 각 소속협회의 경험과 아이디어를 교환하고 전체 사회에 대해 협동조합적 공동 이해를 보호 및 육성하는 것이다. 특히 입법자 및 정책 입안자의 대화 창구로써 협동조합 관련법 제정 및 개정에 관심을 반영시키는 역할을 주로 하고 있다.

영역과 단계별로 역할과 기능이 잘 구분되어 있는 연합 조직

독일협동조합 생태계 내의 각 계층이 어떻게 구성되어 있고 어떤 역할을 하는지 조금 더 자세히 들여다보기로 하자. (최상층 조직인 DGRV에 대해서는 뒷 부분에 따로 서술한다.)

1) 전국 단위 조직: DGRV 소속 4개 협동조합 연합회

DGRV에 소속된 5개 부문 중 에너지 부문을 제외한 4개 부문은 그 최상층 조직으로써 BVR, DRV, ZGV, ZdK이라는 전국 협회를 각기 보유하고 있다. 이들 최상층 조직의 중요한 역할은 로비활동으로써 정치 및 경제 차원에서 조합원의 이해를 대표하고 있으며, 부문 전체 차원에서의 전략을 조정하고 마케팅이나 공공 영역에서의 업무에 초점을 두고 있다.

　—협동조합 은행 분야:

　　BVR(Bundesverband der Volksbanken und Raiffeisenbanken e.V.)

　—농업 분야(농촌):

　　DRV(Deutscher Raiffeisenverband e.V.)

　—소상공인 분야(도시):

　　ZGV(Zentralverband Gewerblicher Verbundgruppen)

　—소비 협동조합 분야:

　　ZdK(Zentralverband deutscher Konsungenossenschaften)

2) 중간 단계 연합회 조직

　독일협동조합 생태계에서 가장 폭넓게 연합 조직으로서의 핵심 역할을 수행하는 조직은 바로 중간 단계에 존재하는 연합회 조직이다. 이들 조직은 지역 내의 기초 협동조합들의 참여와 투자로 구성되어지는데, 크게 기능 영역에 따라 비 사업적 영역을 지원하는 지역 권역별 지역연합회 및 직접적인 사업 지원을 수행하는 중앙 조직기업의 두 유형으로 나뉘어진다.

　① 지역 권역별 지역 감사연합회 및 전문감사연합회

　협동조합은 회계감사를 받아야 한다는 의무가 협동조합법에 정해져 있으며 5개의 지역별 협동조합감사연합회(Prufungsverband) 및 6개의 전문감사연합회(Fachverband)가 이를 주로 담당하고 있다. 주택 및 부동산 협동조합 부문은 위 네 부문과는 별도의 지역감사연합회를 가지고 있다.

―5개 지역 권역별 지역감사연합회
　　Baden-Württemberg, Bayern, Genossenschaftsverband,
　　Rheinland-Westfalen, Weser-Ems
―6개 전국 단위 전문감사연합회
　　EDEKA, FPV, PV, PSD REWE, Sparda

　지역 권역별로 구성된 지역연합회는 주로 감사 역할을 중심으로 인력 양성, 기술 지원, IT시스템 제공 등과 같이 직접적인 사업 활동 영역 이외의 활동들을 수행하면서 소속 협동조합을 지원하는 역할을 한다. 기본적으로 지역연합회는 회원 조합에 대해 회계감사를 수행하고 있는 데, 이는 일반 기업의 감사 목적을 넘어서 조합원 보호를 목적으로 하고 있어, 그 범위는 협동조합의 경제 상황 및 자산 상황, 경영 관리의 적정성, 조합원 명부 관리 등에까지 이르고 있다. 또한 지역연합회는 회원 조합들의 법적, 세무적, 사업 및 경영 문제에 대한 조언과 지원, 지역 간의 공적인 업무 지원, 그리고 교육 훈련 및 인적 자원 개발 측면에서도 매우 중요한 역할을 하고 있다. 협동조합 교육 전국 운영기구인 ADG와 협력하여 지역 내 연수시설에서 협동조합 관리자나 종업원, 취업 희망자에 대한 교육 및 훈련 과정을 담당하고 있다.

② 사업 영역별 중앙 기업

기초 단위 협동조합과 전국 단위연합회의 사이에는 위에서 언급된 지역감사연합회와는 별도로 금융, 농업, 소상공인, 소비자 등 주요 부문별로 회원 조합들이 사업과 경영에 직접적으로 필요한 자금 조달, 구매, 마케팅, 수출입 등의 활동을 공동으로 수행하는 별도의 중앙 기업이 다수 존재한다.

BVR(금융 부문):

—2개의 중앙은행

　WGZ, DZ-BANK

—9개의 전문화된 협동조합 기업:

　BSH, DG- HYP, MHB, Union, R+V 등

DRV(농업 부문):

—6개의 중앙 기업

　유제품 가공센터, 육가공 센터 등

ZGV(소상공업 부문):

—7개의 중앙 기업

　BÄKO, EDEKA, Rewe, ZEDACH, Zentrag u. a. 등

ZdK(소비자 부문):

—1개의 중앙 협동조합

　Zentral-konsum eG

최상층 연합 조직으로서 감사 수행 및 공통 이익을 대변하는 DGRV

앞에서도 언급하였듯이 DGRV는 독일협동조합 생태계에서 협동조합법으로 규정된 최상층 조직으로써 주요 4개 분야인 BVR, DRV, ZGV, ZdK의 감사를 주 업무로 하고 있다.

최상층 연합 조직으로써 소속 조합연합회 및 기관의 공통의 이익을 촉진하고 대표하는 한편, 협동조합 감사 시스템의 상호 조정, 감사 관련 문제를 지원하고 가이드 라인 개발, 새로운 감사원(auditors) 육성지원, 전국 및 지역 레벨에서의 감사 수행을 핵심 업무로 하고 있다. 또한 산하 조직과 멤버들의 경제적 법적 재무적 정책 등 전 분야에 걸친 모든 이슈에 책임을 가지고 있으며 감사, 법률 문제, 인적 자원 개발, 사업 조직 등에 대한 조언과 지원도 수행한다. 나아가 전 세계적인 협동조합 진흥에 관여하여 협동조합 노하우 전수, 협동조합 금융조직 강화, 감사 시스템 확립과 촉진, 정부 및 금융 감독 기관에 대한 협동조합 법규와 감사제도 조언을 위해 국제 개발과 컨설팅을 수행하고 있기도 하다.

DGRV의 공식 자료에서 언급하고 있는 최상층 연합 조직으로써의 법적 의무(Statutory duty)로는 다음과 같은 것들이 있다.

─협동조합 운동 및 협동조합 감사 촉진과 강화

─감사

─교육 훈련 프로그램 개발 및 조정

─국제 협력

─법률 및 세무 서비스

—신규 협동조합 설립 지원

—국내 및 EU연합에서의 입법 촉진 활동

1) 기본 역할(Grundsatzfragen : Questions of principle)

—경영 관리, 회계 및 감사, 은행 및 금융시장 감독과 같은 역량을
기반으로 회계 및 감사를 위한 전방위적인 지식 센터 역할 수행

—고객사 및 구성원의 감사 및 컨설팅 부서에 관련 노하우 제공

—협동조합 네트워크 내에서 감사 및 컨설팅에 대한 품질 보증 기
능 수행 : 높은 수준에서의 감사 및 컨설팅 실무 품질 역량 제공
을 하기 위해 전문성에 기반한 실무적인 노하우 제공, 전문가의
전문성 확보와 훈련 제공

2) 감사 서비스(Auditing)

—DGRV는 소속 협동조합을 위한 법적 의무 감사 연합체로서,
BVR, DRV, ZGV ZdK와 같은 전국 차원의 협동조합 중앙 조
직, AG(public limited company)나 GmbH(limited liability company) 형태
로 운영되는 조직을 위해 상법에 근거해 요구되어지는 연례 감
사를 직접 수행

—협동조합에 대해 법적으로 의무화된 현장 실사 감사(재무 상태 및
경영), 금융기관에 대한 연간 감사, 기타 연결 회계 감사 및 자발
적 감사, 그리고 법적 조직 형태 전환 혹은 유동화, 합병 등에 필
요한 기업 가치 산정과 보고

—효과적인 감사를 위해 감사협회 및 감독위원회(supervisory board)

에 의한 외부 통제, 내부 점검 및 실행위원회에 의한 내부 통제
가 이루어짐

3) 인적 자원 개발(Human resource development)

—DGRV의 핵심 기능 중 하나가 바로 협동조합을 위한 인적 자
원 개발

—인력 양성의 최상층 조직인 독일협동조합 아카데미 Akademie
Deutscher Genossenschaften(ADG, Academy of German Cooperatives)과
의 협조 하에 전체 협동조합 조직을 위한 교육 정책 작업을 조
정하고 교육 정책 관련 전략 개발, 인적 자원 개발을 위한 협회
간 교육 계획 실행을 지원

—ADG는 독일 협동조합 연수 프로그램의 최상층에 해당되는 기
구로서 연간 1만 7,000명에게 1,300회가 넘는 세미나와 교육 과
정을 제공

—또한 협동조합 인력 양성 체계(GenoPE) 하에서의 맞춤형 자격 프
로그램 개발과 제공, 직업적 전문 역량 개발을 위한 교육 훈련
프로그램, VR교육 및 e-learning시스템 등 최신 매체를 활용한
교육 프로그램 개발과 제공에도 참여

4) 국제 협력(International relations)

—독일 협동조합을 대표하여 국제 개발 협력에 적극적으로 참여

—독일 협동조합의 노하우를 다른 나라에 전수하여 사업 지향 및
자조 기반 협력적 조직화를 지원함으로써 세계화 과정에서 나

타나는 빈곤 감소, 평화와 정의 실현에 기여하고자 노력

—협동조합 설립 및 운영, 마이크로파이낸스, 협동조합 및 금융 법률, 금융기관 감독, 농업 생산, 교역 상업, 협동조합 감사 시스템, 교육 훈련에 대한 자문 및 지원

5) 그 밖의 역할과 기능

—구성원의 법적 문제에 대한 지원과 같은 법률 자문 수행

—구성원의 이익을 대변하여 독일 및 EU 입법 과정, ICA에서 주요 이슈에 대한 로비와 대응을 수행

—EU 기업법의 미래에 대한 협의와 자문, 중소기업을 위한 IFRS(국제 회계 기준) 상담과 자문과 같은 정책 이슈에 대한 대응 역할

—그 밖에 세무 관련 전문 조언, 주요 이슈에 대한 보고서 작성, 세법 개정 관련 정보 제공

다양한 이해 관계자가 참여하고 있는 DGRV 조직 운영 및 의사 결정

DGRV는 4개의 협동조합 연합회(Cooperative federations), 11개의 협동조합 감사협회 및 무역협회(협동조합법 § 54에 근거), 14개의 지역별 중앙사업기구(regional central business institutions), 5개의 협동조합 그룹 기업, 협동조합 및 협회에 서비스를 제공하고 있는 84개의 기타 협동조합, 법인, 법적 파트너십 기관이 회원으로 소속되어 있다.

DGRV 조직의 최상층에는 이들 소속 협동조합 조직과 기관을 대표하는 40명의 회원으로 구성된 최고 기구로서 협의회(Association Council)가 존재한다. 협의회는 감독위원회(Board of Directors) 및 집행위원회(Board of Management)의 기본 사항들을 다루며, 감독위원회 및 집행위원회 구성원의 선정과 해임 권한을 보유하고 있다.

DGRV의 실질적인 운영을 담당하고 있는 조직은 집행위원회로서 법적으로 DGRV를 대표하고 있으며, 그 상층부에 감독위원회가 집행위원회의 경영을 모니터링하며, 집행위원회에 중요한 사안들에 대한 의견을 제시하는 감독기구로서 존재한다.

DGRV의 사무소는 베를린과 본에 위치하고 있으며, 총 직원은 150여 명이다. 재정은 회원 조직에 대한 감사 서비스 수수료 수익이 중심이며 2016 회계연도 DGRV의 수입은 691만 4,000유로이다.

[표13-1] DGRV 재정(2016년도)	
수입 원천	금액(천 Euro)
감사 서비스	6,206
검토 확인 서비스	221
세금 컨설팅 서비스	0
기타 서비스	152
기타	335
	6,914

전문 역량을 갖춘 상층부 도우미가 연합 조직의 바람직한 모습

한신대 사회 혁신경영대학원 현지 연수팀이 DGRV 본부를 방문

DGRV 현장 방문

하였을 때 맞이해준 DGRV 국제 교류 협력 담당 Peter Asmussen씨
는 "독일에서 매년 3만여 개의 기업이 파산하고 있는데, 이중 협동조
합은 기껏해야 5곳 미만"이라는 이야기를 들려주었다. 처음에는 숫
자 단위를 잘못 들은 것이 아닌가 할 정도로 놀라웠다. 그러나 독일
협동조합 생태계 현황과 연합 조직의 역할에 대한 설명을 들으면서
점차 의문점이 풀렸다.

독일의 협동조합이 이처럼 건강하고 단단하게 뿌리를 내릴 수 있
었던 것은 오랜 협동조합의 역사를 통해 내려온 경험과 노하우의 축

적, 잘 갖추어진 법 제도 덕분이기도 하지만, 무엇보다도 계층 단계
별로 잘 짜여진 협동조합 연합 조직과 이들의 전문적인 활동이 큰 기
여를 하고 있었다. 연합 조직의 실질적이고 체계적인 지원과 감독하
에서 건실한 신설 협동조합들이 태어나고, 이들 기초 단위 협동조합
들이 분권화된 독자의 의사 결정으로 고객과 조합원의 요청에 세심
하게 대응하면서, 협력 및 지원 관계에 있는 상위 연합 조직이 제공
하는 다양한 서비스를 잘 활용함으로써 함께 성장해나가는 구조를
만들어낸 것이다.

계속되는 변화에 맞서서 끊임없이 협동조합 생태계에서 연합 조
직의 의미와 지향점, 역할에 대해 고민하면서 새로운 방법과 형태를
찾아나가는 '변화 시도' 과정에서 지금의 연합 조직 계층 구조가 완
성되었고 지금도 계속 진화해나가고 있다. 그러면서도 그 과정에서
협동조합 생태계의 근간은 지역 기반의 기초 단위 협동조합이라는
점, 상위 연합 조직은 보충성 원칙 및 분권 원칙에 의거하여 밑에서
부터 위로 향하는 계층 조직 형태로서 구성되고 운영되어야 한다는
'기본과 원칙'을 해치지 않고 잘 지켜왔다는 점이 바로 좋은 결과로
이어질 수 있었던 비결이 아닌가 한다.

지금까지 유럽의 앞선 협동조합 환경과 생태계, 제도들을 살펴보
면서 그중에서도 특히 협동조합 연맹, 연합회, 네트워크가 협동조합
생태계에서 어떤 역할과 기능을 수행해야 하는가, 이러한 역할을 효
과적으로 수행하기 위해서는 지배구조, 기능형태, 조직과 업무 구조,
재정 등 측면에서 어떤 조건이 갖추어져야 하는가라는 문제 의식을

가지고 들여다보고자 하였다. 협동조합 연합 조직 및 네트워크는 상호성과 보충성, 자발성 원리에 기초하여 기초 단위 조직이 스스로 수행할 수 없는 사안을 상위 차원에서 해법을 모색하고 협동을 통해 이를 해결하는 역할을 수행한다. 그러나 이 과정에서 참여 단위 간의 의사 결정의 불균형성, 긴 합의 과정, 하위 기초 단위 협동조합의 종속화, 네트워크 안에서의 내적 경쟁 등의 문제가 발생한다. 이러한 문제들을 어떻게 슬기롭게 최소화하면서, 연합과 네트워크의 긍정적 효과를 극대화할 것인가가 연합 조직이 늘 안고 있는 과제라고 할 수 있다.

아직 협동조합 연합 조직 운영 경험이 부족한 한국에 있어 유럽의 연합 조직이 이루어놓은 성과들을 바라보면 부럽기만 하고 하루 빨리 닮고 싶은 모델이기도 하다. 중앙집권적이며 하향식인 통제문화에 익숙한 우리나라 문화에서 연합 조직의 위상과 역할에 대한 시각을 180도 바꾸어 상향식 계층 구조와 운영 형태를 어떻게 정착시킬 수 있을지, 그리고 연합 조직 혹은 중간 지원 조직이 갖추어야 할 자원과 전문성은 어떻게 확보해야 할 것인지 고민해야 할 과제는 한두 가지가 아니다. 그러나 무엇보다도 이러한 구조의 연합 조직을 꾸리고 운영하기 위해서는 지역 기초 단위 협동조합이 이를 감당할 수 있는 시각과 지식, 협력 경험, 자원 등 역량을 갖추는 것이 필요하다.

연합회 혹은 중간 지원 조직이 상충부의 도우미로서 전문 역량을 갖추고 지역 기초 단위 협동조합의 내실 있는 성장과 협력을 지원하는 체계, 나아가 이종 업종 간 연합을 통해 더 큰 협동조합 간의 협력을 모색하는 생태계…. 한국 협동조합 생태계에서도 소비자협동조합을 중심으로 이러한 움직임이 시작되었고 실천되고 있기는 하지만, 이번 유럽 협동조합 탐방은 방향성에 대한 믿음을 확인하고 우리가 갖추어야 할 방법론에 대한 단서를 얻을 수 있었던 귀중한 경험이었다.

DGRV 현장 방문

[참고자료]

· "Facts and Figures : Cooperative Banks, Commodity and Service Cooperatives", DGRV, 2014. 12.
· Company Profile DGRV, 2015. 6.
· Deutscher Genossenschafts - und Raiffeisenverband e.V., DGRV.
  (German Cooperative and Raiffeisen Confederation)
· 전형수, 「독일의 협동조합 : 역사, 현황, 전망 및 시사점」, 제8회 충남 협동조합 연구포럼 '외국의 협동조합 사례' 자료집, 2013.
· Tabuchi, Susumu, 「독일의 협동조합 : 발전 동향과 Member Value」, 『大阪經大論集』, 제65권 4호, 2014.
· Tabuchi, Susumu, 「독일 신용협동조합 그룹의 구조 변화」, 『大阪經大論集』, 60권 5호, 2010.

거시적·제도 환경적 분석

이탈리아는 어떻게
대안적 빅 비즈니스에
성공하였는가?

1. 이탈리아 협동조합 섹터의 현황

이탈리아는 협동조합 중심의 사회적 경제가 발전한 나라이다. 2010년 기준 이탈리아의 총 취업자 수에서 사회적 경제 부문 종사자 수가 차지하는 비중은 9.74%로 유럽 국가 중에서 스웨덴과 네덜란드 다음으로 높은 편이다([표 부록-1] 참조). 대부분의 선진국에서 협동조합 종사자 수보다 협회 및 재단법인 종사자 수가 많은데 이탈리아에서는 협동조합 종사자 수가 훨씬 많다. [표 부록-1]에 의하면, 이탈리아 협동조합 종사자 수가 총 취업자 수에서 차지하는 비중은 4.9%로 협동조합이 발전하였다고 알려진 스웨덴 3.9%, 핀란드 3.8%, 스페인 3.5%에 비추어볼 때 매우 높은 편이라는 점을 알 수 있다. 참고로 협동조합이 발전한 것으로 알려진 영국의 협동조합 종사자 수 비중은 0.8%에 불과하다는 점에 비추어볼 때 이탈리아의 협동조합이 얼마나 발전해 있는지를 가늠할 수 있다. 세계 여러 나라 중에서 이탈리아의 협동조합이 종사자 수 기준으로 가장 큰 비중을 차지하고 있다.

[표 부록-1] 유럽연합 주요 국가의 협동조합 고용 현황 (2009-2010)

국가	협동조합 (총고용에서 차지하는 비중)	공제조합	협회/재단 (associations/ foundations)	합계	총 고용에서 차지하는 비중
프랑스	320,822 (1.24)	128,710	1,869,012	2,318,544	9.02
이탈리아	1,128,381 (4.93)	주1*	1,099,629	2,228,010	9.74
포르투갈	51,391 (1.0)	5,500	194,209	210,950	5.04
스페인	646,397 (3.5)	8,700	588,056	1,243,153	6.74
스웨덴	176,816 (3.89)	15,825	314,568	507,209	11.16
오스트리아	61,999 (1.49)	1,416	170,113	233,258	5.70
덴마크	70,757 (2.62)	4,072	120,657	195,486	7.22
핀란드	94,100 (3.84)	8,500	84,600	187,200	7.65
독일	830,258 (2.14)	86,497	1,541,829	2,458,584	6.35
그리스	14,983 (0.34)	1,140	101,000	117,123	2.67
네덜란드	184,053 (2.19)	2,860	669,121	856,054	10.23
영국	236,000 (0.82)	50,000	1,347,000	1,633,000	5.64

* 주1 : 공제조합의 수치는 협동조합에 포함됨.
출처 : Chaves and Monzon(2012).

이탈리아의 협동조합 섹터가 많은 수의 고용을 창출한 배경에는 다양한 업종에서 다양한 유형의 협동조합이 발전해왔기 때문으로 보인다. 협동조합의 수는 2008년 말 현재 금융을 포함해 총 7만 2,010개로 이 중 일반 협동조합의 수는 5만 8,072개, 사회적협동조합의 수는 1만 3,938개이다.[1] 업종별로는 급식, 호텔, 물류, 교육, 돌봄 등 서비스 부문에서 활동하고 있는 협동조합의 수가 약 3만 3,649개로 전체의 51.3%를 차지하고 있다. 그 다음이 건설 부문으로 1만 3,712개의 협동조합이 활동 중이다. 그 다음은 농업, 상업, 제조업 순이다([표 부록-2] 참조). 스페인 몬드라곤 지역을 제외한 대부분의 나라에서 협동조합은 주로 농업, 소매 금융, 소매 유통, 운송 등에서 집중적으로 발전한 양상을 보여왔지만(Birchall, 2011; 장종익, 2014) 이탈리아는 거의 모든 산업 및 업종에서 고루 발전하고 있다. 이렇게 다양한 업종에서 활동하고 있는 약 7만 2,000개의 협동조합이 118만 4,708명의 직원을 고용하고 있다(EURICSE, 2011).

이렇게 다양한 업종에서 협동조합이 고루 발전한 이유는 노동자협동조합과 사회적협동조합의 비중이 높기 때문으로 보인다. 대부분의 다른 나라에서는 소비자협동조합이나 농업생산자협동조합, 그리고 금융협동조합이 집중적으로 발전한 반면에(Birchall, 2011; 장종익, 2014) 이탈리아에서는 노동자협동조합이 약 50만 명의 종업원을 고

---

1   이탈리아 상공회의소에 등록되어 있는 협동조합의 수는 2007년 기준 140,916개인 것으로 파악되고 있지만 이 중 재무제표를 제출하고 활동 중인 협동조합의 수는 절반에 미치지 않은 것으로 알려지고 있다(Borzaga 외, 2010). 이러한 점은 이탈리아의 협동조합이 역사가 100년이 넘은 협동조합과 수많은 신생 협동조합들이 공존하고 있다는 점을 시사해준다.

[표 부록-2] 이탈리아 협동조합 수(2008년)

업종	일반협동조합	사회적협동조합	전체
서비스	23,111(43.7%)	10,538(82.7%)	33,649(51.3%)
건설	13,294(25.2%)	418(3.3%)	13,712(20.9%)
농업	7,100(13.4%)	368(2.9%)	7,468(11.4%)
상업	5,005(9.5%)	603(4.7%)	5,608(8.6%)
제조업	4,323(8.3%)	814(6.3%)	5,137(7.8%)
자료없음	4,807(8.3%)	1,197(8.6%)	6,004(8.4%)
계	57,640(100%)	13,938(100%)	71,578(100%)
	80.5%	19.5%	100%
금융	432	-	432

출처: EURICSE, 2011.

용하고 있고 사회적협동조합도 약 30만 명을 고용하고 있어서 전체 협동조합 섹터의 고용에서 차지하는 비중이 매우 높은 편이다.[2] 보통 대부분의 나라에서 노동자협동조합은 택시, 버스, 트럭 등 운송 분야나 일부 유통 혹은 인쇄 분야 등에서 발견할 수 있는 데 반해 (Hansmann, 1997) 이탈리아는 상당히 광범위한 업종에 걸쳐서 고루 발전한다는 점이 중요한 특징이다.

이탈리아 협동조합들의 평균 연수는 17년으로 주식회사 등 다른 형태의 기업 평균 연수 13.5년에 비하여 연수가 높은 것으로 나타났다(Borzaga 외, 2010). 또한 이탈리아 협동조합 기업은 다른 형태의 기업

---

2 이 수치는 필자가 2015년 말 기준으로 이탈리아 협동조합 종업원 수의 95% 이상을 차지하는 협동조합들이 가입되어 있는 레가꿈연맹과 콘코프연맹 홈페이지에 게시되어 있는 데이터를 취합하여 계산한 것임. 이탈리아의 협동조합에 관한 통계 중에서 소비자협동조합, 사업자협동조합, 노동자협동조합, 사회적협동조합 등으로 구분된 통계는 아직 발견되지 않고 있음.

에 비해 규모가 큰 것으로 나타났다. 2006년 기준 협동조합 평균 종업원 수는 19.2명으로 다른 형태 기업의 평균 종업원 수 3.8명에 비하여 훨씬 많은 것으로 드러났다(Borzaga 외, 2010).

이탈리아 협동조합이 이렇게 큰 규모의 고용을 창출할 수 있었던 배경 중의 하나는 협동조합의 대규모화에 성공했기 때문으로 보인다. 2015년 기준 이탈리아 전체 활동 중인 협동조합 수의 1%도 되지 않은 257개 대규모 협동조합이 전체 매출액의 70% 이상을 차지하고 있다(Linguiti, 2016). 종업원 수가 500명 이상인 협동조합 기업의 수는 이미 2001년에 121개에 달하였다(Zamagni and Zamagni, 2009). 이렇게 협동조합 기업의 규모가 커지면서 이탈리아의 협동조합은 이탈리아 경제의 여러 분야에서 선도적인 기업으로 자리 잡게 되었다. 예를 들어 종업원 수 약 8,000명을 보유한 CMC 등 건설 부문의 10대 기업 중 3개가 노동자협동조합이다. 외식 분야에서는 노동자협동조합 캄스트(CAMST)가 1만 2,000여 명의 종업원을 보유하면서 총 1,750개의 레스토랑 등을 운영하여 업계를 선도하고 있다. 1938년에 설립되어 현재 종업원 수 1만 9,000여 명에 달하는 마누텐꿉(MANUTEN-COOP)는 건물 관리 분야의 선두 기업이다. 또한 이탈리아 소비자협동조합(COOP Italia)과 슈퍼마켓협동조합(CONAD)은 이탈리아 식료품 시장의 3분의 1을 차지하고 있다. 사회적협동조합은 지방 정부가 아웃소싱을 하는 사회 서비스의 제공에서 주도적인 역할을 수행하고 있으며, 물류, 운송, 미디어, 여행 등에서도 두각을 나타내고 있다. 식품 산업 매출액의 4분의 1은 협동조합을 통해 이뤄지고 있으며, 와인 제조 및 육류 공급분에서 농업협동조합도 매우 발달하여 있다.

2. 이탈리아 협동조합 섹터의 역사적 발전 과정

이탈리아 협동조합은 1854년에 높은 생활비 문제를 해결하고자 노동자들이 처음으로 튜린(Turin)에서 설립한 소비자협동조합을 시작으로 형성되어 왔다. 이후 프랑스에서 출발한 노동자협동조합은 건설 및 농업 분야 노동자들이 만들기 시작하였고, 독일에서 퍼져가기 시작한 신용협동조합, 덴마크에서 처음으로 나타난 농업협동조합이 설립되었다. 이미 1885년에 4,896개의 협동조합이 설립되었고, 1920년대에서는 1만 5,000개로 늘어났으며 2차 전쟁이 끝난 후인 1951년에는 약 2만 5,000개로 증가하였다 특히 전쟁 직후에는 건설노동자협동조합과 주택소비자협동조합이 크게 늘어났다(Borzaga 외, 2010).

이탈리아가 전후 높은 경제 성장률을 달성하였던 1950년대부터 60년대까지 이탈리아 협동조합 섹터는 눈에 띄는 발전을 기록하지 못하였다. 제조업 중심의 경제가 팽창하고 농업의 인구가 감소하여 도시 인구가 팽창하던 이 시기에 이탈리아 협동조합은 활동하는 협동조합의 수나 종사자 수의 면에서 큰 변화가 없었다. 활동하는 협동조합의 수는 1951년에 1만 782개에서 1971년에 1만 744개로 변화가 없었고, 종사자 수는 같은 기간에 13만 7,885명에서 20만 7,477명으로 약 7만 명이 증가하였다([그림 부록-1] 참조). 전체 취업자 수에서 차지하는 비중은 2.0%에서 1.9%로 오히려 약간 감소하였다(Zamagni and Zamagni, 2009). 이 시기 이탈리아 협동조합들은 대부분 규모가 작은 협동조합들이 미미한 역할에 그쳤다고 평가된다(Menzani and Za-

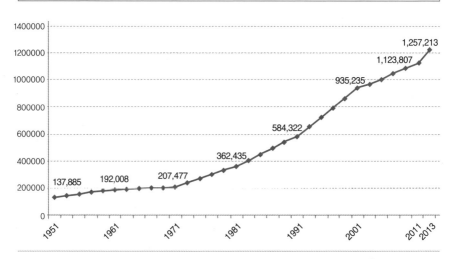

출처: Linguiti, 2016

magni, 2010; Restakis, 2010).

그러나 오일 쇼크가 발생한 1970년대 초반에 스태그플레이션이 발생하고 실업률이 높아지면서 협동조합 섹터는 전환점을 맞이하였다. 즉, 협동조합은 기존 자본주의적 경제 성장 방식에 한계가 노정되면서 새로운 대안으로 다시 등장한 것이다. 기존 자본주의적 경제 성장 방식의 한계로 인하여 높아진 협동조합에 대한 수요에 대하여 협동조합 섹터의 주체들은 대안적 비즈니스의 비약적 발전을 위한 매우 실용주의적 노력을 기울이기 시작하였다.[3]

1970년대부터 다양한 분야에서 새로운 협동조합이 많이 설립되

---

3 이에 대해서는 다음 절에서 자세히 설명하기로 한다.

어 전체 협동조합의 수는 1971년에 10,744개에서 2001년에 53,393 개로 거의 5배 증가하였다(Zamagni and Zamagni, 2009). 특히 경제 위기 상황에서 어려운 경영 상태에 놓인 기업들의 종업원 인수를 통한 노동자협동조합으로의 전환이 이루어지고, 새로운 협동조합 모델인 사회적협동조합이 지속적으로 설립되었으며, 서비스 분야에서 새로운 협동조합의 창업 등이 이루어지면서 협동조합 수가 크게 증가하였다. 또한 기존 협동조합은 비즈니스의 규모와 종업원 수가 비약적으로 확대되었다.

[그림 부록-1]에서 보는 바와 같이 협동조합 종업원 수는 비약적으로 증가하였다. 협동조합의 종업원 수가 전체 노동자 수에서 차지하는 비율은 1971년에 1.9%에서 1991년에 4.0%, 2001년에 5.8%로 증가했다(Zamagni and Zamagni, 2009). [표 부록-3]에서 보는 바와 같이 500명 이상을 고용하는 협동조합이 1971년 28개에서 1981년 58개, 1991년 89개, 2001년 121개로 꾸준히 증가했다. 이와 같은 대규모 협동조합에 의해 고용된 인원 수도 1971년 3만 5,201명에서 2001년 20만 2,759명으로 크게 늘었다. 대규모 협동조합은 제조업, 식품 가공업, 건설업, 도소매, 호텔 및 식당, 금융업, 시설 관리 서비스, 청소업 등에서 나타났다. 이러한 협동조합의 규모화는 2000년대 들어 더욱 확대되고 있는데, 이는 협동조합이 규모가 커져도 시장에서 효율적으로 작동할 수 있음을 증명하는 현상이라고 할 수 있다.

	기업 수				노동자 수			
	1971	1981	1991	2001	1971	1981	1991	2001
농업	1	3	0	0	2,166	3,815	0	0
수산업	2	0	0	0	1,063	0	0	0
제조업	3	7	13	13	1,980	5,065	13,476	16,522
식품 가공업	3	7	8	10	1,980	5,065	6,193	13,429
건설업	3	17	15	7	3,344	15,690	12,269	5,943
도소매	5	11	15	16	2,899	9,000	21,804	35,095
호텔 및 식당	0	2	3	5	0	1,528	3,986	15,555
운수 및 기타	8	4	1	17	14,231	2,984	553	11,569
금융중개	6	12	30	24	9,518	21,270	40,707	55,584
시설 관리 서비스	0	2	11	34	0	1,468	11,709	57,477
청소업	0	1	9	32	0	1,468	9,776	47,150
건강 및 기타 서비스	0	0	0	3	0	0	0	3,329
기타 사회적 서비스	0	0	1	2	0	0	1,019	1,685
합계	28	58	89	121	35,201	60,820	105,523	202,759
조합당 노동자수					1,257	1,049	1,186	1,676

출처: Zamagni and Zamagni, 2009

3. 이탈리아 협동조합 섹터의 조직적 특징

이상에서는 이탈리아 협동조합을 주로 양적으로 살펴보았다면 질적인 측면을 살펴보기로 한다. 즉, 협동조합 섹터 내부의 생태계를 조직 구조 및 제도 정책적 측면으로 살펴본다. 이러한 측면은 1970년대 이후에 이탈리아 협동조합이 양적으로 크게 성장한 배경을 이해하는데 도움이 될 수 있을 것이다. 이탈리아 협동조합에 대한 연구를 오랫동안 수행해온 볼로냐 대학교의 베라 자마니(Vera Zamagni) 교수는 이탈리아 협동조합 섹터의 특징을 다음과 같이 세 가지로 요약하고 있다(Zamagni, 2006). 첫째, 이탈리아 협동조합 운동은 다른 나라와 달리 정치적 종교적으로 중립적이지 않고, 사회주의 정당 및 가톨릭과 깊이 연결되어 있다. 둘째, 협동조합에 관한 이상과 실용적인 접근 방식이 다양하며 이렇게 다양한 접근 방식의 공존과 경쟁이 오히려 협동조합의 발전에 기여하였다. 셋째, 동일한 정치 및 종교 계열의 다종 다양한 협동조합은 수평적 및 수직적 네트워크를 형성하여 협동조합 간 협동을 실현하여 왔다.

이러한 이탈리아 협동조합 섹터의 조직 구조 상 특징은 대부분의 나라에서 소비자협동조합연합회, 농업협동조합연합회, 신용협동조합연합회 등 협동조합 간 협동이 주로 동종 부문에 한정되어 발전해 온 것과는 대비된다. [표 부록-4]는 이탈리아 협동조합 섹터의 다양한 네트워크 형태를 정리한 것이다. 표에서 보는 바와 같이 이탈리아는 전통적으로 동종 부문에서의 조합 간 수평적인 네트워크인 연합회뿐만 아니라 한국의 아이쿱생협과 같이 수직적 네트워크가 오래 전부터 발전해왔다.

또한 다종 다양한 협동조합들이 서로 보완적 관계에 있다면 턴키 방식의 입찰에 참여할 필요 등에 대응하기 위한 보완적 네트워크도 발전하고 있다. 예를 들면 씨크랫트(Ciclat)는 가톨릭협동조합연맹 소속 서비스협동조합들의 컨소시엄인데, 병원에 대해 청소, 쓰레기처리, 건물유지관리, 콜센터, 캐터링 서비스 등을 각각 담당하는 여러

[표 부록-4] 이탈리아 협동조합 섹터의 네트워크 형태의 진화

유형	정의	주요 특성	예
수평적 네트워크	시장영향력 증대, 생산 합리화, 공통 서비스의 제공, 위험의 분산 및 기회 공유를 위한 네트워크	· 오랫동안 유지되어온 구조 · 합병으로 이어지기도 함 · 일반적으로 중소형 규모의 기업들이 사용	초기 농협, 신협, 소협에서 나타남
수직적 네트워크	각 기업이 가치사슬의 핵심 사업에 집중하게 하고 전체 생산 사슬을 통제하기 위해 개발됨	· 수직 전문화/ 물류 협력 · 제품의 규격화	Coop Italia, CONAD
보완적 네트워크	상호보완적인 상품과 서비스 생산자들이 완성된 패키지를 제공하기 위해 만든 네트워크	· 일반적으로 고객의 수요에 따라 활성화되는 잠재적 관계	Ccc(건축), Cns(레가), Cclat (콘코프) 서비스 분야 컨소시엄
금융 네트워크	재정적 도움을 주는 네트워크	· 신용 공급 · 기업 합병의 관점에서 서비스를 제공하며 일시적 또는 장기적으로 주식 소유	Fincooper (1969), Unipol(1963), CFI(1986)
네트워크들의 네트워크	네트워크들의 전략적 협력	· 외부에 협동조합을 대변 · 협동조합 정체성 방어 · 공통 서비스, 기본 전략적 결정에서 시너지 효과	Lega, Confcoop

출처: Menzani and Zamagni, 2010

협동조합들이 컨소시엄을 구성한 것이다. 이러한 컨소시엄은 대규모 병원의 입찰에 공동으로 응찰하여 시너지를 발휘하고 있다. 소위 컨소시엄으로 불리어지기도 하는 이러한 보완적 네트워크는 조합 단위의 작은 규모를 유지하면서도 필요에 따라 유연하게 규모의 경제 혹은 범위의 경제를 실현할 수 있도록 하는 협동조합 간 협동 전략으로 이탈리아 협동조합의 성공 요인으로 분석되고 있다. 2008년 말 현재 이탈리아 협동조합 부문 내에서 활동 중인 컨소시엄의 수는 모두 1,948개이며, 여기에 종사하는 인원 수가 2만 1,118명에 달한다(EURICSE, 2011). 컨소시움은 특히 가장 마지막으로 제도화된 사회적협동조합에 있어서 빠른 성장을 이끈 견인차 역할을 해온 것으로 평가되고 있다(Menzani and Zamagni, 2010).

또한 이탈리아는 다양한 협동조합연합회가 회원으로 가입하는 협동조합총연맹이 발전하였는데, 정치적 종교적으로 동질적인 지향을 지닌 조합 및 연합회들이 총연맹을 결성하고 이종 협동조합 간에도 서로 협력하고 사회적으로 필요한 영역에서 새로운 협동조합의 설립을 지원하는 전통을 수립해 왔다(Menzani and Zamagni, 2010). 역사적으로 간략히 살펴보면, 이탈리아의 협동조합들은 1886년에 전국 조직인 전국협동조합·공제연맹(Lega Nazionale delle Cooperative Mutuelle)을 설립해 가톨릭, 사회주의, 공화주의 성향의 협동조합을 모두 포괄했으나 1919년 가톨릭계 협동조합이 탈퇴해 이탈리아협동조합연맹(Confcooperative)을 창립하게 됨에 따라 총연합 조직이 분열돼 발전해 왔다. 그러다 1945년에 사회주의-공산주의 계열의 협동조합인 레가꿉(Legacoop) 연맹이 설립되고 자유주의적 계열의 AGCI가 1952년에 설립됐으며, 가톨릭 계열의 협동조합연맹에서 분리돼 나온 UNCI가 1975년에 설립됐다.

[표 부록-5]는 이탈리아 협동조합을 총연맹 소속에 따라 분류해 놓은 것인데, 가톨릭협동조합연맹(Confcooperative)에 1만 9,200개의 조합이 가입돼 있고, 조합원 수는 288만 명에 달하며 여기에 고용돼 있는 인원은 46만 6,000명에 이르러 가장 규모가 크다. 그 다음이 사회주의 계열의 레가꿉연맹으로 가톨릭협동조합연맹과 피고용인 수 면

에서는 비등한 규모를 보이고 있다. 어떠한 계열의 총연합회에도 가입하지 않은 조합도 2만 1,000여 개에 달한다. 각 총연맹에는 농업협동조합, 주택협동조합, 소비자협동조합, 소상공인협동조합, 노동자협동조합, 사회적협동조합, 보건협동조합, 금융협동조합, 문화 및 관광협동조합 등 다양한 협동조합들의 부문별 연합회가 가입돼 있으며, 총연합회 차원에서 조직 발전 전략을 수립하고 실천해왔다.

[표 부록-5] 이탈리아 협동조합 운동(2006년 기준)

	기업 수	매출액 (10억 유로)	조합원 수	직접 고용 수
Legacoop	15,200	50	7,500,000	414,000
Confcooperative	19,200	57	2,878,000	466,000
AGCI	5,768	6	439,000	70,000[a]
UNCI	7,825	3[a]	558,000	129,000
Unicoop	1,910	0.3[a]	15,000	20,000[a]
위에 속하지 않는 조합	21,561[b]	3[a]	100,000[a]	150,000[a]
합계	71,464	119	11,490,000	1,249,000

출처: Zamagni and Zamagni (2009)

2017년부터 가장 대표적인 전국협동조합연맹(AGCI, Confcooperative, Legacoop)들로 구성된 새로운 이탈리아협동조합연맹이 창설된다. 이 새로운 연맹에 속하는 3만 9,000개의 협동조합들은 120만 명의 종업원과 1,400억 유로의 매출(은행과 보험 포함), 그리고 1,200만 명의 조합원을 보유함으로써 이탈리아 협동조합 운동의 90% 이상을 차지한다.

이탈리아의 협동조합의 발전은 총연맹의 전략과 지도력에 많이 의존해왔다. 예를 들면, 레가꿉 연맹은 1978년 그동안의 공식 노선이던 '협동조합 공화국 건설론'을 폐기하고 혼합 경제를 지지하며 그 속에서 협동조합이 큰 역할을 수행할 수 있다는 제3부문론을 제창했다. 이 과정에서 레가꿉 연맹은 중산층에게 문호를 개방해 소매 자영업자, 문화, 보건의료, 관광, 수산업, 운송(택시, 트럭) 등 새로운 분야를 조직했다. 그리고 "모두를 위해 독점적 제 세력과 싸우고 이들 세력의 투기적 수법과 목적에 반대한다"는 입장을 천명했다. 또한 레가꿉 연맹은 1980년대 유럽 시장의 통합 와중에서 협동조합의 규모 확대를 통해 경쟁력 강화를 도모했으며, 전국조직과 사업연합 조직의 개혁도 추진했다(Zamagni, 2006).

그리하여 1970~1980년대 협동조합의 규모를 확대하기 위해 합병이 의도적으로 추진됐으며, 이 결과 대규모 협동조합이 출현하기 시작했고, 이러한 조합들은 좀 더 높은 수준의 경영 전문가를 필요로 하게 됐다. 이에 따라 1970~1980년대에 대규모 협동조합을 중심으로 경영 전문가들이 영입되기 시작했고, 이러한 경영 전문가들의 보수가 자본주의적 기업과 비슷해져 갔다. 컨설팅 회사의 자문을 받아 협동조합 기업의 구조 내에 전략 기획 기능을 도입하기도 했다(Menzani & Zamagni, 2010).

4. 이탈리아 협동조합 섹터의 금융 지원 시스템

이탈리아 협동조합이 다양한 형태의 네트워크를 발전시키면서 인적 결합체로서의 장점을 살리면서 규모의 경제, 범위의 경제, 조직적 학습의 협동조합 섹터 내의 전수를 실현하여 인적 결합체로서의 약점을 보완한 것으로 파악된다. 그리고 이탈리아 협동조합 섹터는 협동조합의 또 다른 중요한 단점 중의 하나인 자본 조달 상의 제약 요인을 해소하기 위한 금융 지원 시스템을 개별협동조합뿐만 아니라 네트워크 차원에서 개발해오고 있다. 이 점을 살펴본다.

이탈리아 협동조합 섹터는 자본 조달의 한계를 극복하는데 기여하는 세제 및 법적 근거를 마련함과 동시에 각 총연맹 내에서 다양한 종류의 상호 지원 기금을 조성하여 운영하고 있다. 개별 협동조합 및 연합회 차원에서 자본 조달 한계를 완화하기 위한 제도적 개선은 크게 세 가지이다. 첫째, 개별 협동조합에서 발생한 수익 중 불분할 적립금[4]으로 배정하는 금액에 대해서는 비과세로 설정하여 협동조합의 자본 형성에 크게 기여하였다. 1977년부터 시행한 이 제도는 협동조합 및 그 사업연합이 불분할 적립금에 충당하는 이익을 비과세로 하되, 협동조합 활동의 존속 기간 중과 해산 시에 조합원에게 배분하지 않을 것을 전제로 해서 허용하였다.

둘째, 협동조합이 조합원으로부터 자금을 차입할 수 있는 근거를 마련하였다. 조합원들에 한하여 조합 순자산(출자금과 적립금)의 세 배 범위 내에서 차입할 수 있도록 하였다. 레가꿉 계열의 800개의 협동조합이 2014년 기준 130억 유로를 차입하고 있으며, 이 중 9개 대규

---

4 협동조합에서 발생한 잉여 또는 이윤으로 내부 유보로 적립하되 이 내부 유보금을 조합원의 개별 지분이 아닌 조합의 공동 재산 몫으로 적립하는 것을 불분할적립금(indivisible reserve)이라고 부른다.

모 소비자협동조합이 110억 유로를 차입하고 있는 것으로 조사되고 있다(Linguiti, 2016).

셋째, 1992년부터 법으로 도입된 투자 조합원 제도는 협동조합의 상호적 목적에 참여하지는 않지만 협동조합 자금 조달에 기여할 수 있는 법적 근거를 마련하여 개인 및 협동조합 지원 금융기관이 개별 협동조합 및 컨소시움에 투자 조합원으로 참여할 수 있게 되었다.

다음으로 각 협동조합총연맹 내에 다양한 상호 지원 기금의 조성과 운용인데 이에 대해서는 자료의 제약 상 레가꿉 연맹에 한정하여 서술한다.[5] 레가꿉이 처음으로 조성한 상호지원기금은 핀코페르(FINCOOPER)였다. 1970년대에 협동조합 간 합병과 컨소시움이 추진되면서 이를 촉진하기 위한 기금의 조성이 필요하여 출범하였다. 협동조합의 성장을 촉진하기 위해 1977년에 설립된 이 기금은 금융 시스템에서 협동조합을 위한 보증의 역할을 수행하였다. 이 기금은 1986년에 1,900개 회원 협동조합들이 출자한 620만 유로의 자본금을 바탕으로 단기 대출을 하였다. 오늘날에는 CCFS(개발을 위한 협동조합 금융 컨소시엄)이 이러한 활동들을 수행하고 있다. 1986년에 전국적인 금융기관인 핀쿠퍼(Fincooper)를 합병한 CCFS는 기본적으로 회원 협동조합들로부터 자금을 차입하여 자금이 필요한 회원 협동조합을 위하여 사용한다. 즉, 회원 협동조합에게 유리한 보증을 제공하고, 대출, 담보대출, 선금 등을 제공하며, 금융 자문 서비스도 제공

---

5 이 부분은 주로 레가꿉연맹 연구소의 책임연구원인 링귀티(Linguiti)가 2016년 10월에 수원에서 발표한 자료에 의존하였다.

한다.

이 컨소시엄은 통합 금융 솔루션을 제공하고 종종 더 경쟁적이며 금융기관들과의 광범위한 협업이 가능해 더 많은 자원을 협동조합에 제공 가능하면서 다른 협동 금융 수단들과 병행해 운용되는 경우가 갈수록 많아졌다. 2014년 말 1,083개 회원협동조합이 가입되어 있고, 회원 조합들은 10억 1,900만 유로를 예금하고 8억 3,900만 유로를 회원들이 대출하고 있으며, 27개 금융기관과 협력하여 일하고 있다.

두 번째 상호지원기금은 정부의 지원으로 출범한 산업융자회사(Compagnia Finanziaria Industriale: CFI)이다. 이 기금은 일자리를 잃은 노동자에 의한 신규 노동자협동조합 설립을 촉진하고자 정부가 1985년에 설치한 '마르코라기금(Marcora fund)'에서 출발하였다. 이탈리아 정부가 노동자협동조합의 발전을 통해 고용 문제를 해결하려고 추진하고자 1985년에 제정한 마르코라법(Marcora Law)은 1980년대 높은 실업율과 이탈리아 경제의 공업화에 대응하기 위한 두 가지의 고용창출 프로그램 중 하나인데 1987년에 시행됐다. 이는 경영 위기에 빠진 기업의 재건을, 그 위기의 최대 희생자가 된 노동자에게 맡겨 노동자협동조합으로 전환시킬 수 있도록 기회를 주는 내용이다. 이 프로그램으로 총 2,500억 리라에 달하는 2개의 기금을 조성했는데, 이 정책에 입각해 이탈리아 3대 협동조합총연합회와 3대 노동조합 전국연맹이 협력해 '산업융자회사(Compagnia Finanziaria Industriale: CFI)'를 설립하고 1987년부터 사업을 시작했다. 이 프로그램에 의해 파산 또는 경영위기에 처한 기업을 해당 노동자가 부분적 또는 전면적으로 매입하거나, 혹은 그것에 대체되는 활동을 개발할 목적으로 설립된 노동자협동조합은 노동자가 적립한 자본의 3배를 한도로 해 산업융자회사에 협동조합 자본의 인수를 요구할 수 있다.

CFI는 1986년 이후부터 노동자협동조합과 사회적협동조합을 지원하는 이탈리아의 모든 협동조합총연맹과 정부가 협력한 기관투자자라고 할 수 있다. 이 기금은 새로운 협동조합 창업을 지원하고, 조합원 노동자들의 기업가 정신을 함양하며, 노동자들의 기업 인수를 지원하며, 노동자협동조합의 비즈니스 역량을 확대하기 위한 금융 및 경영적 지원을 제공하고 있다. CFI에는 이탈리아 정부의 경제개발부와 270여개의 협동조합 및 Agci, 콘프코페라티브, 레가꿉의 개발기금이 참여하고 있다. CFI는 3개의 주요 협동조합연맹의 회원으로 이탈리아 협동조합 보증기관(CooperfidiItalia) 및 협동조합을 위한 팩토링 사업을 하고 있는 코퍼팩터(Cooperfactor)와 협업하고 있다. CFI는 2014년 말 기준 자체 포트폴리오에 8,400만 유로의 자본금과 9,800만 유로의 순자산을 보유하고 있다.

세 번째로 중요한 상호지원기금은 1992년에 법에 의하여 도입된 '협동조합의 진흥 발전을 위한 상호부조 기금(I fondi mutualistici per la promozione e lo sviluppo della cooperazione)'이다. 이 기금은 협동조합과 그 사업연합이 매년 이익금의 3%를 납입(이 부분도 과세 대상에서 제외)해 조성하는 협동조합발전기금이다.[6] 또한 청산 절차를 밟는 모든 협동조합의 잔여 자산은 불입 자본과 미수 배당금의 공제 후에 상호기금

---

6 이 의무를 이행하지 않는 협동조합은 세제상의 혜택을 받지 못할 수 있다는 규정을 두고 있다.

으로 출연해야 한다. 이 기금의 목적은 협동조합 기업의 혁신과 고용 확대, 이탈리아 남부지역 개발을 위한 새로운 협동조합 설립 시 자금을 융자하는 제도를 시행하는 것이다. 이 법률 조항은 협동조합 운동 진영의 강한 요구에 의해 도입됐다. 이 기금은 그동안 전적으로 현재의 조합원에게만 향해 온 '대내적 상호부조' 기능을 협동조합 운동과 사회 전체를 향하는 '대외적 상호부조'로 확장 발전시킨 것이라고 할 수 있다(Zanotti, 2011). 협동조합이 조합원을 지속적으로 화대하고 '시스템'으로서의 경쟁력을 강화할 수 있도록 한 조치였다. 이 기금을 설립 운영하는 책임을 각 협동조합의 총연맹에 부여했다. 이 기금은 협동조합의 자본금 출자, 대출 또는 특별한 금융 수단에 사용된다.

레가꿉 연맹이 운영하고 있는 꿉펀드(Coopfond)는 2015년 말 현재 4억 3,000만 유로 이상의 자산을 보유하고 있으며 500개 이상의 프로젝트에 관여하고 있다. 꿉펀드는 해외 진출을 계획하고 있거나 회사 규모를 늘리기 위해 다른 협동조합과의 합병을 원하는 협동조합들에 저리의 융자를 제공한다. 또한 꿉펀드는 협동조합 문화 확산을 촉진하고 협동조합 경영 세대의 교체를 준비하기 위해 고등교육 및 대학 석사 프로그램을 포함하여 다른 교육 과정들에 자금을 지원한다. 2008년 세계 금융위기 이후 꿉펀드는 수많은 노동자기업인수(WorkerBuy-outs)의 자금 조달에 관여하여 어려움에 처한 기업들을 노동자들이 인수하여 협동조합으로 전환하는것을 지원하였다. 이를 통하여 수백 개의 일자리를 구제하는데 기여하였다.

그 외에도 레가꿉 연맹은 중대규모 협동조합의 혁신, 합병, 국제화를 지원하기 위하여 레가꿈 연맹 내 지역 금융회사들과 꿈롬바르디아(Coop Lombardia), 건설노동자협동조합인 씨엠씨(CMC), 마뉴텐꿈(Manutencoop), 꿈아드리아티카(Coop Adriatica)가 참여하여 순자산 2억 7,000만 유로의 코페라르 스파(Cooperare Spa)를 운영하고 있다. 그리고 레가꿈 연맹 소속 모든 회원 협동조합들에게 정부 및 행정기관 관련 신용 채권 매입 서비스를 제공하는 팩토링 기업인 코퍼팩터(Cooper-factor)가 운영되고 있다. 마지막으로 각 협동조합총연맹이 컨소시엄 방식으로 2009년에 설립한 이탈리아 협동조합 보증기관인 꿈피디 이탈리아(Cooper fidi Italia)가 운영되고 있다.

5. 이탈리아 협동조합 지원 제도의 특징

협동조합에 관한 지원제도는 법적 제도와 중앙정부 및 지방정부의 지원 정책 등으로 나누어지는데, 여기서는 자료의 제약 상 법적인 지원제도를 주로 서술한다. 이탈리아 협동조합법은 매우 단순하고 불완전한 수준에서 출발하여 협동조합의 발전에 기여하기 위하여 아주 상세하고 복잡한 수준으로 진화하였다(Fici, 2013). 1882년에 상법에 출자 증권의 비거래성, 조합원 1인당 출자금 보유액의 한도 설정, 1인 1표 등을 특징으로 하는 회사 형태의 하나로 규정되면서 법적 근거를 갖기 시작하였다. 그 후 1911년에 협동조합을 독자적인 법인격으로 민법에 포함하였다.

국가적 차원에서 협동조합을 매우 중요하게 다루기 시작한 것은

1948년 헌법에 협동조합을 언급하면서부터이다. 1947년에 제정된 새로운 이탈리아 헌법 제45조는 "공화국은 비투기적인 본성을 지니며 호혜적인 협동조합의 사회적 기능을 인정한다. 헌법은 가장 적절한 수단을 통해 협동조합을 장려하고 적정한 감독을 통해서 협동조합의 성격과 목적이 유지되도록 보장한다"고 명문화돼 있다(Fici, 2013). 공정한 사회적 관계와 경제의 민주주의라고 하는 헌법 정신에 입각해 1947년에 제정된 바세비(Besevi) 법은 협동조합의 성장과 성격에 중요한 영향을 끼쳤다. 이 법은 협동조합의 감독, 등기, 협동조합 총연맹, 상호부조의 요건, 관할관청의 의무 등을 규정했다.

협동조합의 법적 요건으로는 1인 1표의 의결권, 출자금에 대한 이자 제한, 이윤의 20%는 조합원에게 배분할 수 있으나 최소 20%는 법정준비금으로 적립할 것, 해산시의 순자산은 조합원에게 배분하지 않고 상호부조의 정신과 합치하는 공공 목적에 양도할 것 등이 규정돼 있다. 이탈리아의 민법은 협동조합의 최소 조합원 수는 9명이지만 조합원이 모두 자연인인 경우 3명만 모여도 협동조합을 설립할 수 있도록 되어 있다. 이탈리아 민법에서는 신규 조합원의 가입은 이사회의 승인을 얻어야 하는 것으로 명시되어 있다(Fici, 2013). 이 법 시행 초기에는 법률이 요구하는 주요한 법정 감독 기준에 못 미치는 많은 협동조합이 해산됐다(Zamagni, 2006).

협동조합의 중요한 특징인 상호성(mutuality)의 요건이 2003년 민법의 개정과 관련 세법의 개정을 통하여 분명히 제시되고 있다. 즉, 소비자협동조합은 조합원에 대한 판매 총액이 전체 매출액의 50%를 초과할 것, 생산자협동조합의 경우 조합원으로부터 구매하는 원료 구매액이 총 원료 구매액의 50%를 초과할 것, 그리고 노동자협동조합의 경우 총 인건비 지급액에서 조합원노동자에 대한 총 지급액이 50%를 초과할 것 등이다. 이러한 요건을 충족하지 않으면 상호성이 주요 목적이 아닌 협동조합이라고 규정되고 있으며, 세제 혜택의 대상에서 제외된다. 2008년 기준, 이러한 협동조합들은 전체 협동조합 수의 5.07%에 불과한 것으로 조사되고 있다(Fici, 2013).[7]

1948년 헌법에서 협동조합의 사회적 기능을 중요시하였기 때문에 협동조합이 이러한 사회적 기능을 수행하고 있는지를 감독하는 것이 필요하여 이에 대한 법적인 규정이 마련되었다. 협동조합에 대한 감사가 2년마다 이루어지도록 명시되어 있다. 주로 협동조합의 상호성이 준수되고 있는지를 조사하는 것인데, 조합원 자격 요건의 충족 여부, 협동조합 운영에서의 조합원 참여 여부, 이윤 배분 목적의 사업 추구 여부 등이 확인된다. 이러한 협동조합 감사는 협동조합총연맹 소속 협동조합에 대해서는 각 협동조합총연맹이 실시하고, 이에 소속되어 있지 않은 협동조합에 대해서는 경제개발부가 담당하도록 되어 있다.

이탈리아는 민법과 소위 바세비법이 협동조합기본법으로서의 역할을 하고 있음과 동시에 금융 서비스의 특수성에 관하여 규정하고 있는 협동조합은행에 관한 특별법(1993), 협동조합과 노동자조합원과의 상호적 관계의 특수성에 관하여 규정하고 있는 노동자협동조

---

7 1991년에 법적 근거가 부여된 사회적협동조합은 공익을 추구하는 협동조합이기 때문에 이러한 요건 충족의 대상에서 제외되었다.

합에 관한 특별법(2001), 독특한 목적을 추구하는 새로운 협동조합에 관하여 규정한 사회적협동조합법(1991) 등 특별법이 병존하고 있다 (Fici, 2013).

이탈리아협동조합법은 1948년 이후 몇 차례 소폭 개정되었으나 1970년대에 잇달아 개정되었다. 특히 경제 위기로 인하여 협동조합 섹터의 수요는 증가하였지만 협동조합에 내재된 자본 제약 요인 등 으로 인하여 이러한 수요에 부응하지 못하는 문제점을 해소하고자 협동조합 섹터에서의 법 개정 요구가 있었기 때문이다. 특히 직지 않은 협동조합이 경제 위기로 인하여 재정적인 어려움에 처해 있어서 협동조합의 회생에 필요한 법적인 개정이 이루어졌다(Menzani and Zamagni, 2010). 중요한 사항을 정리하면 다음과 같다.

첫째, 1971년에 협동조합이 조합원으로부터 자금을 차입할 수 있는 법적 근거와 이를 촉진시키는 우호적인 세제 혜택 조치를 마련하였다. 앞에서 살펴본 바와 같이 이러한 법적 개정에 입각하여 많은 소비자협동조합이 혜택을 받아 엄청난 조합원 차입을 할 수 있었다. 둘째, 1973년부터 조합원에게 지급되는 협동조합의 이용고 배당이 현금 배당으로 이루어지지 않고 조합원 출자 계정으로 유보될 경우, 이를 회전출자금제도(revolving capital retains)라고 불리어지는데, 이러한 조합원들은 배당세를 면제받는다. 셋째, 1977년에 협동조합이 잉여금을 비분할적립금에 배분할 경우에 이에 대한 법인세를 면제하는 법적 근거를 마련하였다. 이에 대한 세부적인 사항은 그 후 몇 차례 변경되었으나 2004년부터 농업협동조합과 소규모 수산업협동조합의 경우는 총 연간 잉여금의 20%, 소비자협동조합이나 그 컨소시엄

의 경우에는 총 연간 잉여금의 65%, 그리고 나머지 협동조합의 경우
는 40%의 한도에서 비분할 적립금의 세제 혜택이 주어지고 있다. 물
론 사회적협동조합의 경우 한도가 없이 세제 혜택이 이루어지고 있
다(Fici, 2013).[8]

 넷째, 1983년에 협동조합이 주식회사를 자회사로 설립하거나 인
수할 수 있는 법적인 근거를 마련하였다. 이로 인하여 대규모 협동
조합의 자본 조달의 방법이 대폭적으로 개선되었다.[9] 다섯째, 1992
년에 투자조합원제도(member-financial backer)와 우선출자증권제도(privi-
leged shares)를 도입하였다. 투자조합원제도는 의결권이 부여되는 것
이다. 다만 투자자 조합원은 조합원 총회에서 전체 투자자 수의 3분
의 1을 초과할 수 없도록 규정되어 있다. 우선 출자 증권은 의결권이
부여되지 않지만 일반 출자 증권보다 우호적인 배당을 우선적으로
배분받는다. 마지막으로 1992년에 소위 '협동조합의 진흥 발전을 위
한 상호부조 기금(I fondi mutualistici per la promozione e lo sviluppo della cooper-
azione)'을 법적으로 도입하였다. 법에서는 모든 협동조합의 연간 총
잉여금의 3%를 총연맹에 소속된 협동조합에는 총연맹에서 운영하
는 상호기금에, 이에 소속되어 있지 않은 협동조합은 공공기금에 납
입하도록 되어 있다. 또한 협동조합의 해산 시나 다른 주식회사 등
으로의 전환 시에 조합원 지분 이외에 나머지 자본은 상호기금이나

---

8 추가적으로 사회적협동조합에 대해서는 부가가치세를 4%로 감면하여 공익 목적을 추구하는
   사회적협동조합에 대해서는 상대적으로 두터운 세제상의 혜택을 부여하고 있다.
9 이 법에 근거해 레가꿉 연맹은 상장된 주식회사인 유니폴(UNIPOL)이라고 하는 보험회사를
   소유하고 있다.

공공기금에 귀속되도록 명시되어 있다(Fici, 2013).

6. 한국 협동조합 섹터에의 시사점

세계에서 가장 발달하고 있는 이탈리아 협동조합 운동의 경험은 한국 협동조합 섹터에 적지 않은 시사점을 제공하는 것으로 보인다. 한국 협동조합이 정부 통제형 협동조합의 역사기 지배적이었디고 하더라도 상향식 협동조합운동의 역사가 근대 이후에 끊어진 적이 없이 이어져왔고, 민주화 이후 다양한 생협운동의 발전과 협동조합 기본법 시행 이후 봇물처럼 터져 나오고 있는 협동조합 설립 운동이 전개되고 있다는 점에서 이탈리아 협동조합 운동의 상향식 발전과 궤를 같이 하는 면이 있다.

특히 이탈리아 협동조합 운동의 경험에서 배울 점은 크게 네 가지로 나누어 정리할 수 있다. 첫째, 협동조합이 자본주의적 기업에 대한 대안적 비즈니스를 통하여 사회를 변화시킨다는 기업의 관점에서 볼 때, 규모화된 협동조합 기업의 성장을 통하여 질 좋은 고용을 창출하였다는 점을 긴밀히 눈여겨 볼 필요가 있다. 이탈리아 협동조합 섹터는 전체 협동조합 수의 0.3%에 불과한 협동조합들이 전체 고용의 70% 이상을 차지하고 있는데, 협동조합 섹터를 규모가 매우 작은 마을 협동조합들의 숲으로만 이해해서는 협동조합 섹터가 자본주의적 섹터의 대안으로 실현되기가 어렵다는 점을 인식하고 이러한 대규모 협동조합 기업의 출현이 가능하였던 필요조건과 충분조건을 천착할 필요가 있다.

둘째, 이탈리아 협동조합 섹터에서 이렇게 대규모 노동자협동조합과 사회적협동조합이 발전해온 요인은 협동조합 이론가인 헨리한즈만(Henry Hansmann, 1996)이 주장한 높은 시장 거래 비용과 낮은집단적 의사 결정 비용만으로는 설명하기 어렵고 협동조합적 소유방식을 통하여 협동의 이익을 창출하는데 필요한 규칙과 자본 조달방식을 혁신적으로 개발하고, 컨소시엄 등 다양한 협동조합 간 비즈니스 협력을 혁신적으로 구축해왔기 때문인 것으로 분석된다. 즉, 개별 협동조합 조직의 자구적 노력뿐만 아니라 협동조합 섹터 전체의연대적 실천이 매우 중요하다는 점을 시사해준다. 협동조합 기업이필요에 의하여 자본주의적 기업과 같은 그룹을 형성하여 주식 및 채권 시장에 접근하여 대규모 비즈니스를 운용할 수 있는 아이디어를실현하고 있다는 점, 그리고 동시에 건강, 교육, 및 사회 서비스 분야에서 기존 전통적 협동조합에 비하여 혁신적인 사회적협동조합을개발하여 일반 협동조합 부문이 이를 지원하고 있으며, 어려운 경영상태에 놓인 기업의 종업원 인수를 통하여 노동자협동조합으로 전환하고 있다는 점 등이 이탈리아 협동조합 섹터의 혁신적 노력을 말해주고 있다.

셋째, 이탈리아 정부는 협동조합의 발전 단계에 적합한 제도 및인센티브 방안을 구축해왔다. 협동조합의 정체성 유지와 협동조합의 자본 조달 상의 약점을 보완하는데 기여하는 세제 혜택 제도, 그리고 협동조합 간 연대를 촉진하고 특히 기존 협동조합들이 새로운협동조합의 설립과 발전을 지원하는데 기여하는 상호 지원 기금을 의무적으로 설립하도록 하고 이를 세제 혜택과 연계시키는 제도, 유사 협동조합 난립 방지를 위한 감독 체제, 새로운 시장 및 금융환경으로의 적응을 위한 협동조합의 자본 조달 방법의 적극적 개발과 허용 등은 향후 우리나라 협동조합에 관한 정부의 제도적 정책적 지원 방안의 수립에 적지 않은 시사점을 제공할 것으로 보인다.

마지막으로, 이탈리아 협동조합 섹터에는 협동조합에 관한 다양한 의견과 사상이 공존하고 있으며, 이탈리아 협동조합의 비약적 발전은 이러한 다양성을 상호 인정하고 서로 일정 부분 경쟁하였기 때문에 가능하였다는 것이 지배적인 견해라고 할 수 있다. 그러나 이러한 협동조합 접근의 다양성은 협동조합 간 협동을 실질적으로 촉진하는 기제로 작용하였다. 예를 들면, 레가꿉 연맹과 가톨릭 계열 협동조합총연맹 내에서 정치적 혹은 종교적으로 비슷한 견해를 지닌 사람들이 각각 조직 체계를 달리하여 모여 있지만 사회 경제의 여러 문제에 대응하기 위하여 다양한 분야에서 다양한 유형의 협동조합을 설립하는데 서로 돕는 폭넓은 연대 문화를 구축하였다. 이는 협동조합 간 협동을 농협은 농협끼리, 소협은 소협끼리, 노협은 노협끼리 연합회를 결성하는 것으로 이해해온 기존 사고 방식을 재고하게 만드는 요인으로 작용하고 있다. 이탈리아 협동조합 운동의 경험으로부터 협동조합 간 협동의 실질적 실현의 다양한 경로와 다양한 방식에 대한 열린 태도를 배울 필요가 있다.

[참고문헌]

· 장종익, 「최근 협동조합 섹터의 진화」, 『한국협동조합연구』 제32권 1호, 2014. 1~25쪽.

· Johnston Birchall, *People-Centred Businesses : Co-Operatives, Mutuals and the Idea of Membership*, Houndmills, UK : Palgrave Macmillan, 2011. (장승권·김동준·박상선·장종익 옮김, 『사람중심 비즈니스 협동조합 : 진화하는 조합원 소유 비즈니스』, 한울아카데미, 2012.)

· Carlo Borzaga, Sara Depedri, Riccardo Bodini, "Cooperatives : The Italian Experience", Working paper, Euricse, 2010.

· Hazel Corcoran, David Wilson, "The Worker Co-operative Movements in Italy, Mondragon and France : Context, Success Factors and Lessons", Canadian Worker Co-operation Federation, 2010.

· Euricse, "La cooperazione in Italia", 1° Rapporto Euricse, 2011. http://euricse.eu.

· Antonio Fici, "Chapter Italy", Dante Cracogna, Antonio Fici, Hagen Henrÿ (eds.), *International Handbook of Cooperative Law*, Berlin : Springer, 2013.

· Henry Hansmann, *The Ownership of Enterprise*, Cambridge, Massachusetts : Harvard University Press, 1996.

· Francesco Linguiti, "Development of Cooperative Financial System : Legacoop", 2016. 경기도 따복공동체 국제컨퍼런스, 수원, 2016. 10. 26.

· Tito Menzani, Vera Negri Zamagni, "Cooperative Networks in the Italian Economy," *Enterprise & Society*, 2010, Vol.11(2), 98-127.

· John Restakis, "Cooperation Italian Style", *In Humanizing the Economy : Co-operatives in the Age of Capital*, New Society Publishers, 2010.

· Antonio Thomas, "The Rise of Social Cooperatives in Italy", *Voluntas : International Journal of Voluntary and Nonprofit Organizations*, 2004, Vol.15(3), 243-263.

· Vera Zamagni, "Italy's Cooperatives from Marginality to Success", Paper presented at the Session 72-Cooperative Enterprises and Cooperative Networks : Successes and Failures, XIV International Economic History Congress, Helsinki, Finland, 21 to 25 August 2006.

· Stefano Zamagni, Vera Zamagni, *La cooperazione*, 2009. (송성호 옮김, 『협동조합으로 기업하라』, 북돋움, 2012.)

이탈리아와 독일 협동조합 100년 성공의 비결

초판 1쇄 펴낸 날 2019년 1월 21일

지은이 · 장종익, 오창호, 김종겸, 김현주, 김효섭, 박정수, 손재현, 송직근,
         오경아, 오연주, 이철진, 최계진, 최용완
펴낸이 · 박강호
펴낸곳 · 동하
출판등록 · 2008년 2월 18일 제301-2009-140호
주소 · 서울시 종로구 자하문로5길 37 1층
전화 · 02)312-9047 / 팩스 · 02)6101-1025

ⓒ장종익·오창호 외 11명, 2019

ISBN 978-89-967872-9-7 03320
책값은 뒤표지에 있습니다.

· 이 책은 아이쿱생협의 지원을 받아 출간되었습니다.
· 이 책 내용의 전부 또는 일부를 다른 곳에 쓰려면 반드시
  저작권자와 출판사 모두에게 동의를 받아야 합니다.
· 동하는 (주)디자인커서의 인문교양 브랜드입니다.